解說教育與
導覽技巧

Interpretation Education
and Guiding Skills

楊明賢 / 著

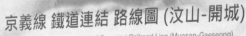

自序

　　2021年受到疫情的影響，對大多數的老師而言，在遠距教學的情況下，或許不得不調整教學方式，但也正好可以重新再檢視一下教材的內容，做一番歸納與整理。《解說教育》三版出版迄今已近十年，猶記得當時臺灣的環境教育正處於剛起步的階段，許多政策與制度尚在擬定，轉眼間臺灣的環境教育有了初步的成效，生態保育也隨著保育觀念日趨受到重視，在政府單位、企業界、學術界以及社區夥伴等的共同努力之下，社區的生態旅遊慢慢步入軌道，尤其是墾丁的社頂部落、嘉義的鰲鼓社區以及阿里山部落的成效更值得肯定。

　　在全球氣候變遷，疫情、災害不斷的現今，許多物種與生態系面臨空前的危機，臺灣身為全球一份子自然無法置身事外，里山倡議（核心概念是「社會—生態—生產地景」）、聯合國永續指標、海洋保育等等是政府各部門這些年來擬定政策的指標。這幾年臺灣在極端氣候的環境下，強降雨、缺水乾旱、能源政策、濕地保育等的議題不斷地出現在社會中；除了氣候變遷導致災害頻傳外，COVID-19的疫情，更是讓國人無法走出戶外接近自然，國家公園、國家風景區管理處、博物館、生態保育及各相關教育單位等，不得不陸陸續續推出線上影片，讓國人能線上觀賞或利用線上教學來進行環境教育生態保育的教學與分享。

　　目前為因應十二年課綱的規劃，部分高中職課程進行調整，在彈性課程中對於解說導覽的專業進行規劃，每週的課程規劃了近四堂課；爰此，考量在《解說教育》一書中融入導覽的課程，重新進行解說一書的撰寫。本書主要分成兩個部分：第一部分以解說教育

解說教育與導覽技巧

Interpretation Education and Guiding Skills

的架構為主，調整與補充現階段的政策與案例：第二部分則以主題解說的方式，對景觀、生態、東西方建築、臺灣的建築古蹟與人文藝術加以介紹，與目前坊間導覽書籍多以行政機關劃分介紹國內景區的方式有所區隔，期望同學或先進能夠將主題解說運用到各個不同的景區或景點中。

　　本書在撰寫過程中，特別參考國內許多提供客觀及寶貴資訊的相關來源，包括有國家地理雜誌、國家地理頻道、Discovery頻道、公共電視「我們的島」與「獨立特派員」節目、林務局自然保育網、臺灣環境資訊協會、臺灣生態旅遊協會、荒野協會、環保署環境教育資訊系統以及環境教育終身學習網。近年來，個人參與了環保署國家環境教育獎以及國家公園或林務局各項環境教育專案計畫；在此感謝新北市環境保護局與基隆市環保局的各位長官，讓個人參加了各項環境教育計畫的評選或考核，實際瞭解到地方在環境教育的用心與盡力。相信未來在大家共同的努力下，跨過環災、渡過疫情，我們的環境將朝向更加美好的方向邁進。

　　感謝陪伴我一路走來的好友，雖然在今年多位國家公園的前輩離我們而去，但大家走過的歲月，已為臺灣建構了環境教育與生態保育的基礎；更期待本書的出版能夠提供年輕學子基礎的環教與導覽的概念；當然，更希望各位前輩先進不吝賜教。

楊明賢
謹誌于天母
110.08.08

目　錄

自序　i

Chapter 1　解說導覽概論　1

第一節　解說導覽的意義　2

第二節　解說導覽的功能　7

第三節　解說導覽的目標　10

第四節　解說導覽要素以及與自然保育間的關係　12

Chapter 2　解說內容與類型　17

第一節　解說資源　18

第二節　解說對象與遊客心理　27

第三節　解說場所與時機　31

第四節　解說類型　34

Chapter 3　解說原則與技巧　55

第一節　解說原則　57

第二節　解說技巧　63

解說教育與導覽技巧
Interpretation Education and Guiding Skills

第三節　據點解說　77

第四節　帶團解說　80

 Chapter 4　解說規劃與特殊團體處理　85

第一節　解說規劃的意義與目標原則　86

第二節　國家公園解說規劃程序　89

第三節　年長者與兒童的解說導覽技巧　92

第四節　身障者與外籍人士的解說導覽技巧　97

 Chapter 5　環境教育　101

第一節　環境教育的起源與發展　102

第二節　環境教育的定義與範圍　104

第三節　環境教育的教學目標與目的類別　108

第四節　環境教育的途徑與內涵　112

第五節　環境教育的教學設計與課程規劃　116

第六節　我國環境教育之發展現況　122

 Chapter 6　自然保育　135

第一節　自然保育的涵義　139

第二節　自然保育的目標　142

第三節　自然保育的策略　149

 Chapter 7 解說導覽資源 163

第一節 觀光資源的定義與特性 164
第二節 觀光資源的分類 170

 Chapter 8 景觀導覽技巧 187

第一節 景觀資源 188
第二節 地質、地形景觀 194
第三節 天空星象景觀 202

 Chapter 9 生態導覽技巧 209

第一節 動物資源 210
第二節 植物資源 216
第三節 鳥類資源 223
第四節 臺灣生物多樣性資料庫與保育實例 229

 Chapter 10 東西方建築導覽技巧 235

第一節 建築概論 236
第二節 東方建築導覽 240
第三節 西方建築導覽 249

解說教育與導覽技巧
Interpretation Education and Guiding Skills

 Chapter 11　臺灣古蹟導覽技巧　261

第一節　宗教建築　262

第二節　臺灣的民間信仰　267

第三節　臺灣的傳統民俗節慶　273

第四節　臺灣的傳統建築　279

 Chapter 12　臺灣藝術導覽技巧　289

第一節　音樂　290

第二節　戲劇　300

第三節　繪畫　307

 參考書目　319

Chapter 1

解說導覽概論

☆ 本章綱要
1.解說導覽的意義
2.解說導覽的功能
3.解說導覽的目標
4.解說導覽的要素以及與自然保育間的關係

☆ 本章重點
1.說明解說導覽的意義
2.說明解說導覽的功能
3.說明解說所要達成的目標
4.介紹解說導覽的要素,並說明解說導覽與自然保育間的關係

☆ 問題與討論

　　解說與導覽在國內有時候會分開來使用，有時候則會結合在一起以解說導覽來說明。若從交通部觀光局的名詞界定上，主要有分領隊人員與導遊人員，也有定義為專業導覽人員；至於解說一詞的緣起，則來自國家公園相關的體系，從解說教育到解說人員，均以解說為主。至於二個名詞的實質內容都是相似的，亦即是將特定區域內的自然和人文環境特性經由各種媒體或活動方式傳達給某些特定的對象。其目的在於引起這些特定對象對當地環境的關注與瞭解，經由欣賞與知性的接觸，提昇較高品質的生活體驗。

　　解說導覽除了是一種服務外，也是一種管理溝通的方法。目標包括幫助遊客得到豐富與愉悅的體會及領悟美好的回憶，鼓勵遊客對於資源的利用做更審慎的考量，經由對資源的認識、認知，促使該地區的資源得以保育等等。

　　無論在國家公園、風景區或博物館中，解說導覽是透過不同的方式將資源或資訊傳達給一般民眾，使其瞭解並衍生保育的心態，以達教育的目標。本章從其意義、功能、目標及要素四方面和其與自然保育關係加以探討。

 ## 第一節　解說導覽的意義

　　解說是將某特定區域內的自然和人文環境特性經由各種媒體或活動方式傳達給某些特定的對象（如遊客、學生等等）。其目的在於引起這些特定對象對當地環境的關注與瞭解，經由欣賞與知性的接觸，提昇較高品質的生活體驗，並經由新的感受與愉快的經驗產生對環境保育的關懷，進而培養積極參與環境保育工作。「解說」（Interpretation）或是「環境解說」（Environmental Interpretation）不單只是一種溝通的技巧或形式（見**表1-1**），以下說明解說的意義。

表1-1　不同時期在「解說」或「環境解說」上的相關定義

年代	相關定義之說明
1920	「協助他人愉快地認識野外的生活與奇景⋯⋯，具有啟發性及教育性」。（Enos Mills, 1920）
1957	「解說是一種教育性活動，目的在經由原始事物的使用，以揭示其意義與關聯，並強調親身體驗及運用說明性之方法或媒體，而非僅傳播事實的知識。」（Freeman Tilden, 1957）
1965	「解說是幫助遊客去感受解說人員所感覺到的一些事，如一種對環境的美、複雜性、多變性及相關性的敏感度；也是一種奇妙的感受、一種求知的慾望。解說能幫助遊客對周遭的環境產生一種賓至如歸的感覺；解說能幫助遊客發展認知。」（Harold L. Wallin, 1965）
1970	「解說是一種藉著解釋描述地區特性及特色間的相互關係，而使遊客對這個地區或這個地區的某一部分產生興趣、欣賞與瞭解的一種過程。」（英格蘭地方遊憩辭典，1970）
	「解說是一種溝通人與其環境間概念的過程或活動，以啟發人對環境之認知及其於環境中所扮演的角色。」（Ben Mahaffey, 1970）
1971	「環境解說是一種溝通環境知識之意識交流、手段及設施之綜合體，目的在引起人們對於環境問題的思量與討論，並進一步對環境產生改革行動。」（William Brown, 1971）
1972	「解說為一種說明的藝術，它說明了人類在環境中所扮演的角色，增進遊客及大眾對於這種重要關聯的自覺，並喚起民眾致力環境保護的慾望。」（Don Aldridge, 1972）
1976	「解說是遊客與國家公園資源之間的溝通管道。」（Grant Sharps, 1976）
1983	解說是將複雜的遊樂環境，尤其是將重要的特性傳達給遊客的工作，以激起遊客對環境的「注意」與「瞭解」，除獲得新的感受及新的愉快經驗之外，並由此產生對環境維護的熱誠，獻身於該項工作。（陳昭明，1983）
	將某特定區域內的自然和人文環境特性經由各種媒體或活動方式，傳達給某些特定對象的工作。目的在引起這些特定對象對當地環境的關注與瞭解。經由欣賞與知性的瞭解，提升較高品質的生活體驗，並經由新的感受與愉快的經驗，產生對環境保育的關懷，進而培養積極參與保育工作。（張長義、姜蘭虹、王鑫，1983）
1995	「解說是人類如何與文化和自然資源含義的交流。」（Douglas Knudson, Ted T. Cable, & Larry Beck, 1995）
1997	「解說是一種訊息傳遞的服務，目的在於告知與取悅遊客並闡釋現象，背後所代表之涵義係藉著提供相關的資訊來滿足每一個人的需求與好奇，同時又不偏離中心主旨，期能激勵遊客對所描述的事物產生新的見解與熱忱。」（吳忠宏，1997）
2002	運用各種媒體傳達溝通的一種教育性工作或活動，藉由許多媒介使訊息傳遞者與接受者有所互動。（張明洵、林玥秀，2002）

資料來源：楊明賢（2012），頁3。

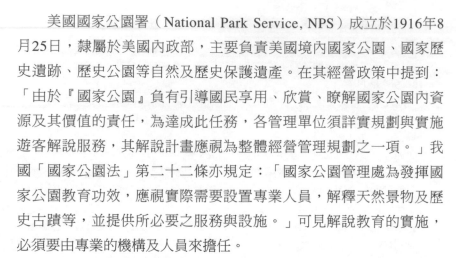

美國國家公園署（National Park Service, NPS）成立於1916年8月25日，隸屬於美國內政部，主要負責美國境內國家公園、國家歷史遺跡、歷史公園等自然及歷史保護遺產。在其經營政策中提到：「由於『國家公園』負有引導國民享用、欣賞、瞭解國家公園內資源及其價值的責任，為達成此任務，各管理單位須詳實規劃與實施遊客解說服務，其解說計畫應視為整體經營管理規劃之一項。」我國「國家公園法」第二十二條亦規定：「國家公園管理處為發揮國家公園教育功效，應視實際需要設置專業人員，解釋天然景物及歷史古蹟等，並提供所必要之服務與設施。」可見解說教育的實施，必須要由專業的機構及人員來擔任。

目前國內對於解說員的定義或規範多由各單位依實際的需求或規範自行設定，例如：中華民國荒野保護協會解說員管理規章中設置「解說教育工作委員會」，職司長期自然解說教育之規劃，培訓自然解說人力，提供大眾自然教育機會，推廣生態保育理念。而各國家公園對於解說員的資格、招募、培訓、運用等相關規範則是由各管理處依其實際業務需求辦理。

至於專業導覽人員由於其目的事業主管機關交通部觀光局，因此研訂有較完整的法規制度。根據「發展觀光條例」第二條第十四款專業導覽人員的定義：「指為保存、維護及解說國內特有自然生態及人文景觀資源，由各目的事業主管機關在自然人文生態景觀區設置之專業人員。」第十九條明訂：「為保存、維護及解說國內特有自然生態資源，各目的事業主管機關應於自然人文生態景觀區設置專業導覽人員，旅客進入該地區應申請專業導覽人員陪同進入，以提供旅客詳盡說明，減少破壞行為發生，並維護自然資源之永續發展。自然人文生態景觀區之劃定，由該管主管機關會同目的事業主管機關劃定之。專業導覽人員之資格及管理辦法，由中央主管機關會商各目的事業主管機關定之。」

專業導覽人員依相關的辦法規定如下：

一、資格：

(一)中華民國國民年滿二十歲者。

(二)在自然人文生態景觀區所在鄉鎮市區迄今連續設籍六個月以上者。

(三)有公立或立案之私立中等以上學校或符合教育部採認規定之國外中等以上學校畢業領有證明文件者。

(四)經培訓合格，取得結訓證書並領取服務證者。

前項第二款、第三款資格，得由自然人文生態景觀區之該管主管機關，審酌當地社會環境、教育程度、觀光市場需求酌情調整之。

二、培訓：

(一)培訓機關：專業導覽人員之培訓計畫，由自然人文生態景觀區之該管主管機關或其委託之機關、團體或學術機構規劃辦理。原住民保留地及山地管制區經劃定為自然人文生態景觀區，該管主管機關應優先培訓當地原住民從事專業導覽工作。

(二)培訓課程：專業導覽人員培訓課程，分為基礎科目及專業科目。

基礎科目如下：

1.自然人文生態概論。

2.自然人文生態資源維護。

3.導覽人員常識。

4.解說理論與實務。

5.安全須知。

6.急救訓練。

專業科目如下：

1.自然人文生態景觀區之生態景觀知識。

2.解說技巧。

3.外國語文。

前項第三項專業科目之規劃得依當地環境特色及多樣性酌情調整。

(三)經費以及證照：

專業導覽人員之培訓及管理所需經費由自然人文生態景觀區該管主管機關編列預算支應。曾於政府機關或民間立案機構修習導覽人員相關課程者，得提出證明文件經該管主管機關認可後，抵免部分基礎科目。

專業導覽人員服務證有效期間為三年，該管主管機關應每年定期查驗，並於期滿換發新證。專業導覽人員之結訓證書及服務證遺失或毀損者，應具書面敘明原因，申請補發或換發。

(四)其他規定

專業導覽人員執行工作，應佩戴服務證並穿著該管主管機關規定之服飾。專業導覽人員陪同旅客進入自然人文生態景觀區，得由該管主管機關給付導覽津貼。

前項導覽津貼所需經費，由旅客申請專業導覽人員陪同之費用支應，其收費基準由該管主管機關擬訂公告之，並明示於自然人文生態景觀區入口。

(五)禁止事項以及廢止服務證

專業導覽人員執行工作應遵守下列事項：

1.不得向旅客額外需索。

2.不得向旅客兜售或收購物品。

3.不得將服務證借供他人使用。

4.不得陪同未經申請核准之旅客進入自然人文生態景觀區內。

5.即時勸止擅闖旅客或其他違規行為。

6.即時通報環境災變及旅客意外事件。

7.避免任何旅遊之潛在危險。

專業導覽人員有下列情形之一者，自然人文生態景觀區該管主管機關得廢止其服務證：

1.違反該管主管機關排定之導覽時間、旅程及範圍情節重大者。

2.連續三年未執行導覽工作，且未依規定參加在職訓練者。

 ## 第二節　解說導覽的功能

解說導覽可以提供前往國家公園、博物館、文化遺址、動植物園等地區遊客的一些服務。無論是自然型態或人文型態、公部門或民間單位，或以何種型態經營的管理單位，均得透過解說導覽系統讓來訪者體驗所轄區域的環境，而遊客們必須以尊重環境的心態來體驗，才能減低對環境的衝擊，達到生態環境保育的目的。

大部分遊客的動機雖然是為了放鬆心情，追求心靈上的解脫，但仍有許多遊客希望能夠獲得相關的知識與常識，去瞭解自然或人文環境生成的原因、演進的過程在環境中所扮演的角色，或者是特殊的歷史傳說等等。經由解說導覽的過程，遊客不但可以充分獲得相關的資訊，也能夠從中體驗到關懷自然與環境的重要性。

此外，解說導覽也是一種服務的工作，包括資訊的提供、導引的服務及啟發性的教育等等。它可以利用不同的媒介，在最適當的時機引導遊客去感受環境的多變性與自然之美，並可以讓遊客留下知性與感性的體驗。

總之，解說導覽的功能可以概述如下：

1.對遊客的影響：

解說導覽可以引導遊客去感受環境的多變性與自然之美，也可以幫助遊客從中體驗到關懷自然與環境的重要性

(1)對於充實遊客的體驗有直接的貢獻：遊客的體驗主要是透過視覺、聽覺、嗅覺、觸覺等來感受，因此透過各項解說導覽的設施讓遊客們可以直接深刻的體驗。

(2)可以使民眾在對於自然環境進行利用時做出明智的選擇：藉由解說導覽可以讓人們更清楚的瞭解人與自然、物種之間的關係，也可以推動人們在自然環境中更珍惜自然環境。

(3)可以使遊客瞭解到人類在生物界中所扮演的角色，進而尊敬自然：往往因為人類的開發行為或是對資源的運用而破壞環境，透過解說導覽的宣導讓人們瞭解人與其他物種的關聯性或是生態食物鏈的關係，進而尊敬自然。

(4)可以增廣遊客的見聞，使之超出眼睛所看到的一切，對於資源有更進一步的認識：許多資源的課題可經由遊客的親眼所

見讓民眾更瞭解，例如看到河川以及水庫的乾涸，更能感受到對於水資源的重視。

2.對環境的影響：

(1)可以減少環境遭受不必要的破壞：若經由解說導覽人員的帶領進行解說，可以避免遊客在接近景點時由於不當的行為對環境產生破壞；或是藉由部分的警告或禁制解說牌誌提醒遊客注意。

解說可以減少環境遭受不必要的破壞，改善公共形象，喚起遊客對自然生態的重視，解說牌的設置則可以加深遊客對環境有更進一步認識與瞭解

(2)可以將遊客由較脆弱的生態環境中轉移至承載力較強的區域：國內有許多資源比較稀有且脆弱的地區（例如：國家公園的生態保護區）禁止一般遊客進入，可藉由遊客中心的展示讓遊客瞭解資源的特性並避免人為進入。

(3)可以喚起民眾對於資源關心，有效地保存具有重大意義的歷史遺跡或自然環境：國內有許多傳統歷史文化街區，像是建築、產業、信仰等在地的特色文化，這些可以經由各種導覽的傳播影響或喚起民眾的注意，例如臺北市的大稻埕因擁有相當深厚的歷史傳承，目前成為極具特色的創意街區。

(4)能促使大眾以合理的方式採取行動保護環境：國內目前有許

多農業與企業藉由解說導覽及環境教育，協助農民採用各種有機耕作的方式保護環境與生態。例如：萬丹的老鷹紅豆或是官田的菱角。

3.對經營者或當地的影響：

(1)解說是改善公共形象和建立大眾支持的一種方式：目前企業在經營上首重ESG（環境、社會、公司治理），所以各個企業無不注重社會責任的落實，以友善環境的措施讓社會大眾瞭解，建立公共形象。

(2)可喚起當地民眾以自然或文化遺產引以為榮的自尊與感受：目前政府各部會都有相關的資源引入社區，並在推動地方創生政策上不遺餘力，例如：經由年輕人活化或是文創產業概念的導入，帶動社區居民的自尊與榮耀。

(3)促進當地觀光資源做合理的利用，提升當地的知名度，並增加當地的經濟效益：以臺南市的月津港為例，其在歷史的洪流中在不同階段扮演不同的角色，近幾年來在地方有心人士的推動下，月津港的燈會隱然成為南部地區最具代表性的燈會，吸引了許多觀光客前往，增加當地經濟效益。

 ## 第三節　解說導覽的目標

解說主要是給予遊客一種新的認識、新的觀察與新的興趣，藉由解說人員詳盡生動、充滿熱忱的解說，或藉由各種精緻媒體的傳遞，引導遊客更深入的瞭解環境。解說所欲達成的最終目標說明如下：

1.就遊客層面而言：

(1)幫助遊客脫離緊張與壓迫的工作環境。

(2)幫助遊客對於其所造訪的地區產生感觸並領受活動體驗，給

予遊客正確的訊息，使遊客得到豐富與愉悅的體會，創造並領悟美好的回憶。

(3)在目前在忙碌的社會環境中，壓力已經成為一般人無法承受的重擔，甚至引發各式各樣的身心理疾病，如果能夠藉由短時間的接近大自然或者是接觸一些多元性的體驗活動等等，將會放鬆與撫平人們的壓力，為未來返回職場帶來更充沛的動能。

2.就資源層面而言：

(1)解說可鼓勵遊客對於資源的利用做更審慎的考量，以減少遊客不當的行為造成環境的破壞或對資源的衝擊。因為經由對資源的認識，遊客可以從而產生重視資源，並建立正確的認知，促使該地區的資源得以保育。

(2)經由解說服務與遊客建立互動關係，使資源的保育與利用得到更多人的關懷與注意。

(3)絕大多數的自然資源或是生態環境都是有所關聯的，無論是藻礁生態與能源的衝擊，太陽能板的興設與土地利用的問題等等，這些都是目前存在於社會中的重大課題，是需要經由理性以及運用科學研究的結果來加以思考與評估。理性與科研的成果必須藉由正確的解說導覽資訊傳達給民眾，讓遊客們經由解說教育，對環境的議題有進一步的認識與瞭解。

3.就環境經營層面而言：

(1)使遊客對於經營管理機構設置的宗旨更加瞭解，並將相關的訊息藉由解說服務傳遞給遊客。

(2)解說亦可使當地居民更進一步瞭解所居住的環境，進而發展出由社區主動發起關懷在地的生存空間。

(3)環境的永續保存需要多方相關團體的關注與付出。主管機關應在政策與資源層面多方導入生態與環境關懷的理念，並藉

由社區發展共識，凝聚社區心力，並藉由人員的招募與培訓，使組織充分運作，達成社區自力發展之最終目標（此為生態旅遊發展的精神）。目前國內有許多社區發展成功的案例，例如：墾丁的社頂社區、嘉義的鰲鼓社區、桃園的龍潭菱潭街商圈等等。

 ## 第四節　解說導覽要素以及與自然保育間的關係

一、解說導覽的要素

解說除了是一種服務外，也是一種管理溝通的方法。解說的構成要素主要有「經營管理機關」、「解說資源」及「遊客」三方面，其關係可用**圖1-1**來加以說明。

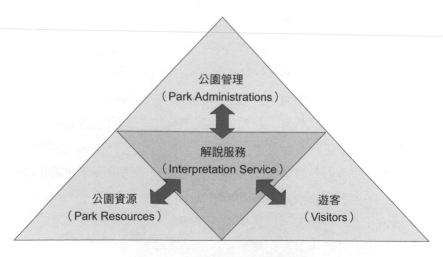

圖1-1　解說構成要素關係圖

資料來源：墾丁國家公園管理處（1994）。

(一)對「經營管理機關」而言

對「經營管理機關」而言,可藉由解說促進遊客對資源經營管理目標的瞭解。包括:

1.對旅遊大眾闡述相關的政策、法令與計畫。

2.讓遊客們直接參與有關的資源經營管理工作。

3.作為管理機關與大眾公共關係聯繫的橋樑,塑造管理機關良好的形象。

4.對旅遊大眾提供有關資源經營管理運作之資訊,從而促進遊客們有效之合作。

(二)對「遊客」而言

對「遊客」而言,可以經由下列兩項來增進遊客獲得愉悅與安全的遊樂經驗:

解說標誌的目的與功能是多面向的,除了教育的目的外,安全的宣導也是重要的一環

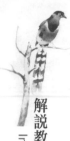

1.人員引導之解說，直接使遊客避開危險情況，保障遊客之安全。

2.經由各種牌示之設置，說明潛在危險的環境，促使遊客注意安全。

(三)就「資源」而言

就「資源」而言，經由適當的解說可以使自然與文化資源獲得下列三項之保護：

1.減少遊客及遊憩活動之衝擊。

2.促進對資源的保育瞭解與認識。

3.促進資源保育與減輕對於環境之污染。

就解說的構成要素而言，無論在解說媒體的運用、解說內容的設計規劃或解說活動的進行，均需對上述這三方面加以考量，才能達成解說活動的目標。

二、解說導覽與自然保育間的關係

自然保育是指人類對自然環境及其資源所採取的保育行動。自然保育包括自然資源與環境生態保育之雙重意義；前者強調資源保護與合理利用，後者則強調環境的生態平衡與倫理。自然保育的具體方法有：保留、保護、復育、復舊與教育等多種方式。環境教育是以達到改善環境為目標的教育過程；是一個澄清觀念與形成價值的教育過程；是為了便於發展人們在瞭解與體認人與其文化及生物、物理環境間相互關係時所必須的技能與態度。解說是將某特定區域內的自然和人文環境特性經由各種媒體或活動方式傳達給某些特定的對象（如遊客、學生等等）。其目的在於引起這些特定對象對當地環境之關注與瞭解，經由欣賞與知性的瞭解，進而培養積極

參與環境保育工作。

　　由上面三個名詞的定義，可以瞭解在自然保育所欲達成的永續發展的目標，是可以藉由環境教育以及解說導覽的方式來達成：在此整理如**圖**1-2。

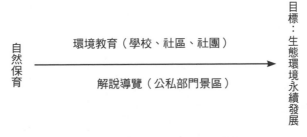

圖1-2　生態保育環境教育與解說關係圖

問題與討論

一、解說的意義為何？

二、解說所欲達成的目標為何？

三、何謂專業導覽人員？

四、解說對資源的影響為何？

五、解說對遊客的影響為何？

Chapter 2

解說內容與類型

☆ **本章綱要**

1. 解說資源
2. 解說對象與遊客心理
3. 解說場所與時機
4. 解說類型

☆ **本章重點**

1. 說明解說資源的分類與定義
2. 說明解說對象的組成型態與背景如何影響並決定解說所採用的形式
3. 瞭解如何成為一個優秀解說員
4. 說明解說的場所與時機的重要性
5. 介紹解說的類型有哪些以及選擇解說媒體所考量的因素

☆ **問題與討論**

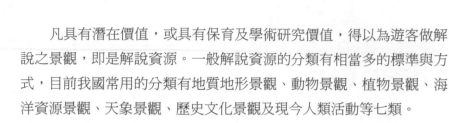

　　凡具有潛在價值，或具有保育及學術研究價值，得以為遊客做解說之景觀，即是解說資源。一般解說資源的分類有相當多的標準與方式，目前我國常用的分類有地質地形景觀、動物景觀、植物景觀、海洋資源景觀、天象景觀、歷史文化景觀及現今人類活動等七類。

　　解說可以讓遊客經由解說媒體的傳遞，體會大自然的美、複雜性及多變性，亦可幫助遊客對周遭的環境產生親切的感受。解說應針對不同遊客的特性建立不同解說層次和內容，以配合不同年齡層次及背景的遊客。

　　解說主要涉及的因素包括資源層面、遊客層面及媒介層面；意欲對解說有全盤瞭解，必須針對這三個層面來加以探討。本章先就資源的種類加以介紹、界定，並探討解說的對象與遊客心理、解說的場地與時機、解說媒體的分類等。

第一節　解說資源

　　聯合國糧農組織在其*Planning Interpretive Program in National Parks*一書中曾經定義過解說資源乃具有潛在價值之景觀（Feature）。所謂具有潛在遊憩價值者，即是能滿足遊客潛在之旅遊需求，也就是遊憩資源。依照這一定義，解說資源之認定是以遊憩資源為依歸。而在國家公園內，由於設有多處的保護區，禁止遊客進入，內部的資源無法由遊客親自體驗，便需透過解說媒體讓遊客瞭解。因此，可將解說資源界定為：「凡具有潛在價值，或保育及學術研究價值，得以為遊客作解說之景觀，即是解說資源。」

一、國外部分

　　國外曾有數個單位對於解說資源作過分類和選擇的研究，茲分述如下：

1.聯合國糧農組織曾把解說資源分成三類，並列其選擇之標準如下：

(1)地質景觀（Geological Feature）：

①具有代表性之地層。

②指示區域起源之地層。

③指示史前生命及其演進發展之地層。

④地形景觀：包括洞穴、冰跡、斷層、火山、瀑布、湖泊、河流三角洲等。

(2)生物景觀（Biological Feature）：

①稀有或重要之動植物族群。

②動物常出現的地方。

③表現重要生態關係的景觀。

④具有顯著性的景觀。如神木、色彩奪目的動植物。

⑤指示人和生物環境關係的景觀。

(3)人類歷史（Human History）：

①顯示早期人類存在之景觀，包括史前遺跡的文化、建築等景觀。

②現今土著之生產物。

③區域內最初移民之地點、建築或歷史事件。

④過去某一時間內曾經在區域內發生的資源利用景觀，如採礦、伐木等等。

⑤具有歷史圖像或描述之地點。

以人類活動痕跡作為解說資源的景觀往往具有人類發展史的意義在內（圖為以陶瓷特色拼出地圖的解說內容）

2.美國國家公園署依解說主題之不同而將解說資源分為六類：

(1)現有的地貌（Landforms of the Present）。

(2)地質史（Geological History）。

(3)動植物之土地群落（Land Communities of Plants and Animals）。

(4)水生生態體系（Aquatic Ecosystems）。

(5)歷史及考古景觀（Historic and Archeological Themes）。

(6)人類活動（Works of Humans）。

以上兩種分類方式，前者並未列明其選擇之依據為何，但從其對解說資源定義觀點而言，是以具有遊憩價值之景觀為依據。而美國國家公園署的分類則以其具有之資源為基礎，基於解說主題之需

要加以分類，以美國國家公園型態之多，涵蓋面積之大，故分類系統中亦未列有選擇標準，而且因其以主題為分類依據，相同之環境因不同之主題而分別於不同類別中；例如地質和地形分開，地形單元以靜態地形為主，地質則完全在解說地質史，其他構造如地層表現並未列入。

二、國內部分

在地理學的分類上，一般都是單純的分類為自然地理與人文地理，如果從資源的角度切入，如上所述則必須是具有遊憩價值或可供使用運用者方得以資源稱之。本章以國立臺灣大學地理系教授張長義在對墾丁國家公園的解說資源分析中，依據解說資源本身屬性的差別和解說主題的不同，將解說資源分為七類。依區域地理的角度而言，解說資源通常不會單獨存在，而是會融合許多不同的資源。例如：墾丁國家公園即擁有珊瑚礁地形、候鳥遷徙、熱帶海岸林、海洋生物、日出日落、捕鯨或瓊麻產業的演變以及當今海陸域遊憩行為與環境的衝擊等等。

張教授將解說資源分為七類，即：(1)地質地形景觀；(2)動物景觀；(3)植物景觀；(4)海洋資源景觀；(5)天象景觀；(6)歷史文化景觀；(7)現今人類活動。其分類原則主要在於地質與地形是互為表裡的現象，地形是地質的表現，對地形的解說常常以地質內涵為基礎，故兩者合為一類；動、植物分開，主要是減少解說資源選取的複雜性，而由於其本身不同之特性會影響解說媒體之選擇，故分為兩類；海洋環境與天象景觀各分一類，主要是涵蓋之資源自成獨立的一體；歷史文化以具有歷史、考古價值之景觀為範圍；現今人類活動則以區域內之人文活動為範圍。以下將此七種分類選擇依據準則分別列舉如後：

(一)地質地形景觀

地質地形景觀主要是依據下列準則進行分類:

1.具有區域代表性之地層。

2.具有化石可為地質史解說之地層。

3.具有地質、地形演變之現象。

4.表現主要是地形營力作用之現象。

5.具有區域代表性之構造地形。

6.特殊而且有觀賞、學術價值之小地形景觀。

地質地形景觀著名的代表有:世界主要環洋斷層帶、美國大峽谷、黃石國家公園;中國桂林溶洞地形、五嶽高山地形、中國大陸

觀光資源的觀賞性愈高,對觀光客的吸引力就愈大,例如美國優勝美地、大峽谷國家公園(美國優勝美地國家公園內的地形地質景觀非常豐富,除了有照片上的巨大花岡岩岩壁外,更有圖左新娘面紗瀑布Bridalveil Fall,為區內五大瀑布之一,瀑布落差約有189公尺,終年流水不竭,像新娘一樣輕柔嫵媚,宛如薄紗一般而聞名)

雲南遼寧及蒙古的考古遺址；義大利及夏威夷的火山地形；臺灣太魯閣峽谷、燕巢月世界、九二一地震斷層地形、澎湖桂狀玄武岩、野柳地質公園等等。

(二)動物景觀

動物景觀的分類依據如下：

1.具有區域代表性之動物族群。

2.稀少或被列為保護之族群。

3.區域特有的族群。

4.動物可見性最高的地方。

5.具動物生態關係之現象。

6.受人為因素影響，族群或棲息環境發生改變之現象。

具有區域代表性之動物族群，例如：號稱非洲五霸的獅子、大象、水牛、豹以及犀牛等等

動物景觀著名的代表有：號稱非洲五霸的獅子、大象、水牛、豹以及犀牛；極地的企鵝、北極熊；澳洲大陸的有袋類動物無尾熊和袋鼠；中國大陸的熊貓、金絲猴、藏羚羊、東北虎；世界各地被列為瀕危的動物族群；臺灣各類保育類的物種，如：雪霸國家公園的櫻花鉤吻鮭、石虎、臺灣黑熊；隨季節遷徙的候鳥、蝴蝶等等。

(三)植物景觀

植物景觀的分類依據如下：

1.具代表性之植物群落（優勢植物）。
2.稀有或被列為保護之植物。
3.區域特有的植物。
4.具植物生態關係之現象。
5.受人為因素影響，植物群落發生變化之現象。

植物景觀如：中南美洲亞馬遜的熱帶雨林地區、隨緯度或海拔而改變的溫帶闊葉林及寒帶針葉林、歐洲荷蘭的花卉生產、法國普羅旺斯的薰衣草花田、亞洲地區的竹林、中國大陸新疆地區的胡陽樹、臺灣淡水河河口紅樹林、沼澤溼地的植物、沙漠地帶的仙人掌等等。

(四)海洋景觀

海洋景觀主要依據下列準則進行分類：

1.海底較為特殊之地形地質景觀。
2.海洋生態景觀（動植物）。
3.海域所能從事之活動。
4.洋流及其影響。
5.海水之利用。

海洋景觀的代表有：澳洲大堡礁的海底珊瑚礁、法國南部蔚藍海岸或地中海沿岸等海洋遊憩活動、印度洋及太平洋島嶼的經濟活動與海洋關係、氣候變遷對於海洋溫度的衝擊、世界各地鯨豚的分布以及衍生的生態旅遊活動、中國杭州灣錢塘觀潮、世界各地魚種的分布、深層海水開發與利用潮汐發電等等。

(五)天象景觀

天象景觀的分類依據如下：

1.區域主要氣候型態及其影響。
2.區域內特有之局部天氣變化現象及影響。
3.天空雲彩變化現象。
4.天體運動造成之視覺美景，如日出、日落。

天象景觀如：亞洲地區的颱風及美洲地區的颶風、美國中西部的龍捲風、沙漠地區的海市蜃樓、極地的極光及永晝永夜景象、中國佛教聖地的佛光景象、臺灣阿里山日出及墾丁關山夕照、閃電與彩虹等天象，還有近年來包括聖嬰現象以及極地氣旋，或是全球乾旱所造成的衝擊等等。

(六)歷史文化

歷史文化景觀的分類依據如下：

1.土著部落及其文化景觀。
2.歷史遺留之紀念物（建築或文物）。
3.區域開拓或殖民史。
4.區域內某一時期曾經存在之資源利用方式。
5.發生於區域內之歷史事件。

考古遺跡與歷史遺留之建築與文物是最常見的歷史文化景觀（圖為位於中美洲金字塔的考古遺跡及金門多樣的閩南建築與洋樓）

　　歷史文化的代表有：美國的印地安部落及文化、中國的少數民族及臺灣原住民的特有文化、列為世界文化遺產的城鎮、建築、宮殿、聚落、軍事設施等；埃及和中南美洲的金字塔；美國南北戰爭遺址；亞洲及非洲地區殖民時期對於當地文化的影響；臺灣地區在地產業發展，諸如九份、金瓜石的礦業、西南沿岸的鹽業、各地特色農產品的種植等等。

(七)人類活動

　　人類活動景觀主要依據下列準則進行分類：

1.區域內土地利用狀況。
2.主要之經濟活動型態。
3.區域內主要工程之功能及其影響。
4.人造景觀和人為環境與自然環境的衝突現象。

　　人類活動如：世界各國的經濟產業發展、農牧業發展的分布與特色、紐西蘭及澳洲的畜牧業、歐洲米蘭、巴黎的時尚、非洲的鑽石、中國的玉石、全球石油的產出分布、能源發展及利用的型態等

等；此外尚有世界著名及重要的高塔橋樑水壩工程、觀光活動（如高山及海洋活動）產生的環境負面衝擊等等均是。

 ## 第二節　解說對象與遊客心理

解說的對象主要是針對遊客，而遊客的組成型態或其個人的社經背景等皆會影響解說活動所必須採用的方式。解說員必須調整心態加以修正，亦應對解說對象及其心理有所瞭解，以有助於解說活動的進行。

一、解說對象

解說可以讓遊客經由解說媒體的傳遞而體會大自然的美、複雜性及多變性，亦可幫助遊客對周遭的環境產生親切的感受。遊客是解說員所面對主要的對象，其年齡、性別、職業、文化背景的不同往往造成解說上明顯的差異性。例如：從事教育研究工作的人對於解說程度的要求會比一般民眾要高；參加保育團體的人士對於管理及環境的敏感度將因其所受的專業訓練比平常人為高；工程背景的人對於解說的焦點則可能會集中在針對各種設施的材質、實用性及對環境的衝擊；這些遊客的差異性往往對解說造成極大的挑戰。解說員應該針對不同遊客的特性，建立不同解說層次和內容，以配合不同年齡層次及背景的遊客。

解說員常是遊客和管理單位間唯一的接觸，遊客會對於整個遊憩過程產生反應（如交通的便利性、公共設施的多寡、收費的標準、經營管制的措施、解說服務的需求等），因此一位盡職的解說員不僅應具有對於資源的認知與學術涵養，亦必須對於整個管理單

位的經營管理政策、相關的規定有最新的知識與瞭解。行政單位則可以透過解說員得知遊客的意見與反應，這方面的資訊可作為未來政策發展之參考。

二、遊客心理

　　遊客來自不同的社經背景、年齡層，所以其不同的認知與體驗往往帶給解說員不同的挑戰，尤其每個人身處於不熟悉的環境，對於解說接受的程度也不一樣，有些人非常樂意接受解說活動，有些人卻避之不理，因此對於每個年齡層或不同遊客的心理特徵若能有預先的認識，將有助於解說活動的進行。

　　一般參與解說服務或活動的遊客，通常為社會教育層級較高或求知慾望較強，對於新奇事物接受的程度較高，綜合其心理因素不外有以下幾個層面：

　　1.學習層面：
　　　(1)只是為了想去學習一些新的事物或為了想學到更多知識。
　　　(2)想和可傳遞知識訊息的解說員接觸。
　　　(3)為了想習得更多特定專業知識。
　　2.體驗層面：
　　　(1)想體驗並熟悉原本陌生的事物。
　　　(2)想再經歷曾經有過的解說經驗。
　　　(3)滿足好奇心。
　　　(4)除了知識層面外，想體驗體能運動。
　　　(5)為發掘新的觀點，印證所獲得的資訊。
　　3.感受層面：
　　　(1)舒緩身心。
　　　(2)感受大自然的美景。

(3)為了接觸、感動與啟示。

(4)為了追求靈感與心智上的啟發。

4.其他方面：

(1)為了能接觸人群，擁有歸屬感與參與感。

(2)為了使孩子們高興片刻。

(3)為了與解說員合拍照片，以便回去向鄰人誇耀假期的渡過
方式。

(4)當作消遣。

瞭解遊客的不同期望並加以迎合，是成為優秀的解說員必備的條件之一。根據美國國家公園署所出版的訓練手冊及環境研究區域報告顯示，在解說的過程中，針對學習設定一些基本假設，有助於檢驗解說活動中對遊客心理的掌握，以下是一些有關學習的基本假設：

面對不同環境與背景的遊客，解說的形式、時機、內容與場所也會所有不同

1.就遊客本身而言：

(1)當人們積極參與學習過程時，學習效果會比較好。

(2)儘量運用多項感官，學習效果會更好。一般認為，一個人記憶的程度，來自其聽到的只占10%，讀到的占30%，目睹實情實物者占50%，若是親自做過的，則90%都會記下來。

(3)每個人都有自己獨到的方法處理資訊及經驗。

(4)新的學習是基於既有的知識上。

(5)人們偏愛學些對於目前最有利用價值的事物。

(6)如果明白獲得知識的用處，會學習得更有效率。

(7)若人們所獲取的經驗與自己在時空上關係密切時，學習效果較好。

2.就解說員本身而言：

(1)有組織的介紹、表達將比散漫無章更易於記憶。

(2)同一事情藉由許多不同角度讓遊客體會，更有助推演其中意義。

(3)有效的運用問題做問答，幫助遊客瞭解其意義。

(4)在解說活動開始前，如果讓遊客有所期待，有助於遊客集中注意力，並增進學習效果。

(5)解說員對於人們的反應與回答態度會影響其學習。

3.就解說方式而言：

(1)由人們自己去發掘事物的真相，會產生特別且鮮活的興奮與滿足。

(2)需要學習者親自參與活動的解說型態效果較高。

(3)友善的競爭方式可激發學習。

(4)來自第一手直接經驗的學習效果最好。

(5)使用不同的方法可增進學習效果。

 ## 第三節　解說場所與時機

　　就資源層面而言，任何資源或環境皆有其解說價值，為了達到解說效益，解說場所的選定為重點所在。良好的解說場所宜選擇可吸引遊客聚集，增強解說效果的區域。至於解說的時機，一方面須視資源的特性而定，另一方面亦須考慮其相關的環境因子。

一、解說場所

　　解說是藉著描述解釋地區的特色與人群的關係，使遊客對該區的人文、自然現象產生興趣，進而瞭解的過程。基於此，解說需要尋求適合的時機與場所，俾求得較高的解說效益。

　　一般而言，遊客聚集的地方常是最好的解說場所，例如：遊客中心、服務台、景觀瞭望點、步道、遊憩區、涼亭、露天劇場、史蹟遺址等等，皆可設置解說人員或其他各類的解說設施，讓遊客對於環境能有較深入的瞭解。通常在定點式的解說場所裡，主管機關會設置各種類型的解說導覽設施，例如：牌誌、摺頁、自導式的步道，或是安排解說導覽人員在此進行定點式的解說導覽活動。同時在這些地方也會設置提供遊客服務的設施，如座位、洗手間、販賣部等。

　　當然，在範圍較固定的場所，如動、植物園等地，對於解說的場所可以採用活動式的解說方式，像採用解說車的方式，以流動的方式配合不同的活動主題進行解說，以吸引遊客參與。相信許多去過美國加州環球影城的遊客都有非常深刻的印象，影城會安排遊客搭乘遊園車體驗感受許多著名好萊塢電影拍攝的場景，園方便是利用解說車的方式。目前在許多國家為維護國家公園自然環境及景觀，均對車輛

進行管控，私有車輛需停在園區外，園區內以電動環保車作巡迴及接駁，並由解說員在車上進行解說。這種方式尚需考量園區整體動線的規劃，以免產生遊客在單位時間內過於集中的問題。

二、解說時機

許多解說媒體所提供的資訊多為一般性質或是常識性質；而對於解說資源在不同時節所產生的變化，又正好是吸引遊客前往的主要動機，遊客亦可體驗到另類的遊憩經驗。例如陽明山一年四季均有不同的氣象變化主題。像是春季時百花齊放；夏季時萬里晴空，蝴蝶季的開展；秋天泛紅的芒草迎風搖曳；冬天的陽明山則時常籠罩在雲霧之中，又有溫泉地熱的資源等等。又墾丁恆春地區每年10月初開始，往南避寒的候鳥成群經過滿洲上空，蔚為奇觀，主要是以有國慶鳥之稱的大冠鷲為主；而墾丁珊瑚產卵的季節，則是進行海洋生態研究的最佳時節。臺灣各地除了恆春外，觀音山以及八卦山也是觀賞鷹類遷徙的好地方；至於在基隆港所觀賞的黑鳶則是一年四季都可以看的到。金門國家公園則在8月23日前後舉辦活動，更能突顯出其歷史的地位。而動物園中，無論是主要動物的生日、新成員的加入，或配合世界地球日或海洋日等環境保育活動所舉辦的活動等等，這些都可以作為解說的主題，相當值得規劃。大部分人或許並不瞭解世界上許多動物都有屬於牠自己的日子。國內的國家公園為營造其特色，在不同的季節會安排不同主題的與「國家公園有約系列活動」（如**表2-1**）。

為了配合不同的環境與地形，某些解說活動除考量解說資源的特性與時節外，亦得考慮到其他的環境因子與其特性。例如臺灣位於亞熱帶，降雪的地點與時機不多，集中在冬季的高山地區，因此雪地的解說活動必須考慮到安全性以及交通的壅塞性；又玉山八通

表2-1　不同季節多元主題與國家公園有約系列活動

國家公園	主辦單位／系列活動
陽明山國家公園	【主辦單位】陽明山國家公園管理處 【系列活動】「尋幽炭古訪大屯生態之旅」、「天溪園蟲蟲交響曲」、「草山訪蝶蹤及越野路跑賽」、「古道秋芒之旅」
雪霸國家公園	【主辦單位】雪霸國家公園管理處 【系列活動】「白蘭美地賞螢生態之旅」、「竹林部落・白蘭部落・清泉之旅」、「雪霸森之約・情鮭新武陵」、「武陵・畢祿溪・紅葉谷賞楓新秘境之旅」、「與臺灣櫻花鉤吻鮭有約」、「觀霧山椒魚」、「仲夏與觀霧有約」
太魯閣國家公園	【主辦單位】太魯閣國家公園管理處 【系列活動】「峽谷天籟－太魯閣部落音樂會系列活動」、「太魯閣環境教育中心環教活動－環境教育兒童成長營」、「春節太魯閣文化市集活動」、「行過松雪樓－回看合歡路」、「從地質學觀看海岸變遷與人群活動」、「自然教育的理念與實務」、「美國國家公園的學習之旅－Junior Ranger Programs」、「原住民解說員『傳統音樂文化訓練』」
玉山國家公園	【主辦單位】玉山國家公園管理處 【系列活動】「與玉山生態有約」、「玉山花季系列活動」、「『淨山－靜山－敬山－開山』玉山山祭系列活動」
金門國家公園	【主辦單位】金門國家公園管理處 【系列活動】「金門采風－古厝・鸕鷀」、「金門回憶之旅」、「鎏金時光」、「金秋環境日－低碳綠生活，金門有看頭」
台江國家公園	【主辦單位】台江國家公園管理處 【系列活動】「台江自行車巡禮」、「台江的魚類」、「台江人文古蹟之旅」、「秘探水上森林－獨木舟自然生態體驗營」、「流金夕照・低絮星語」、「海之湖溪之口－台江濕地豐美行」、「賞黑琵動手繪」、「台江的野鳥天空」
東沙環礁國家公園	【主辦單位】海洋國家公園管理處 【系列活動】「關懷臺灣海洋系列講座」、「國際海洋清潔日」
墾丁國家公園	【主辦單位】墾丁國家公園管理處 【系列活動】「風的故事－風吹砂巡禮」、「擁抱自然生態之旅」、「Youth Camp自然體驗營活動」、「阿朗壹古道探索」、「社頂說故事人文之旅」、「看誰在躲貓貓－昆蟲之旅」、「琅嶠鷹季的年度盛會－滿州賞鷹博覽會活動」、「LNT不留痕跡的生態旅遊系列－足印滿州蝶對蝶活動」、「海裡來的簡訊－認識海洋漂流物」、「花現墾丁－微觀世界」、「閩南式建築之旅」

註：每年的國家公園有約活動會隨營建署的規劃而有所不同。

資料來源：楊明賢（2012），頁94。

關古道是國內深具歷史價值的古道，對於安排八通關古道的解說活動，亦得特別注意，必須避開雨季或者是地震頻繁的季節，以免發生危險。

 ## 第四節　解說類型

凡是傳達某種內容的物理性媒介都可稱為媒體，而廣義的媒體則包括使用這些物理性媒介引起接受者反應的手段及方法。解說媒體主要是指將解說訊息、主題，傳達給遊客的方法（Methods）、裝置（Devices）及工具（Instruments）。由於傳達解說訊息主題的方法、裝置及工具繁多，中外學者對於解說媒體也有不同的歸納。國內學者李久先、林鴻忠（1988）根據森林環境的特性，將解說媒體系統歸納為解說員、解說牌、解說印刷物、自導式步道、遊客中心等五類。美國著名的解說學家Grant W. Sharpe在1982年所出版的《環境解說》一書中，將解說媒體分成兩大類，即人員（伴隨）解說與非人員（非伴隨）解說。在進行解說規劃之前，必須考量許多因素，除了環境因素的考量外，由於不同的解說媒體均有其不同的特性與優缺點，因此對於各項媒體的特點均須加以瞭解。本節即針對解說媒體選擇的考量因素、人員解說與非人員解說進行介紹。

一、解說媒體選擇的考量因素

不論是運用任何一種解說媒體，最主要的目的是能夠以最簡捷方便的方式，讓遊客在短短的時間內對環境有深入的瞭解，達到其最大的效果。所以，無論是在規劃解說活動或媒體時，均應針對不同的解說媒體特性及活動性質加以考量，以下為所應考量的因素：

解說媒體可依據環境的特性分為解說員、解說牌、解說印刷物、自導式步道、遊客中心等

1. 解說功能與標準方面：
   (1) 解說可服務何種性質的遊客？每次可以使用或服務的遊客數量？遊客的接受程度如何？
   (2) 它是用來代替目前已經使用的媒體，或是用來提供未來解說計畫所需？
   (3) 解說媒體是否能達到解說需求的標準？產生的效益有多少？
2. 環境配合方面：
   (1) 解說媒體是否需要使用電力？展示的地方是否有電力來源供應？需要耗費多少電力？
   (2) 設置場所受哪些相關因子影響？例如戶外需要考慮到天候的變化、濕度及材質特性等；室內需考量的範圍、規模等。

3.媒體特質方面：

(1)解說媒體的購置成本如何？維修、保養的費用如何計算？維護保養的難易程度如何？是否可自行作簡易的保養？

(2)解說媒體是否需要人為進行操作？每次需要多少人力？操作人力是否需要具備專業背景？

(3)是否有其他的替代品可以使用？替代品的使用是否已將成本、製作難易度等考量進去？

在考量上述問題後，就可以瞭解所選擇的解說媒體是否合適。有些時候媒體的選擇還要加上一些從事解說工作的經驗與體驗來一併考量。總之，解說媒體的選擇並無一套直接可套用的公式，端視管理單位依其目的、資源、所欲達成的目標而定。

二、人員解說

(一)人員解說的類型

解說員是為遊客提供資源解說或相關服務的人員，其分類的方式有很多種，可從其工作或解說主題環境來分類，亦可就其在管理機關中之角色定位來分類：

1.依解說主題分類：可依解說資源的對象或解說單位特性加以區分如下：

(1)生態自然解說員：自然生態史。

(2)歷史解說員：歷史（地方性的、區域性的、國家性的和世界性的）。

(3)考古解說員：考古學、史前史。

(4)動物解說員：動物園環境。

(5)植物解說員：植物園環境。

(6)地質解說員：地質、洞穴環境、礦區、油田。

(7)博物館解說員：歷史、考古文物和自然博物館。

(8)藝術解說員：藝術品陳列館。

(9)人文解說員：人類學、種族學之分類。

(10)都市解說員：某特定城市，包括人為與自然部分，如德國的佛萊堡歷史古堡轉變為再生能源城市。

(11)政府法律解說員：國家議會、法院、行政機構、地方執法機關等。

(12)工業解說員：工業經營自動化裝配工廠、核能廠與製造業觀光工廠。

(13)農業解說員：食物的加工製成過程、休閒農業的導覽及體驗活動。

2.依管理單位之職能分類：

(1)正職解說員：係指依政府相關之組織編制核定之員額，經由國家考試資格合格而任用；或依聘用人員任用條例任用之專業人員。正職解說員需依規定固定於管理單位服勤，並依相關規定進行解說任務。

(2)義務解說員：指基於解說任務之需要，由管理單位招募社會上熱心之人士施以短期之專業訓練，或就社會各專業層面招訓，並依相關服勤規定安排於假日或平常日擔任解說服務工作之人員，稱為「義務解說員」。

國內目前公部門中受限於人員編制及經費的運用，在解說導覽人力運用上，除正職以及義務解說員外尚有兩種方式存在：一為利用大專畢業生義務替代役的資源，招訓觀光休閒或各專業領域的替代役擔任解說導覽服務的工作；另外則是以委外經營的模式，委託民間公司進行解說導覽工作，而人員的要求與素質則以當地大專畢業青年為主。

(二)解說員應具備的特性

解說員是解說的靈魂,其與遊客之間的互動比其他的解說媒體更能作直接的接觸,而解說員所傳遞的資訊對遊客的影響亦較其他解說媒體深遠,故解說人員的素質在管理單位而言,相當重要。大部分的解說人員係經由國家考試合格,針對相關的職系加以分發,其他包括約聘僱人員、臨時人員或義務解說員,多由大專院校中自然、人文、語言等相關科系畢業,具專業背景訓練的人士中甄選。解說成功與否,除了專業知識及解說技巧可經由訓練來增強外,解說員本身的基本特質亦相當重要,如熱忱、愛心、自信心等等,具有這些特質才能取得遊客的信任,達到互動與溝通的解說效果。以下針對解說員應具備的特性加以說明:

1. 熱忱與愛心:熱忱與愛心有助於打開遊客冷默或害羞、孤獨的心,主動幫助遊客,瞭解其需求,才能夠和遊客作第一次的接觸。若以冷漠的態度或不友善的態度,甚至害怕與人接觸,在大眾面前講話,將難以開啟遊客的胸懷。解說員必須有面對失敗與挫折的心理準備,畢竟並非所有的遊客都願意展開雙手接受解說員的服務,甚至有些會有排斥的心理,此時解說員仍需以微笑的面容、和悅的聲音面對遊客,並用熱忱與愛心與遊客接觸。

2. 自信心:自信心來自本身對解說及專業知識上的認知,更來自於成熟穩健的人格,能以肯定的語氣傳達給遊客正確的訊息,將能獲得遊客的信賴,且在表達的過程中宜咬字清晰、明白,能將解說的主題正確的說明讓遊客明瞭。在解說的過程中,對於遊客所提出的問題有不明瞭的地方,必須用穩健的語氣坦然告訴遊客,並盡可能以學有專精、術業有專攻,謙恭誠懇的心態和遊客交換意見或詢問遊客,切勿用懷疑或不肯定的語氣回

答遊客。

3. 豐富的解說知識：每個人均有其專業的背景，或具有對某種資源有較深入的研究，然而解說過程中，遊客所提出來的問題當然不可能完全是針對解說員的專業而提，所以解說員對於解說資源的各項知識須多加充實與瞭解，甚至對於一些緊急事件的處理或簡易的急救常識，也須學習研究。這些知識除了靠管理單位定期或不定期舉辦各項專業訓練外，更有賴解說員平時不斷的閱讀、學習與自我充實。

4. 愉悅的外表與風采：面由心生，一個人的外表面貌是否姣好，並不能認定其將成為一位優秀的解說人員；然而任何一位優秀的解說員，必定可以看得出其隨時隨地都保持著愉悅的外表與風采。這些風采是由內在的氣質所散發出來的。解說員必須隨時注意自己的儀容、外表、穿著等個人的儀態，且應具備高興樂觀的心情，抱持著助人為快樂之本的心態，如此一來自然就會產生愉悅的外表與風采。

(三)解說員的能力指標與教育訓練模組

為建構國家公園解說專業人員專業能力指標及課程架構，內政部營建署委託國立臺灣師範大學周儒教授和蔡慧敏教授進行規劃研究。在參訪各國家公園管理處後，邀集解說方面的專業人員進行專業訓練，並且徵詢國家公園系統以外的學者專家與專業人士的意見，然後綜合國家公園內部與外部專家的意見，建立我國國家公園解說專業人員的專業能力指標及專業訓練課程的架構。

專業基本能力方面則參考美國國家公園署所建立之架構及與國內專家訪談結果，歸納出我國國家公園解說員在環境教育與環境解說方面的能力指標，並依照這樣的指標，建議發展對應這些能力指標的專業訓練課程。所謂的專業知能，一般指知識、技巧與能力

三個方面，而在國家公園領域中，解說員之基礎專業知能乃是指：「解說員在國家公園領域中，不可或缺的知識（knowledge）、技巧（skills）與能力（abilities）。」並將解說專業知能分成三個層級。茲將這三個層級的定義及其課程模組架構敘述如下（參見**表2-2**）：

1. 初級：主要對象為新進之解說人員，為解說領域的入門。在經過基本的職前訓練後，能於解說領域中具有適當的學術基礎準備，不過在實務工作方面的經驗，則不太具備或僅只具有少數經驗。

2. 中級：為初級人員的進階級。指解說員在解說領域中，經過初級的專業訓練與服務後，有一些或是具備有限的實務工作經驗，但已可以在其解說職業領域中掌握與處理所面臨的一些議題、情況或專業知能。

3. 高級：高級專業知能的對象，主要是針對已於國家公園解說領域內服務甚久的資深人員，他們在解說領域中，經驗豐富，可以在其職業領域中掌握所面臨的大多數議題、情況與專業知能。

(四)解說員的工作內容

1. 帶隊解說：帶隊解說是最基本也最直接的解說方式，工作又分為主動與被動兩種。被動的解說是由各團體事先向解說單位申請，預約安排解說員，並按各團體所停留的時間安排行程。

2. 據點解說：「據點解說」係針對遊客較多的地點或景點（如觀景台、遊憩區等地）所提供的解說員現場解說服務。由於這種服務需要大量的解說人員協助，故於平日的時間較少提供，而多於寒、暑假期間招募大專臨時解說人員，視實際情況需要而設置。

表2-2　國家公園解說人員教育訓練課程架構與層級

課程層級	能力指標	課程項目建議	相關教學模組名稱類型舉例
初級	1.能展現在非正式場合中與遊客成功的接觸 2.瞭解遊客的需求與特徵 3.準備與呈現有效的解說	1.國家公園之環境傳播、教育與解說 2.環境解說概論與實務 3.環境教育概論與實務 4.環境傳播概論與實務	1.國家公園使命與願景 2.國家公園解說服務之角色 3.如何與遊客接觸 4.遊客類型與解說、教育需求 5.有效的解說 6.如何閱讀地景（生態、文化、歷史面向） 7.環境傳播與溝通 8.公園中的環境教育機會
中級	1.準備並進行有效的引導活動 2.發現與避免解說及教育方案中的偏見 3.準備並呈現解說示範或其他的活動方案 4.有效的解說寫作 5.呈現一個有效的以課程為基礎的方案	1.解說資料之蒐集與建檔 2.解說活動規劃與執行 3.環境教育教學活動設計 4.環境教育教學方法 5.戶外教育原理與方法 6.解說步道規劃原理與方法 7.展示規劃原理與方法 8.視聽媒體操作與運用	1.解說資源調查分析登錄 2.解說資料撰述 3.解說資訊建檔與流通 4.解說活動引導 5.以課程為基礎的環境教育活動規劃 6.人員解說技巧 7.步道解說技巧 8.解說媒體運用 9.解說步道類型與主題建構 10.展示與解說運用 11.視聽媒體類型與解說情境 12.解說出版品規劃設計
高級	1.具備規劃能力 2.解說媒體的發展 3.領導解說員：訓練與教學 4.解說研究與資源整合 5.解說夥伴的建構	1.環境解說系統規劃、發展與經營管理 2.環境教育系統規劃、發展與經營管理 3.解說媒體規劃設計與發展 4.解說人員領導與人力規劃 5.環境教育夥伴關係建構	1.資源研究與解說資源整合 2.系統性解說及教育規劃 3.解說員訓練領導 4.解說媒體發展與整合運用 5.社區溝通與合作 6.環境教育夥伴與夥伴關係建立 7.環境教育種子教師訓練規劃 8.解說志工訓練與合作 9.服務精神與經營管理 10.國家公園公眾宣導規劃設計 11.評鑑與評估

資料來源：內政部營建署國家公園網站。

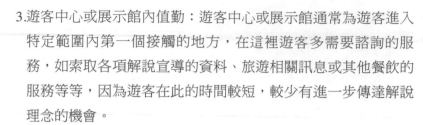

3.遊客中心或展示館內值勤：遊客中心或展示館通常為遊客進入特定範圍內第一個接觸的地方，在這裡遊客多需要諮詢的服務，如索取各項解說宣導的資料、旅遊相關訊息或其他餐飲的服務等等，因為遊客在此的時間較短，較少有進一步傳達解說理念的機會。

4.視聽器材多媒體的操作放映：為使解說資料以更生動的手法讓遊客瞭解，目前許多管理單位引用了多種視聽設備與媒體，製作各種生態影片或幻燈片以提供解說服務。解說員要熟悉如何操作這些視聽器材及多媒體的技巧，瞭解其特性與簡易的保養維護方法。

5.解說出版品的編撰：解說出版品的編撰包括文字的編寫、美編及攝影等等細部的工作內容，若解說人員親自參與出版品的編撰，就其專業的領域以及實際工作經驗的累積，更能瞭解遊客實際上所需要的資訊為何，才能提供更詳盡、更值得參考的資訊給遊客，同時也可節省管理單位的成本預算。

6.展示品的收集及整修維護：各展示館欲發揮其功能，除了原有的設計外，需要不時的充實或者是不定期的作展示主題的更換，以持續其功能。有些展示品因其稀有性或不可再製性，顯得格外的重要。解說員在向遊客解說之餘，對於展示館內的各種展示文物亦須注意其整修與維護。

7.區外解說：解說的觸角並不完全侷限於區內或是特定的遊客，有時也可和鄰近的學校教育單位、社區，或者是特定的保育團體合作，將環境的理念或保育的觀念延伸擴展到社會上各個角落。管理單位可由解說員設計一些活動配合季節或需要來宣導。

8.研究發展：解說人員除了擔任例行性的工作外，更須不斷的充實自己及研究發展，以擴展解說功能，提高服務品質。甚

至充實學習不同的語言能力，以最符合遊客的需求向遊客解說。真正的解說效果，並非解說員可以滔滔不絕的解說而不管遊客的反應，而是一位充滿愛心與細心的解說員，在短時間內瞭解所引導遊客的特性，技巧性的表達出來，讓遊客有「心」的感受。

三、非人員解說

非人員解說係採用除人員以外的其他解說媒體，包括遊客中心及展示室、步道、解說出版品、標誌牌示、視聽多媒體等類型。遊客中心及展示室除了展示各該地區奇特的資源景觀特色外，並提供遊客許多諮詢或必要的服務。步道又可分為自導式步道和自導式汽車導遊兩種。它是指一條專供徒步行走的道路、沿線伴隨著具有解說功能的媒體，讓遊客認識並瞭解一些有趣、特殊的景觀或現象。所謂解說出版品即是將所想要對遊客解說的資料、訊息，印刷於紙張、卡片上後，製成手冊、摺頁等方式的解說媒體，又可稱為解說印刷品。標誌牌示則是指除了解說功能之外，尚包含指示、警告等功能。視聽多媒體則是運用視聽器材加以結合，並錄製相關的軟體供解說使用。非解說人員的每一種設施均有其優點及缺點，而且在選擇與規劃上均有其必要條件。以下即就遊客中心及展示室、視聽器材與多媒體、解說牌誌、解說出版品、步道等加以介紹並說明。

(一)遊客中心或展示室

遊客中心及展示室除了展示各該地區奇特的資源景觀特色外，並提供遊客許多諮詢或必要的服務。一處開放式的國家公園或風景區其與博物館的展示本質及特性是有差異的。博物館是一個購置、典藏、展示及闡釋各種科學範疇中各類事物的機構，通常是一處建

築物或建築物的一部分；而遊客中心相對的就較難明確的定義了，其功能會因各國家公園或各據點而有所差異，以美國的國家公園為例，其遊客中心展示館的展示內容主要是向遊客解說該地的意義，引領遊客觀察所在位置上的自然物或史蹟，以期經由認知→瞭解→欣賞→保護之過程，達到資源最大保育的目的。博物館和遊客中心展示館最大的差別在於其基本資源所處的位置不同。國家公園的遊客中心其主要資源通常在於戶外而非建築物，遊客中心的展示及物品僅提供遊客對這些資源有較深刻的印象與瞭解，通常是一種親身體驗前的介紹或參訪後的印證。而博物館的基本資源都是物品，收納於建築物內，遊客將專程到此建築物內去看這些物品的展示。故基本上，遊客中心是一種導引性的展示，而博物館則強調闡釋性的展示。遊客中心展示是一種向參觀者介紹理念及傳遞訊息與知識的場所，故不能單是將資料、圖片，或實物、模型、標本呈現給遊客，還得涵蘊教育、溝通的功能。包括：

1.鼓勵遊客觀察自然、史蹟、風土人物，進而提升保育自然、保育生態的性情。

2.教育遊客如何共同保育或關心這些重要的自然資源。

3.激發遊客求知的慾望。

4.增加遊客想像的空間。

(二)視聽器材與多媒體

視聽器材是利用聲音、影像，或其他光學、理化、電子等各種科技來傳達解說訊息的工具。當遊客因時間不允許而無法直接接觸到解說實體時，視聽媒體便可彌補直接解說之不足。視聽器材在硬體方面包括了幻燈機、投影機、電影放映機、電腦、電視，以及其他的周邊設備器材等；在軟體方面則包括了幻燈片、投影片、影片、磁碟或光碟等有關的軟體教材。多媒體結合了電腦、電子邏輯

系統、幻燈機、電視機、音響、燈光及其他視聽設備，其擷取了幻燈片的清晰影像、電影的動感畫面、音響的立體聲效、燈光的明暗閃爍，以及其他各種特殊設備的效果，提供觀眾耳目一新的視覺、聽覺、感覺，甚至味覺、觸覺上的享受。多媒體視聽配置又可分為前照式和後照式兩種。

採用視聽多媒體各有其優缺點如下：

1.優點：

(1)多媒體可以讓無法直接接觸實體環境的遊客，經由科技的手法將解說的內容呈現在遊客眼前，例如對於一年四季景觀的變化，可藉由視聽多媒體的編輯與製作加以呈現。

(2)多媒體可以提供遊客或觀賞者細膩的畫面說明，同時從多重角度作解說展示介紹，並強調整體的發展和關連性。例如針對野生動物的生態環境與習性的說明所作的完整解說。

(3)在觀賞多媒體簡報中，遊客所建立的印象係同時感受多重影像的集合效果。多媒體的展示方式一直重複著此過程，可使遊客累積的不僅是單一印象，而是多重印象相乘的巨大感受。

2.缺點：

(1)採用視聽多媒體的解說方式通常需要安排一處較固定的場所，讓遊客坐下來觀賞，尤其是多媒體的解說，需要在一個固定的場所，將機器全部架設妥當，無法像其他方式自由。

(2)視聽多媒體就其放映場所的設置，需有一定面積的空間規模或擺設規定；而所播放的影片或多媒體影片，亦需要委請專業的拍攝顧問公司編輯，其成本均較其他的解說媒體為高。

(3)視聽多媒體因其製作的成本較高，故其保存及維修工作亦相當重要。同時因其為整套的系統，故需留意到所有相關

設施或器材之配合度，例如場地動線、銀幕大小、電力、電壓等問題。

(三)解說牌誌

「標誌牌示」主要係針對解說資源作固定牌示的解說或說明，其分為引導式、導覽式、說明式、警告式等功能。在牌示的製作或放置，除需考慮內容的詳實與吸引人之外，也需考慮與環境的配合、未來維護保管的問題等，因此亦需委由專業人員進行規劃，方能提供良好的解說功能。

■標誌系統的功能與分類

標誌涵蓋了記號、符號、信號等等，在解說的領域中，不同文獻對標誌系統的設置與定名不盡相同，主要仍以功能屬性區分為解說標誌（解說系統）及管理標誌（標示系統）兩大類（如圖2-1）。茲分述如下：

1.解說標誌：所謂的「解說標誌」（Interpretive Signs）是針對特殊資源、現象，如人文古蹟、稀有植物、自然景觀等作解釋說明的標誌。依其資訊屬性可區分為引導式、導覽式、說明式及警告式指標等四種，功能在於引導遊客與解說接觸的方法。說明如下：

(1)引導式指標：具有引導使用者至目標機能的標誌即稱為「引導式指標」。在標示系統中，所顯示的內容有目標事物的名稱、造型、色彩、指示方向的文字或箭頭符號、現在的地理位置及距離等。除了標示系統以外，路面上的記號或顏色、光線等連續配置等，亦皆有強烈的引導機能。

(2)導覽式指標：標示該地區或其中之建築物、設施等整體資訊，具有確認地區內的事物所在及現在位置之間的關係。

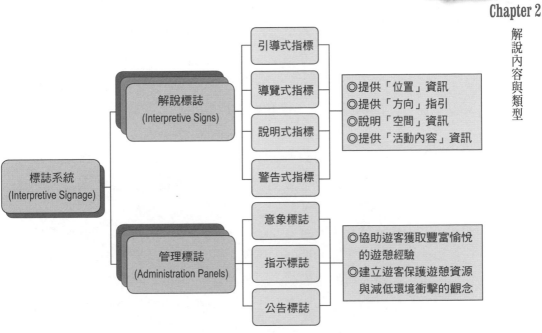

圖2-1　各類型標誌之功能性

資料來源：楊明賢（2012），頁160。

一般而言，導覽式指標所標示的對象事物，依導覽目的的不同而有所增減，從山、海之地形，乃至道路上的設施皆有，種類繁多。導覽式標示系統的設計，是以地圖和圖解說明等為主要架構，因此在實際製作完成與設計階段必須仔細思考，盡可能拉近彼此的差距，差距愈小，指標系統愈容易判斷。

(3)說明式指標：解說管理者欲傳達之資訊或意圖，或說明目標事物的內容、歷史、操作方法等的指標。一般以不同的材質作為設計，如鐵板、木質、石材等等，而以雕刻、鐫刻或貼紙等方式配合圖案及文字加以說明。說明式指標通常富有教育、學習的功能。

(4)警告式指標：為保持安全或秩序順暢所設置的指標，其附有催促、督導的機能。如「禁止……」的強制性禁止標示；「當心……」的警告性標示等等。警告式標示的方式大多使用文字，但在警告式標示中經常以圖案來加以突顯，以吸引遊客注意所應該注意的事項。

2.管理標誌：所謂的「管理標誌」（Administration Panels or Labels）可分為意象、指示及公告標誌等三種（郭育任，2005；鄭燿忠，2005）。說明如下：

(1)意象標誌：「意象標誌」（Signs for Image）通常設置於入口處或標的地區入口處，其功能有：藉由意象表徵使遊客在最短的時間內，心生抵達感或建立地域感；意象標誌可以表達當地的環境或人文特色，而且可以塑造歡迎的氣氛。未必要以平面的方式呈現，如與公共藝術（雕塑、地標）結合則更可展現特色。

(2)指示標誌：「指示標誌」（Signs for Direction）通常位於交

警告式標示會以圖案突顯安全或秩序的重要性，吸引遊客注意所應該注意的事項

通主次要動線及步道之結點。主要目的在提供遊客方向導
引與所在位置。指示標誌應配合使用者之移動速度,使易
於車內觀看或在步道上觀看,設立的位置應考量適當的距
離、版面與字體大小、顏色對比的清晰度等要素。

(3)公告標誌:「公告標誌」(Signs for Announcement)通常
為警告、禁止、公告等性質之標誌。主要目的在提醒遊客
之行為,以減少資源的衝擊,並保障遊客安全。內容通常
較缺乏趣味性,因此應多引用醒目的色彩、明顯易懂的符
號、簡短明確的文字語彙及生動有趣的版面設計,以增進
遊客的注意及瞭解。

■解說標誌牌示的優點與缺點

1.優點:

(1)無論是由內部人員設計、建造及裝設,或是向外訂製專業
設計的標誌,均較其他解說媒體便宜,且裝配得當的標
誌,其耐用年限較久。

(2)標示是自導性的,亦即遊客能以自己的速度閱讀他們所感
興趣的事物,因此人們能在自我控制的時間內吸取他們所
希望獲得的資訊。

(3)自導式結構的解說標示對於教師與父母親在解釋事物給孩
子們聽時也會有所幫助,而無須去打斷一段解說或避免錯
過部分訊息。

(4)標示在任何時間均適用,不論是平日工作人員下班後,或
者是較偏遠地方無法安排解說員時,解說牌誌均可發揮其
功能。

2.缺點:

(1)標誌是死的,需要遊客花費時間與精力去閱讀。相反的,

播音設施和現場解說則不用遊客全神貫注，因為閱讀資訊比聽到的資訊較花費精神。

(2)標誌解說是一種單向的溝通，因此遊客無法問及更多訊息的細節；標示亦無法完全適合所有遊客的興趣、年齡及教育程度。

(3)大自然的侵蝕作用、腐蝕、野生動物的破壞，甚至遊客刻意或不經意的破壞，將使得解說標誌容易受損或破壞，失去功能。

(四)解說出版品

「解說出版品」即是將所想要對遊客解說的資料、訊息，印刷於紙張、卡片上後，製成手冊、摺頁等方式的解說媒體，又可稱為「解說印刷品」。它可提供極清楚詳盡的知性資料與鮮明美麗的感性畫面，是最適合有興趣的遊客研讀與收藏的紀念品。由於製作便宜、易於攜帶、資料較其他媒體詳盡，而且可以大量複製，使其成為一種極為普遍便利的解說工具。為增加遊客的實際體驗，解說出版品經常配合其他媒體使用，最常見的是與自導式步道及自導式汽車導遊的配合。

以其內容區分可分為諮詢性質的出版物及解說性質的出版物兩種；若以其功能區分，則可分為宣傳用出版品、參觀用出版品、教學用出版品，及紀念性出版品四種。解說出版品的優缺點如下：

1.優點：

(1)遊客攜帶方便。

(2)使用場合較廣，價格比較便宜。

(3)出版內容深度可視實際需要而定，便利遊客選用。

(4)遊客可攜回、具紀念品價值、易廣為流傳。

(5)出版品可用販售的方式，以回收成本並增加收入。

(6)可提供詳細的各類資訊，輔助人員解說的不足。

(7)可以有多國語言的版本，便利外國遊客。

(8)可賦予多種解說技巧。

(9)適合表達有次序性的題材。

2.缺點：

(1)冗長的文字可能使遊客失去興趣。

(2)遊客可能會亂丟而製造廢棄物。

(3)印製若數量少則成本高。

(4)需由專業人員撰稿、設計、說明，成本上較為吃重。

(5)有的出版品時間久遠不符實情，故須不斷修訂保持正確性。

(五)步道

　　步道又可分為自導式步道和自導式汽車導遊兩種。自導式步道可稱為「解說性自然步道」，它是指一條專供徒步行走的道路，沿線伴隨著具有解說功能的媒體（通常是解說牌誌或解說出版品），藉著這些解說設計，讓遊客認識並瞭解一些有趣、特殊的景觀或現象。相對於「活動引導解說」，自導式步道通常無解說人員的帶領及說明，強調遊客藉由管理單位的解說設計，而自行創造體驗的一種過程。自導式步道依提供的內容可分為「一般主題步道」與「特定主題步道」兩種。步道解說的內容包括任何一件值得注意的事物現象，而沒有一個共同、連貫的主題時，這種步道就稱為「一般主題步道」；當步道中所有被解說的景象事物，都與某特定的主題有密切關聯，且整體組合起來可構成一完整的系統者，則稱為「特定主題步道」。　無論是「一般主題步道」或「特定主題步道」，自導式步道通常伴隨兩種媒體作解說設計。其一為牌誌，即管理單位在步道沿線，選取若干適當地點，設立解說和管理牌誌，以圖解及文

字，說明附近的自然人文景觀或具教育意義的現象。其二為解說出版品，這種方式係將觀賞點依步道位置或參觀順序標示於手冊摺頁中，並以文字或圖解說明，提供遊客參考對照之用。

　　自導式汽車導遊則興起於汽車普遍使用的時代。當汽車旅遊被當作是一種工具運用在解說上時，通常可提供一群小家庭般人數的遊客，在屬於他們自己的空間中，以適意的速度，配合其他解說設施的引導，廣泛的暢遊較大範圍的遊憩據點。這種自導式汽車導遊強調的是一個小團體或小家庭，在一種具有自我隱私的舒適空間中，共同創造知性遊憩體驗的過程。自導式汽車導遊也可依旅遊的路程內容區分為「一般主題汽車導遊」和「特定主題汽車導遊」兩種。

　　近年來隨著資訊科技日新月異以及網路資源的廣泛運用，除了以上五種主要的非人員解說模式外，亦有許多新型態的解說導覽方式，例如：在一般的博物館中亦有提供相關的解說服務，遊客可自行向服務中心洽租錄音導覽設備，按照其所編號選擇的展示物品，邊依指示前進，邊聽相關的解說服務。同時藉由地理資訊系統及全球定位系統的發展，現在的解說導覽已經透過數位多媒體的運用甚或雲端科技的發展邁向虛擬化及實景化的階段（AR或VR科技的運用）。民眾不需要前往遊憩據點，即能透過網路取得許多據點的解說導覽資訊；無論是使用電腦或是PDA、手機等設備，只要透過網路點選城市的導覽就可讓遊客以自助式或自導式進行，博物館中的導覽亦可以各種語言事先錄製解說資訊，讓遊客租用；而網路攝影機的連線更縮短了世界的距離。

問題與討論

一、何謂解說資源。

二、張長義教授將解說資源分為哪七類，請舉例說明。

三、遊客參與解說活動的心理因素為何，試舉出五例。

四、選擇解說媒體所考量的因素為何。

五、人員解說的工作內容包括哪些？

Chapter 3

解說原則與技巧

☆ **本章綱要**
1. 解說原則
2. 解說技巧
3. 據點解說
4. 帶團解說

☆ **本章重點**
1. 說明解說的基本原則有哪些
2. 說明解說技巧所涵蓋的六大面向
3. 解說的方式因對象而有所不同，介紹據點解說與帶團解說這兩種常見的解說方式
4. 說明據點解說的意義與功能
5. 介紹帶團解說時須注意的事項，以及解說內容及活動技巧之間的交互作用

☆ **問題與討論**

　　優秀的解說員需要有對自然的觀察體驗及具備解說概念，能利用遊客的好奇心、觀察力以及親近大自然的心來豐富人們的智慧和心靈。在解說的過程中，為發揮實際的效果，除了需瞭解遊客的本質及特性外，並應運用表達及組織等各方面的解說技巧，使解說的內容更加吸引遊客的注意，達到解說的效果。解說技巧大致可分參與、組織、內容、表達、正確及安全六方面。

　　針對解說資源的多樣性、複雜性以及解說對象的不同特性，解說員的工作具備高度的挑戰。解說員除了本身專業知識的訓練與背景外，在執行解說任務時，亦有許多原則需要依循。另外，為能順利展開解說工作，無論從解說資料內容的蒐集、編撰、準備，或者是解說前的準備，言語、動作的表達亦有些技巧性，唯有充分的準備才能從容的執行任務，達成解說的目標。根據國立臺中教育大學吳忠宏教授所譯的《21世紀的解說趨勢》（2000）中，提及美國解說哲學大師安納‧密爾斯（Enos Mills）和費門‧提爾頓（Freeman Tilden）對於解說自然與文化的十五項指導原則為：

1.為了引起興趣，解說員應將解說題材與遊客的生活相結合。

2.解說的目的不應僅僅只是提供資訊，而應是揭示更深層的意義與真理。

3.解說的呈現如同一件藝術品，其設計應像故事一樣有告知、取悅及教化的作用。

4.解說的目的是激勵和啟發人們去擴展自己的視野。

5.解說必須呈現一個完全的主旨或論點，並應滿足全人類的需求。

6.為兒童、青少年及老年人的團體做解說時，應採用完全不同的方式。

7.每個地方都有其歷史，解說員把過去的歷史活生生地呈現出來，就能將現在變得更加歡樂，將未來變得更有意義。

8.現代科技能將世界以一種令人興奮的方式呈現出來，然而將科

技和解說相結合時必須慎重和小心。

9.解說員必須考慮解說內容的質與量（選擇性與正確性）。切中
主題且經過審慎研究的解說，將比冗長的贅述更加有力。

10.在運用解說的技術之前，解說員必須熟悉基本的溝通技巧。
解說品質的確保須依靠解說員不斷充實知識與技能。

11.解說內容的撰寫應考慮讀者的需求，並以智慧、謙遜和關懷
為出發點。

12.解說活動若要成功就必須獲得財政上、人力上、政治上及行
政上的支持。

13.解說應充實人們感受周遭環境之美的能力與渴望，讓人們心
靈振奮並鼓勵人們重視資源保育。

14.透過解說員精心設計的活動與設施，遊客將可獲得最佳的遊
憩體驗。

15.對解說資源以及前來被啟發的遊客付出熱誠，將是有效解說
的必要條件。

 ## 第一節　解說原則

解說是一種教育性的工作，而並非只是傳達資訊而已。資訊的
本身並不是解說，解說是將各類資訊加以串連整合、吸收消化所表
現出來的東西。一位優秀的解說員需要有自己對自然的觀察體驗及
解說概念，利用遊客的好奇心、觀察力，以及親近大自然的心來豐
富人們的智慧和心靈。以下針對林玥秀與張明洵（2002）在《解說
概論》一書中所提及的解說工作八點原則說明如後：

一、第一手經驗

解說員在從事解說工作時，必須要有第一手的經驗。若未曾親自潛水觀看海底五花八門的美麗世界，如何能向遊客描述海底的景觀；若沒有參與泰雅人的歌舞祭典，住過巴達岡、大同、大禮，或走過泰雅先民走過的錐麓古道，又如何向遊客闡述泰雅民族的文化生活。有了第一手的親身經驗後，才能讓解說的內容更詳實，充滿體驗感，而非僅是二手資料的傳遞。對於一位優秀的解說員而言，除了勤於閱讀收集相關資料外，還必須充分運用自己的感官、自己的足跡去感受大自然的一切，不斷的學習、不斷的充實才能累積經驗，引導遊客或與遊客分享大自然的美景。

二、引領遊客親身體驗

沒有實體的想像就如同瞎子摸象般，僅能瞭解部分而無法全部瞭解，甚至誤導其方向。遊客所需要的是用手去觸摸、用耳去傾聽、用口親自去品嚐、用心去思考，帶領遊客到現場去，在身歷其境中，遊客方能領會，得到整體的概念與感受。當然，在引領遊客親身體驗的過程中，最需要注意的是安全問題，無論任何解說活動，安全是永遠第一的守則。例如在休閒農場中體驗活動是相當重要的一環，除了夜間帶領遊客作生態體驗外，農作物及農產品的加工、DIY的製作，如茶園從採茶、炒茶到製茶的過程，均可讓遊客留下深刻的體驗。

三、將歷史帶入實際的生活

在許多博物館中若要使遊客對解說物產生共鳴，有賴於解說

牌設計者的巧思和解說員的技巧。例如在自然展示館中，對於梅花鹿的介紹，若僅是說明其特色與分布情況，通常無法吸引遊客的注意，若加註在遠古時代，臺灣遍布梅花鹿，因此臺灣許多地名都與鹿有關，相信更能吸引遊客注意。又如在墾丁瓊麻展示館中，對於瓊麻的栽種、社會經濟的變遷、以致目前尼龍繩代替的演進過程若有詳盡的解說，遊客將可明瞭以前瓊麻製繩在一般人民的生活（尤其是漁民）中，所扮演的重要角色。

有經驗的解說員會將歷史帶入現實的生活，遊客就會感受到這些環境或歷史與我們息息相關。誘導遊客，讓遊客去發現事情的本身，或以問答的方式和遊客拼湊整個解說主體，將更具社會及教育的價值。

四、將解說與遊客經驗相結合

遊客所關心的是與自身有關的事物，如果能將解說內容與遊客的背景相連結在一起，便可達到目的。遊客最後是透過自身的感官記住事情，而且會將解說員傳遞給他的訊息翻譯成自己的語言，或者與其本身經驗有關的事物連結起來。通常，解說員在作開場白時最為困難，因為從不同的角度切入所帶給遊客的感覺不一樣，若能與遊客經驗相契合則有助解說任務的進行，若切入的主題不對，則遊客將失去興趣與熱心。因此，解說員要能夠瞭解遊客感興趣的事物，而這些事物又和遊客的背景、屬性有關，對解說員而言，是一大挑戰。例如對於社區居民所組成的團體而言，解說員可試著從社區公園內所常見的植物導入，再介紹園區內相關的植物或其特性。對於學生團體，則可從植物的基礎辨識用問答的方式來引進主題。

五、關心遊客的需求

　　對於解說員而言，主動與熱心是應具備的人格特質。然而，一般人可能不好意思讓解說員幫忙解說或服務，因此通常在剛開始時，會加以謝謝而婉拒。如果解說員對於遊客能加以觀察或適時問候，將有助於解說之進行，例如所處的地點是位於視野極好的觀景點，則可以先詢問其沿途的辛勞，並準備望遠鏡協助解說任務，讓遊客得以在休息之餘充分接受解說服務；或者在帶隊解說的途中，隨時注意路程的遠近，視遊客的體力稍作休息等，都將為遊客帶來更貼心的解說服務。

六、將片斷資訊組合成解說內容

　　資訊本身並不是解說，一連串的動植物名稱會使遊客對解說望而卻步，畢竟尋求心靈上的釋放與抒懷，比瞭解萬物的名稱更重要。解說不只是告訴遊客這是什麼東西，而是要想辦法促使遊客去探索及瞭解所見事物的現象。解說員透過原始的事物及看來毫不相關的事件，與第一手的經驗，組成完全的畫面，令遊客與自然或史蹟心神相會。例如對於據點附近的自然環境、動物、植物用淺顯的方式略作說明後，將其串連起來組成環境的生態系；而若再加入人類的開發行為，則更可將人與環境的關係作深入的探討。

　　解說者透過本身對事物之瞭解與思考，將遊客與事物相結合，此種溝通的橋樑將因解說者的努力而使遊客更易理解。如何讓這些資訊成為解說的內容，如何引領遊客進入知、情、意的世界，更需解說員精心去設計經營。

　　在解說內容架構的整合上，若以時間和空間的角度加以考量，透過**圖3-1**可以發現，解說內容即是將在區域空間中的各系統地理環

圖3-1　環境議題和環境教育與解說之關係

資料來源：中華民國環境教育學會。

境在時空中的變化組合而成。例如對於一個城鎮的解說導覽，可從自然與人文的地理條件在過去的沿革、現在的發展與未來的趨勢加以整合成一個環境架構圖。

七、解說需要以知識及研究作為後盾

任何的解說任務，都希望民眾經由瞭解而愛惜我們所生存的環境，進而保護它。就文化史蹟資源而言，希望經由解說喚起民眾對文化傳統的重視與珍惜；就自然資源而言，則希望遊客在領受自然的奧秘時，也能瞭解到保育與開發之間的關係。解說者除了依據自己的所見所思，不斷修正或充實解說內容，更重要的是持續的研究工作，如此才能使解說更吸引人，也不致於給遊客錯誤的訊息。遊

客也許不知道,一個完整充實可確信的解說內容,皆有背後的知識及研究為基礎作奠基,這些正是各個領域的專家學者努力所鑽研的心血結果。如對於一種鳥類生態的研究可能就要花費數年的光陰,而對於環境的衝擊則可能是數十年環境監測所得。

自然界的有些事物或許未必能窮究出真理,理論依據也會因立論基點不同而有許多差異,這些問題都不會影響解說的進行,例如:森林火災的處理方式應是予以撲滅或讓它自然熄滅,不論實際結果為何,都可留給遊客極大的思考空間。尤其在現在網路資訊及知識產業發展快速的同時,如何快速及有效的收集與整理相關的資料,對解說員而言相當重要,例如運用Google Earth的系統,對於世界各地的環境均可在網路上搜尋到;當然,資訊的時效性及可信度仍有待使用者去評估與考量。

八、視對象的不同改變解說方法

遊客常因年齡、教育、性別、種族及生活文化不同而有不同的體驗,因此也應有不同的解說方法因應。例如對於中、南部年長的遊客若使用閩南語講解,較能引起注意,若使用國語,則其接受的程度較低;又對於客族的遊客用客語講解,更有親切感。像是兒童與成人對事物的關心與注意力不一樣,兒童較不具成見、較好奇,也比成年人有豐富的想像力,對兒童的解說便需要特別的考量與設計;而非只是將對成年人的解說內容簡化或稀釋即可。作為一個好的解說者,其內外涵養必須兼具,更要瞭解被解說對象的性質與需要,如此才能使解說活動圓滿的完成。

解說方法會因遊客的年齡、教育、性別、種族及生活文化差異而有所
不同（圖為陽明山國家公園舉行的環教活動）

第二節　解說技巧

　　在解說的過程中，為發揮實際的效果，除了需瞭解遊客的本
質及特性外，運用表達及組織等各方面的解說技巧，使解說內容更
吸引遊客的注意，更能夠達到解說的效果。解說技巧大致可分為參
與、組織、內容、表達、正確及安全等六方面，簡述如下：

一、參與

　　遊客參與在解說活動中最具關鍵性，無論是他們低下頭來觀察
植物生態，或是熱衷參與由解說員帶動的劇場活動表演等，只要遊
客投入心思，便達到一半的效果，下面是一些必須加以注意的參與
技巧：

(一)瞭解遊客的特性

先認識所帶領的團體特性，如為什麼到這裡來，以及他們可能具有什麼特別的興趣或背景與你所要解說的內容是相關的。和他們建立親近的氣氛可以鼓勵更懇切的溝通。讓遊客知道你所能帶給他們的助益，同時也要營造適於解說工作的氣氛。在各種解說狀況下，一開始的溝通對之後的解說工作具有決定性的影響。

(二)引導出遊客的知識與興趣

如果一開始便察覺團體的興趣何在，從事何種行業，便可以技巧地將這些資訊納入解說內容之中。如工程師可能對於建築物的歷史或結構較具興趣；而對於婦女團體，可將能製成染料的植物向她們說明衣物穿著及質料的演變等等；或許也有年長者對於以前使用過的器具感到興趣，可以示範操作方式或讓年長者親自上手操作；將這些遊客的背景納入解說可以使遊客更容易接受解說。

遊客們能親自操作或目睹實際操作過程能大大提高遊客的興趣，對於解說也更能接納與引起共鳴（圖為荷蘭木鞋工廠實地操作示範）

(三)發問或回答問題的運用

發問可以增加參與感,通常可採用三種方式:

1.提出問題。

2.鼓勵遊客發問。

3.解說員回答遊客所提出的問題,此時解說員的態度應特別注意,宜釋放善意,耐心誠摯的回答遊客的問題。

如果遊程中打算鼓勵遊客們提出問題,就必須在解說一開始前便強調這一點,否則將演變成一種教導式的型態,整個團體只能等著從你那裡得到所有的解答。鼓勵遊客提問題時,可以發現他們真正想要瞭解的是什麼,也可以得到某些回饋。這使得每一次的解說都富於變化;保持事事新鮮是一個重要關鍵因素。而在問問題時,必須要注意到是否已給了遊客足夠的資料,使他們在組合連貫後能提出答案。遊客所提出的所有問題,必須鉅細靡遺的加以回答,而不能認為是常識問題而忽略掉,且適時肯定遊客的答案,更能建立起互信心。

(四)所有感官的應用

讓遊客有機會親自操作原住民使用的木杵,可以加深其印象;而讓遊客在瞭解陶器的製作過程後,由他們親自抓捏泥土,烘製陶器,都有助於解說的效果。也可以請遊客試試嚐嚐野生果實,或分辨不同植物的氣味;安全地感受間歇熱泉地表的溫熱;將考古挖掘出來的化石放入口內嚐嚐,是否有不同的感覺;或者讓遊客躺在大草原上,盡情享受太陽傳遞的能量;只要讓遊客應用感官親自去感受自然,將比完全僅是口頭上的解說更有效果。

(五)運用不同結構變化

帶領團體的組織方式將影響其參與程度，如果完全是教導式的形態，則遊客所得到的參與機會較少，不如採用分組的方式，將大團體分成數個較小的團體，讓這些小團體各自去完成一件任務；在這種小團體的活動下，每個人將有較多機會參加。例如在做礦區的歷史導覽時，可請各小組去尋寶，並將所採集到的礦物作分類與報告分享。當然，尚有許多不同的有效的、具參與性的結構，包括：個人作業結構、個別指導結構、討論方式、團體會議方式、蘇格拉底方式等等。均可視團體的結構與解說主題、目標而加以採行。在領導整個討論過程中，解說員扮演一個主要的角色，並且知道自己要引導出什麼答案。此方式對於在處理衝突性話題時特別有用。

二、組織

無論是做哪一種方式的解說都需要先行組織。如此可避免解說時流於毫無目的瞎扯或顯得雜亂無章。以下的步驟有助於將解說內容中各個零碎的部分予以有意義的組織起來：

(一)選定題目

在解說之前，首先要作的就是定一個題目。有時候須視遊客的需求而定，若沒有則考慮遊客社經背景及解說的地區特性。題目能包括諸如：(1)植物；(2)歷史；(3)地質；(4)生態；(5)生物等等；顯然這些題目相當廣泛。對於一些廣泛的題目既然不易有效地加以解說，就需要對題目加以限制，找出一些重點作為主題。

(二)選定主題

主題是解說時一項極重要的工具之一，適當的應用是成為有效

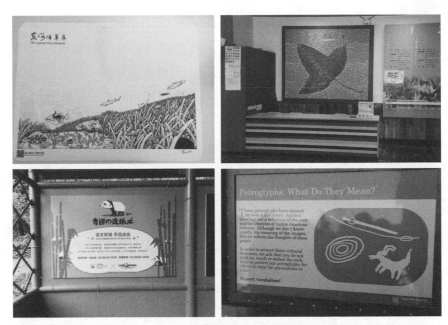

地區特性有時就是最好的主題，此時解說題目的重點側重將應有所調整，例如歷史的轉變、傳統與現代的演繹、動植物的生長與特質等等，都需要解說員加以去思考與組織（圖為海洋生態、植物、動物歷史進程、火焰谷地質地形）

的組織之關鍵。在每一次解說完成，聽眾應能用一句話作為總結摘要，這便是主題，亦是全部解說之中心或主要概念。有了主題自較易發展組織架構及便於聽眾能清楚的理解，主題一旦選定，其他部分自可以順理成章的發展。主題應該是：

1.一個敘述簡短且完整的句子。

2.只包括一個清晰的概念。

3.揭示解說的最終目的。

4.切題而中肯。

5.措詞生動有趣。

運用主題有幾個好處，其中最重要的就是界定解說所要涵蓋的

內容，如此一來解說敘述較趨一致而深入。使用主題應避免在解說的過程中，敘述一些流水帳式的事件發生經過或舉出些無意義的舉證等。定出主題將可使題目更為清晰明確。而擬定主題後，如何去發展它的故事就成為解說最主要的部分，可以用表列的方式將其敘明。

(三)主題的發展

對自己要解說的結構打一個草稿往往有助於解說內容的發展。一般而言，解說內容其全盤的結構包括下列幾個部分：(1)前言；(2)主題；(3)主題的發展；(4)結論。若以「溫泉作用」為例，可以「溫泉作用依賴三大要素」作為主題，此時根據主題可作如下的發揮：

1.溫泉需要大量的熱。
2.需要瞭解溫泉水源的出處。
3.溫泉需要有一套壓縮水道的系統。

這三項我們可稱之為主要標題，通常其具備的特色為：簡短、完整的句子，不要超出三、四個，措辭須有趣且具吸引力。而由主要標題再往下衍繹出來的則可稱為副標題。如針對「溫泉需要大量的熱」可衍生出副標題為：(1)此熱量源自火山；(2)此熱源埋於地殼數千呎以下等等；此外，副標題之發展可用舉例、說明、引註、視覺輔助器材等方式。

對於主要標題的發展依其主題不同而有異，例如某些歷史性的主題可能需依照年代順序；地質學的主題也通常依此排列。當然，對於其他的主題也可採用「漸層法」、「概括性」、「空間性」、「過程法」等方法。很顯然地，解說時可以有多種方式供安排自己的主標題順序，不論任何方法，條理順序的一貫性是強化解說內涵的不二法門。

(四)前言

在擬就所要陳述解說內容的基本架構後，接下來便要決定如何開始。前言或介紹隨著「引導參觀旅行」、「步行嚮導」、「營火晚會」等解說型態而有所變化；惟通常仍具有一些共同特性。有效的前言或介紹將可產生有利的氣氛、提高解說的趣味性及釐清解說的目的。而有許多技巧則可加以運用：

■產生有利的氣氛

1. 配合聽眾們目前的興趣：以當前主要的一些新聞事件作為引述的語言，例如由政治權力的鬥爭、體育競賽的競爭引述生物圈演化的競奪優勢地位，讓遊客瞭解人類的社會型態其實就如同生態圈一樣充滿競爭性。

2. 對聽眾情緒要能因應：在解說前應該熟悉團體的氣氛，如果其情緒不高，可用些幽默的語句；如果他們處於追根究底的情緒，可告訴他們一些特別有趣的資料；而若遊客有不友善的態度，前言則需較長，務必使聽眾有接納的心態。

3. 配合遊客的特殊興趣：所有的遊客都想要知道他能獲得什麼。可提議一些他們可以做的事情，使他們瞭解自己有哪些選擇，例如身處自然地區中，若有聽眾是前來露營的，他們的焦點自然會放在露營的安全事項及營區的分布等。

4. 誠實地稱讚聽眾：遊客來到眼前，即表示他們已對陳述有特別的興趣，也認同管理單位的部分政策或措施，而稱讚他們能獲得良好的互動關係。

■提高解說趣味性

1. 問幾個激勵性的問題：例如昆蟲是植物重要的傳粉媒介、全世界的主要作物媒介都是以蜜蜂為主、只有雌蚊會叮人、昆蟲的

食物有部分是來自植物的汁液等等。

2. 使用特別的陳述：如果雌蚊找不到血液來源供其汲取其產卵所需的蛋白質，牠會從自己翅膀吸收蛋白質，使自己殘廢以完成種族的延續，而目前科學家在研究讓蚊蟲無法繁衍下一代以杜絕蚊蟲引發的疾病等。

3. 引述與人有關的故事：在自然觀察中，經常會發現有些野生動物會身有異色或背負著無線電發報器，其可能是管理單位或研究單位為作野放追蹤所作的標記，卻常常引起遊客的訝異，以為是發現了突變種，此時就可以將研究的目的等緣由向遊客說明，也可以進而衍生說明現在有以植入晶片的方式來替代無線電發報器追蹤等。

4. 使用煽動性的引用句：假設所談的主題是水，則可引用聖經中對大洪水的描述來說明，水流至大海後仍舊被蒸發，降落到地面上，往下流，如此循環，從地上到海裡、空中及回到土地；它感動了山水、森林、野花遍布的大地及原野上的動物，同樣也滋潤了萬物之靈的人類。

5. 指出問題：例如早期開闢中橫公路時是讓榮民慢慢的開鑿，最終開闢了鬼斧神工的中橫公路，開闢了東西部的交通；然而隨著遊客的增加，交通的繁忙，以及開路技術與器具的使用，中橫愈來愈寬；然而大量使用炸藥及不當的開工手法，卻使立霧溪水不再長久湛綠。交通的便捷卻換來景觀的不再，是否值得，可留給遊客深思。

6. 應用例證或故事：例如玉山國家公園範圍內八通關古道的開闢，主要是源於清同治十年琉球事件後，清廷漸感臺灣的重要性，後派沈葆楨駐守臺灣，而光緒元年，為貫徹執行「開山撫番」計畫，遂指示開闢打通前後山間的通路。其中，中路由南澳總兵吳光亮負責，率兵二營，自現今南投竹山開至花蓮玉

里，逾時一年。後來，日據時代，為控制原住民及開發山地資源，日本亦開闢了古道，而引發許多著名的抗日事件。

(五)結論

為解說下結論可以採取許多不同方式，可以將一些主要標題摘述並將主題重述；也可以提出一些疑問句，諸如未來之變化如何？結果又如何？注意不要把適當的動作或內容作得太過度，例如採用一種強烈動人的語調，使遊客足以欣賞感受，或採取任何適當的舉止，並注意以一強烈及容易記住的語句結束。如此可避免一再重複「謝謝光臨」的客套話，因為那會減弱遊客對最後一句的印象，而使大家的注意力從最後戲劇性與動人的剎那游移開去。

在組織能力的訓練上，平常即可用故事接龍或成語接龍的方式來自我充實；或者是作聯想法的訓練。例如：一提到國家公園我就想到陽明山@一提到陽明山我就想到擎天崗@一提到擎天崗我就想到牛隻@一提到牛隻我就想到農村@一提到農村我就想到稻米@一提到稻米我就想到吃飯……。或者可以設定在某個領域或範圍，這樣將有助於解說主題的延伸與擴展。在此亦可設定許多不同的主題來讓同學們練習。

三、內容

對講解已有了大致的架構後，此刻便應是在內容上作充實的時候。以下有多種的選擇方式，以充實解說的內容。

(一)選取支持性的材料

1.引述具體事實資料以支持觀念：例如在開闢八通關古道時，由

於地處荒山野地，瘴癘之氣蔓延，通過多座的高山和溪流，加上氣候的影響，可以想像其開闢的辛勞；而日人所開闢的越嶺古道，則為運輸方便，採雙向開工，路面平緩，路線迂迴，可供武器運送，以達其開發山地資源的目的。

2. 用例子和軼事：在開闢八通關古道時有許多民間的傳說，例如南投縣鹿谷鄉鳳凰山寺係奉祀陰那山慚愧祖師，迄今已有二百多年。清嘉慶年間有莊阿眛者由閩渡臺抵頂城（鹿谷鄉頂城莊）開拓，並奉祖師為守護神，以保平安；傳凡有兇番出草，祖師必先示兆，或一、二日或三、四日禁山，違者恆為番所害；自此香火日盛，譽滿山城。吳光亮開山時，每日清晨躬禱於祖師，虔求庇佑，並發願若開山順利，將重建廟宇。盛傳有一次吳光亮與其部屬在楠子腳為番所困，祖師顯靈化為一群紅布裹頭之小兒，將番擊退，始獲脫險，語近神化，然誠之所至，冥冥中或有神助，似是可信。

用對比的方式來進行導覽解說不只可凸顯差異性，也可用生動、具趣味性的活動來帶領解說（圖中的認識野屁股便是一個清晰又生動有趣的主題標語）

3.採用比較及對比：例如對於八通關古道的開闢，可將清古道與日古道加以比較；或者對於玉山國家公園中亞高山針葉林帶、冷溫帶山地針葉林帶與針闊葉混合林帶所形成的高山草原帶，比較其原來的林相與後來火災後自然演替的植相，加以對比與比較。

4.借用故事：對於吳光亮開闢八通關古道的史蹟，我們可以引用相當多的證言；或者在原住民部落的山區，可以引用許多原住民古老的傳說，來印證大自然神奇的力量，以及縱使人為地改變了環境，最終仍將回歸自然的不變定律。

5.視聽輔助器材：相關官方網站的資訊、數位教材、幻燈片、史前器物、地圖、落葉、石塊等都是在舉證時可能使用到的，應該善加利用。

(二)語言的選擇

1.注意起承轉合：解說者通常對自己的內容知道的非常清楚，對於自己的資料內不同之部分間的關係非常瞭解，這些關係若不經過有效組合，加以起承轉合的話，聽眾有可能很難清楚的加以理解。當大致的架構經過內容充實後，接著便需幫助聽眾逐一瞭解每一項所提及的概念。好的起承轉合應該要先摘述先前敘述過的概念，在先後兩個概念間建立關係，並且預告下一個概念，或運用短短的片語來串聯兩概念，這些做法都可以使解說的內容十分順暢而易於瞭解。

2.儘量使用容易令人瞭解的字眼：不同的職業均有其行話與專門術語，解說員已習於聽、看及使用對游客而言一無所知的高科技字眼。但是在解說的過程中還是儘量使用平常人的語彙較好；另外，針對團體進行解說時千萬不要降低聲調。有時候如果需要使用專業術語，別忘了稍加解釋。例如植物演替、生態

系、多元化社會、地域性、斷層、板塊運動等均是常用的語
辭。一般而言，在解說的過程中你可以從遊客的反應中得知所
使用的語辭是否適宜。

3. 非正式用語的使用：我們大部分都學習使用正式的風格書寫東
西，但是卻用非正式的語法交談。當論文、報告、或主題中正
式的用語以言語的方式說出來，聽起來將相當笨拙。新的解說
員常想把解說用語寫下來，這通常會導致用語變得十分正式，
一旦解說員必須去背誦方能加以解說時，這會使得問題顯得更
複雜，因此解說的語句建議還是以非正式用語為主。

4. 使用具體的語彙：過度使用抽象語彙，會減弱解說中的概念。
如果使用特定且具體化的語言來說明概略的原則，將會顯得更
有效率。不論何時，盡可能使用感官知覺的訴求，形象化及插
圖式的語言尤佳。例如在描述藍腹鷴求偶的動作時，雄鳥身體
前傾並繞著雌鳥跳躍，靠近雌鳥一邊的翅膀向下擴展，另一邊
高高舉起，使其背上及肩上豔麗羽色能夠完全展現。深紅色的
臉面膨脹通紅，血紅色的額上肉冠，臉部肉垂聳起脹大。一邊
發出「吱、吱」的叫聲，一邊在雌鳥身邊迴繞。以上的描述，
將雄鳥求偶時的狀況具體的描述出來。語言的選擇亦可用對仗
或成語的方式呈現，像是中國大陸的旅遊名勝在解說導覽就流
傳以下的用詞：

「西北歸來不探古，黃山歸來不看山，九寨歸來不看水，
雁蕩歸來不看潭」

「去到北京看首都，桂林山水飽眼福，不到長城非好漢，
不來桂林真遺憾」

「長江三峽看壯景，北走絲路看秦嶺，蘇杭美女看身影，
清澈漓江看倒影」

「風花雪月在大理，象山水月在桂林，杭州自古美西湖，桂林兩江連四湖」

「摸摸佛的頭，一世無憂愁；摸摸佛的肚，勤勞能致富」

「摸摸佛的手，好運跟著走；摸摸佛的嘴，作事不後悔」

四、表達

　　表達是傳達訊息的一種身體動作過程，包括走路、站立、坐著、手勢、聲音、視線等方式。由於有許多不同的方法都可以有效的表達訊息，也由於大部分是屬於個人性格特質的部分，故難有固定的原則或方式依循。為了作好適度的表達，可以將自己的解說錄音或錄影，然後觀察自己表達的模式，或邀請同事一起來觀察陳述的方式，給予意見上的溝通，或提供改進的參考。整體而言，適度的表達是解說的關鍵，以下的方法可提供參考：

1. 有熱心：身為解說員應該擁有熱心與主動的態度，熱愛自己的工作，願意將所知與大眾分享，也希望能與遊客間建立起互信的溝通。

2. 有變化：有時候活潑、精力充沛，有時候安靜、涵養氣質；以成熟圓融的態度作適度的表達。

3. 有自信：解說員是大自然的專家，對於自己所說的須徹底的研究與瞭解，在向別人解說時，內容也須經過組織而成為具有意義的陳述。

4. 眼神的運用：和遊客目光相視特別重要，這是最佳之回饋來源，可以從這裡獲知不少訊息。對聽眾而言，也表示對他們的重視。

5. 豐富的肢體動作：好的手勢不只可以幫助別人透過視覺知道解說的語彙，也使肢體感覺十分自在，減低不知所措的感覺。

6.友善、愉悅、自在和隨意：這種表達風格特別適合解說員，因
　其與熱愛大自然或歷史的大部分遊客態度相符合。

7.因應情況調整步調：不管是從容的發展主題，或者是選取主
　題，都可以調合時間的限制。可以視遊客的反應得知其瞭解程
　度，而適時的調整解說的進度。

五、正確

　　誠實是人類關係中最重要的關鍵因素。沒有了誠實，就沒有信
賴感。所穿著的制服、所處的地位、所服務的機構，都賦予了遊客
對解說員的信賴感。因此，一開始解說員便具有相當高的被接受程
度。如果謹慎的研究主題，就可以確定一些事實；如果花時間在圖
書館並且和專家談過，就會獲得趣味性和正確性。任何一個人要懂
得每一件事並不可能，但是，知道得愈多愈好；若有某件事不懂，
基本上，只要誠實地承認事實。自大還不如追求真理，知錯有助於
學習新的東西。如果遊客接受到傳遞不正確的訊息，解說的效果便
會大打折扣。

六、安全

　　遊客離開其所熟悉的環境來到陌生的環境，可能不知道此處有
什麼特別的危險，故安全成了解說中不可或缺的一部分，當為任何
團體解說時，特別對他們負有安全責任。對於遊客，應該在解說之
初便告知其該注意的危險警告，然後注意遊客的行為，並確定其是
否按照指示，維護自身的安全。

 第三節　據點解說

　　解說的方式依對象不同，通常可分為據點解說與帶團解說兩種。據點解說視解說資源的特性與人力資源的分配而定，景點較多的遊憩據點需要較多的人力，因此可能僅在人潮較多時才配置人員解說，其餘時間則輔以其他的解說媒體，目前國內許多管理單位在據點集中之處以設置管理站的方式來進行據點的解說。

一、據點解說的意義

　　對於園區範圍內重要的遊憩據點、景觀據點或特殊的動植物生態據點，經常會聚集遊客，管理單位應在人力配置許可的情況下，設置解說員進行現場解說工作。如果人力有限，也可以設置解說牌、解說亭、解說摺頁取用箱服務民眾；另外，在寒暑假期間，管理單位亦可僱用臨時性的解說員，或運用義務解說員服勤，透過事先公告，服務大量湧入的遊客。

二、據點解說的功能

　　據點解說工作可提供解說的服務、資訊的回答、緊急事故的處理以及遊客安全的維護。解說員可以在據點提供生動、真實而具有啟發教育功能的解說經驗，也可以加強遊客對自然環境的辨識能力、增進遊客遊憩體驗，使遊客瞭解管理單位的經營政策，協助經營管理目標的達成。

　　對遊客而言，有資源及特色的遊憩據點能吸引他們到此一遊，通常遊客會希望對其所到的據點有所瞭解，此時據點解說便發揮很大的功能，雖然大多數的遊客並不是為了求知而來，但據點的資源

常會引發遊客的好奇心，並因而想得到一些與據點有關或值得回憶的事物。

三、解說資源的調查登錄

為使解說更為清楚、簡潔和易於被人瞭解，必須對可供解說的資源予以調查、登錄，並規劃發展出據點解說。在解說的架構中包括了為什麼解說？如何解說？何時解說？在哪裡解說？為誰解說以及解說什麼等骨架。其中解說什麼便可利用解說據點登錄綱要，當登錄綱要的各項調查紀錄完成時，解說員便可據以開始解說服務。

規劃人員可以使用解說地區的地圖，標示出據點的位置並給予編碼。編碼可用英文字母代表，例如S表示服務設施、B為生物據點、G為地質據點、H為歷史考古據點等，另外在字母後面加數字表示同類型之編碼。解說據點資源調查登錄綱要項目包括如下：

1. 登錄人員或單位。
2. 公園名稱。
3. 據點編碼。
4. 據點名稱。
5. 據點位置：可用地圖標示或用顯著地物之空間標示。
6. 據點描述：可描述據點的自然特性或是否有特殊景物，以及四季變化等。
7. 據點交通描述：說明該據點的聯外交通狀況、需使用的交通工具等。
8. 遊客狀況：說明遊客的特性、數量及遊客對解說的需求。
9. 解說重點：說明該據點值得解說的特色有哪些。

四、解說內容的發展與完成

當完成資料之登錄後，規劃人員便可繼續完成解說內容的發展，主要包括下列各項：

1. 解說的主題：各園區的主要特色。如太魯閣的峽谷景觀、陽明山小油坑的地熱、金門的戰役史蹟主題等。

2. 據點發展標的：將據點發展的方向清楚的界定，說明此方向和解說服務中的相關性，例如雪霸國家公園武陵遊憩區發展的解說標的可能是：維護當地的生態體系、保護櫻花鉤吻鮭棲地、避免遊憩引起之污染，建立生態環境教育之解說服務。

3. 解說活動標的：說明本解說活動所欲達成之目標為何，例如武陵遊憩區主要解說活動為櫻花鉤吻鮭的生態習性、開發行為與生態環境間之競合問題。

4. 解說概念：解說活動標的訂定後，便可以開始構思解說的概念。以武陵遊憩區為例，可以引導遊客思考人類有哪些開發行為會對自然環境產生衝擊、其影響程度為何？觀光遊憩發展對環境所造成的衝擊為何？應該如何來減低衝突；甚至引導遊客對於目前武陵的遊憩環境作深入的思考，並探討其發展方向等。

5. 解說方式：解說概念決定後，可研究利用何種解說方式達成目標，一種或數種解說方式並行皆可，需視其環境、解說方式的優缺點、成本的預估等加以考量，同時對於詳細的圖表、據點平面圖、解說設施圖、解說內容等等都應詳細列出。

6. 解說評估：規劃人員在完成上述各項後，應該提出充分且詳細的理由支持並說明為何作如此的決定，記錄其對該據點的任何感覺、印象與觀察、考慮的事項，並提出解說評估的建議。

　　完成了據點資源調查的登錄工作，並將據點解說內容發展完成，管理單位和執行人員即可據以編印解說手冊、摺頁，進行解說設施的設計、製作，也可開始訓練解說員駐站解說。

 ## 第四節　帶團解說

　　帶團解說是解說服務的另一種型式。有可能是由某社團組織提出請求解說服務，也有可能是由管理單位依資源特性所擬定出來的解說活動。帶團解說時解說員須注意的事項除解說內容及活動技巧外，更需要有完整的企劃能力來安排整體的事宜。

一、知性之旅的概念

　　知性之旅是一種活動的解說方式，解說員和遊客運用活動時連續所看到的動植物、景觀、人文現象等，作即時的現場解說，這種方式的優點，在於能使參加活動的遊客藉著各種感官的感受與刺激來瞭解園區內的資源。知性之旅通常需要由富有想像力、創意及企劃力的解說員來規劃解說的路線，或構思新的點子。

　　知性之旅的帶團方式可分為徒步、車行、探勘或船筏旅行。它可以經常保持解說的生命力，時時發現新的解說題材。同樣的路線可更換不同的解說主題，因為多數的遊客都是第一次來此，讓團體在知性之旅中獲得愉悅、新奇、難忘的遊憩體驗，對解說員而言，是十分具有挑戰性的工作。

二、行程設計

　　知性之旅通常是經過組團，再加上解說員的隨行，沿途作導覽

或活動的工作。團員的組成有各種方式,有學生團體、社區團體、相同背景的社團;也有可能是看到海報、簡章、廣告而從不同地區而來的遊客。無論其成員為何,行程的設計與路線的勘察是必須而且重要的。

(一)解說資源的掌握

設計解說行程首先便是要調查該地區的解說資源包括哪些。一個古老的史蹟可以提供很多特殊的故事和解說的素材。一個自然步道也可以在完善的準備後,讓遊客得到豐富的遊憩體驗。資源調查後,可以列出一張清單,提供不少解說主題和重要的解說點子,利用這些主題看看是否能夠讓遊客們發揮觀察、想像、創造的空間。讓遊客「觀察」與「發現」是知性之旅中,使遊客興奮或獲得美好回憶的重要方法。

管理單位若能夠將園區內適合作知性之旅的區域或據點作全面性的調查,建立基本的檔案與資料;未來除了由管理單位主辦的知性之旅外,對於其他不同團體的遊客亦可針對其團體特色,建議團體遊客參與解說行程。

(二)路線勘察

在行程設計中要注意路線的勘察,其中包括了沿途的交通狀況、食宿、洗手間的位置、解說點的選定、解說方式、解說內容的擬定、移動到各解說點所需的時間、各解說點間的距離,以及行動路線的安排,都必須予以考量及調查計畫清楚。當然,在路線勘察時得特別注意到沿途的安全問題,解說點的安全性為何,警告標示是否明顯,以及氣候的狀況是否會影響到行程等都要特別注意。

三、準備工作

　　知性之旅的活動行程設計完成後，即可開始帶隊的準備工作。此時可藉由海報、新聞、廣播來招攬並接受遊客的報名組隊。事先確定了報名的人數後，才能開始辦理租車、保險、編隊、準備膳宿等相關事宜。活動的行程表必須在報名之前完成，然後寄發給參加的人員，讓其瞭解整個行程的內容及相關的事項。內容應包括主辦單位、主辦人姓名、聯絡地址、電話、集合時間、地點、解散的時間、地點、報名的方式、行程中應配合及注意的事項等。另外，對於解說的方式則以表列的方式列舉每一個解說點的地點、到達時間、活動時間、解說的方式、解說者以及解說的綱要。讓參加的遊客，清楚整個活動的內容及性質。

　　帶隊前所有參與解說的人員應將平日所蒐集整理的資料編寫成解說稿或解說手冊，並且作模擬的解說，對於整個活動的籌備或準備工作需作最後的確認。

四、活動進行

　　在整個知性之旅的活動進行中，解說員便扮演著非常重要的角色，因為通常會參加專項活動的遊客大多對此主題有興趣，所以如何帶動氣氛，讓遊客能夠盡情的享受解說服務，是所有解說員的企盼。活動進行中有些要點或技巧是需要解說員加以注意的：

(一)提前到達集合的時間、地點

　　在做好所有的準備工作後，最企盼的便是集合時的印象。解說員除了對於分發的手冊或摺頁要備妥份數外，另外對於輔助的器材，例如指南針、望遠鏡、黏貼標籤等，要做進一步的確認。另

外，解說員務必在集合時間前十五分鐘到達，視活動的需要穿著服裝，若能穿著乾淨清潔的制服，將會帶給遊客有專業服務的形象。同時，要站在明顯的地方，避免遊客找不到，對於時間可稍稍預留，以免有團員遲到過久。對於已經報到的團員，解說員可以親切的和他們打招呼、微笑、甚至寒暄，以增加與遊客的親近與印象。

(二)途中的安排

當團員全部抵達時安排他們上車，對於車上座位的安排，若是在報名時已經瞭解其年齡的話，儘量讓年長者坐在前面的位置，結伴參加者也安排同坐。如果是座位並未安排，則請遊客自行協調坐位。在車上，可再次將活動的行程、主旨告知，並介紹隨隊的解說員及服務的司機；最後是再一次清點人數，並提醒參加者應注意配合的事項。解說員務必注意，對於所有的團員都要一視同仁，避免對部分團員較親近，而引起其他團員不滿。

(三)活動中應注意的事項

1. 配合活動的方式，如果採分組方式進行，則由解說員分組帶領；或者請每組推選小組長，幫忙在集合時間清點人數及協助活動之進行。

2. 若沒有採取分組的方式，則須前後各派一位解說員，以控制整個隊伍的進行；碰到轉彎的地方需留意後面隊伍是否有跟上，避免隊伍拖得太長。

3. 遇到在據點解說時，必須要等到所有團員到達時，再進行解說；而且避免只跟少部分的團員講解。

4. 解說活動當中，可以引導遊客提出問題，也要留一些時間，讓遊客自己去觀察與體驗。野外的觀察，有時不經意的飛鳥或蟲鳴都將帶給遊客莫大的喜悅。

5.解說過程儘量運用各種解說技巧，表現出自己的信心、熱誠與
專業。

問題與討論

一、解說的八大原則為何？

二、在解說技巧的參與過程中，應該要注意哪些事情？

三、解說技巧中組織的步驟為何？

四、據點解說的意義為何？

五、在知性之旅活動中，活動進行中應注意哪些事情。

Chapter 4

解說規劃與特殊團體處理

☆ **本章綱要**
1.解說規劃的意義與目標原則
2.國家公園解說規劃程序
3.年長者與兒童的解說導覽技巧
4.身障者與外籍人士的解說導覽技巧

☆ **本章重點**
1.說明解說規劃的原則
2.說明解說規劃的意義
3.介紹國家公園的解說規劃程序
4.說明年長者與兒童的特質差異及適合運用的解說導覽技巧

☆ **問題與討論**

解說規劃的開始是以資源的特性與旅客的需求作為出發點。合理的解說規劃可使遊客體驗到當地的特殊旅遊資源，並減輕遊客對環境所造成的破壞，達到生態保育的目的。

解說規劃的原則分為兩大部分：一部分是指導原則，即解說規劃綱要；另外一部分則是解說規劃的細部執行計畫；而解說規劃之綱要則導引細部規劃之發展與執行。

解說活動必須針對不同的遊客，考量其個別特殊的需求，提供服務才能達成目標，若對所有的遊客均採用同樣的解說主題與活動，不僅無法有效的傳遞解說訊息，更會引起遊客對解說內容或管理單位的反感，適當的瞭解各團體的特色，是解說技巧中相當重要的一環。

第一節　解說規劃的意義與目標原則

一、解說規劃的意義

「規劃」除了是一種有秩序的發展外，也是一種達成目標的方法與手段，規劃的過程是人類對自身行為自省的表徵，藉由有系統的準備工作以完成組織所賦予的使命。

解說規劃的開始是以資源的特性與旅客的需求作為出發點。規劃的涵義正是管理人員將未來視為歷史的一部分所做的努力。短期的規劃可擬定各種解說模式、解說計畫及各項解說活動，並執行之；在中程的規劃中，管理人員必須接受組織既定的結構與策略，並在此結構與策略中運用人力、資源、經費，達成解說的目標；至於長期規劃則著重在解說終極目標的界定。圖4-1為解說服務在風景遊憩區整體經營管理系統下的結構地位。

高品質之觀
光遊憩體驗

資源經營管理
（Resource Management）

1.用地取得計畫。
2.水與土壤保育計畫。
3.植被與植栽園藝計畫。
4.野生動物經營計畫。
5.天然災害監控防治計畫。
6.設施修繕維護計畫。
7.執法計畫。

遊憩活動
遊客服務業管理
（Recreation Service & Visitor
Support Service Management）

1.服務業之需求、選定、發展
　評估計畫。
2.投資、經營角色、經營主體
　合約規範計畫。
3.價格政策與監督管理計畫。

遊客之經營管理
（Visitor Management）

1.遊客之使用分配計畫。
2.遊客安全、急救、醫療計畫。
3.遊客資訊服務計畫。
4.解說服務計畫。
5.環境教育計畫。
　①遊客分散計畫。
　②遊客量管制計畫。
　③遊憩區封閉管制計畫。
　④以價制量計畫。

圖4-1　解說服務於風景遊憩區整體經營管理系統之位置

資料來源：蔡惠民（1985）。

二、解說規劃的目標與原則

　　成功的解說規劃系統需要整個組織成員熱烈的參與，才能得到整體的效果。解說規劃需要一群真正瞭解組織與解說意義的人員共

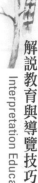

同參與擬定。解說規劃的原則分為兩大部分：一部分是指導原則，即解說規劃綱要；另外一部分則是解說規劃的細部執行計畫；而解說規劃之綱要則導引細部規劃之發展與執行。如以國家公園為例，則其解說教育的主要目標可涵蓋如下：

1.使遊客能瞭解國家公園設立的目的和意義。

2.協助國家公園的經營與管理。

3.提供國民環境教育的場所。

4.使遊客得到不同的遊憩體驗，進而喜愛自然、保護自然。

5.減少對自然資源的破壞，以達到生態及文化資產保育的目的。

6.提供解說服務，使遊客建立資源的正確使用觀念及如何與環境和諧相處的認知。

7.藉由解說教育工作達成國家公園保育、研究、育樂三大目標。

上述的解說目標必須生活化、效率化、愉悅化、彈性化，並以對自然界及人文社會最低的傷害為目標。對解說員而言，須考慮到解說的設備是否足夠，及應如何操作與保養，排除故障的解說設備。同時也要注意遊客的安全，並使遊客不致破壞自然。在任何一個生態體系中，實質上的介入會對該地造成影響，所以為確保自然原始環境不被破壞，這些地區要避免作為解說的地區或供遊客使用，適當和避免濫用資源是解說人員應注意的地方。

國家公園中的解說服務在資源保護、遊客服務、法令宣導中扮演相當重要的角色。以陽明山國家公園為例，蔡惠民（1985）指出，解說規劃的目標與原則如下：

1.規劃目標：

(1)公園解說經驗構想說明。

(2)針對不同解說對象團體之解說服務與活動設計說明。

(3)解說設施、媒體計畫規劃準則之說明。

(4)解說員制度與勤務執行管理之說明。

(5)義工解說員執行解說服勤構想之說明。

(6)解說與公園公共關係推廣之說明。

2.規劃原則：

(1)表現區域特色，並決定國家公園主題、副題、標題及內容
之撰寫。

(2)解說設施媒體設計準則與解說之父泰登所揭示的解說六項
原則。

(3)針對不同遊客團體、遊憩型態提供適當之解說服務。

(4)配合陽明山國家公園計畫目標，分期發展項目提出解說設
施與服務發展計畫。

(5)闡釋自然演替、生態平衡、人類與環境保存之概念。

(6)設計評估公園解說實施效果之做法。

(7)規劃報告係屬實施計畫性質，應講求可行性及應用性。

 ## 第二節　國家公園解說規劃程序

　　解說規劃作業大致包括有解說目標的訂定、解說架構的完成、
提出解說的需求、達成解說的目標等步驟，各管理單位在研訂解說
規劃時，其程序大同小異。

一、國家公園解說規劃程序

　　張明洵、林玥秀（1994）在《解說概論》中認為，國家公園解
說規劃程序約略可包含下列幾項：

　　1.發掘並確認問題之所在及需要：

(1)研究「國家公園計畫」與「國家公園相關法規」。

(2)瞭解國家公園計畫目的、目標與計畫內容。

(3)瞭解調查遊客需求與特質及其解說之偏好。

(4)瞭解公園環境資源。

(5)發掘解說計畫所欲克服或需要解說計畫之理由。

(6)除應瞭解管理者對問題的界定外,解說規劃者應再從其他部門同仁與遊客之觀點,客觀地分析確認問題。

(7)除了「我們能做些什麼」之外,解說規劃者亦應聯想到:「如此做了會看見什麼結果」。

2.確定解說的方向與目標:

(1)解說的目標應考量管理單位的政策。

(2)解說規劃者應和經營管理部門的工作同仁與遊客交談,以訂定共同的想法,有助於規劃方向的確定與目標之訂定。

(3)解說方向確定之後,即可開始設定解說目標,目標之設定要能夠達到目的及解決問題。

(4)要清晰、明確且詳細的敘述解說方向與目標,使執行人員清楚知道要做什麼、怎麼做,以及結果會如何。

3.收集並分析遊客資料:

(1)進行遊客解說偏好調查:包括遊憩體驗、自然、社會及經營環境特質等。

(2)收集遊客資料:包括遊客特性、遊客活動、遊客態度、遊客量、國際觀光客特有資料等。

(3)確認遊客的心理與知性欲求及其特質。

(4)確認有利於遊客獲得較佳遊憩體驗與解說經驗之環境特質。

(5)確認學童、畢業旅行小學生團體;戶外教學、遠足之學校教學團體;與父母同來之幼兒;勞工團體;國際觀光客;身心障礙者等特殊遊客團體之心理需求及特殊需要。

4.收集並分析解說資源：參考學者專家的調查結果與看法，並與一般社會價值取向及衡量標準進行評估後再行考量，以有效分析與確認解說資源：

(1)收集閱讀任何有關公園資源的報告與資源經營管理計畫內容。

(2)分析與確定各個解說主題，每一主題之下再條列各項解說標題；並就各國家公園特色選定中心主題。

(3)資源之品質與獨特性會影響解說規劃者之選擇，諸如解說地點、媒體、內容等。

5.選擇適當之解說方案、媒體與地點：

(1)瞭解何種遊客會在何時出現在某種場合與地點；瞭解與解說有關之公共設施、遊憩據點、公用設備等配備發展情形。

(2)公園內解說計畫與園外解說計畫可並行發展。

(3)儲訓解說員及編訂教材、解說資料，以供參考運用。

(4)規劃與設計解說設施系統，包括選擇設施的製作材料、規格大小、運用美工廣告設計知識與專才，並對各項解說設施予以歸類建檔，以作為定期檢查維修紀錄之用。

(5)編製各主題解說材料手冊供解說員參考使用。

(6)編印各種解說印刷品，製作各種解說多媒體、影片、解說牌供遊客觀賞。

(7)評估各種解說媒體、方法之優缺點。

(8)瞭解所擬各方案在執行上所可能發生之困難，如經費、操作維護、遊客使用率等等。

(9)解說設施之設置不應誤導遊客進入限制或管制區，或因其解說內容有誤而引起遊客不當之利用。

6.各項行動方案之綜合：研擬各項方案是否符合計畫目的與目標，並評估解說需要之技術、財務、管理上之可行性如何；考量發展最有效益的解說媒體；遊客對解說的需求偏好強弱、管

理機關之政策、計畫、臨時業務的需求等可能影響之因素，每種影響因素可視解說計畫總目標之重要性分別訂定優先秩序，以利決策者參考評選，配合各期發展階段所需之經費與人力需求，並分期實施。

7.解說計畫評估：

(1)從遊客對解說之反應、解說員自我評估、管理單位評估三項，擬訂評估計畫或方法，以作為回饋修正的參考。

(2)解說方法與媒體之效果在評估中可予以量化，並提供有用及可用的資訊，作為修正或改變原解說計畫的方針。

(3)參考解說計畫目標以決定評估目標，並決定衡量解說效果之依據因子。

(4)決定評估因子之標準及衡量尺度，決定如何觀察紀錄、收集遊客資料，並製作評估問卷。

(5)解說效果良窳可由遊客對解說活動與題材之偏好，以及解說活動執行之優劣去評斷。從前者可以得知何種解說活動、解說主題是遊客感到興趣及滿意的，並找出其影響正負因素；而後者則可以從某一特定解說活動中，評估遊客對解說內容記憶與瞭解之程度，並找出其影響的正負因素。

 ## 第三節　年長者與兒童的解說導覽技巧

一、年長者

在公園裡或自然區內，年長的遊客常伴隨著家人、朋友及遊伴一起參加解說活動，通常他們只是為了和同伴親人在一起，而不是因為解說節目吸引他們。他們常常希望結識一些新的朋友，並且一

起進行旅遊活動，但是一般的解說活動中卻很少有機會提供此類互動交流的機會，滿足他們的社交需求。

對於年長者的活動安排，通常以參訪公園或歷史遺跡等的安排為宜，一來參與的時間上比較充裕，可以讓年長者能夠慢慢流覽公園中的景觀，二來有些遊客對解說的內容相當熟悉，甚至比解說員更清楚當地的歷史、典故，他們需要的是解說員的關懷與傾聽。解說員常可利用年長者遊客豐富的經驗或人生閱歷，來幫助其他遊客瞭解一些人文或生態的自然景觀；讓遊客也能分享他們的知識和人生體驗。

對於年長的遊客，解說員要多付出關懷。他們常常會落在解說隊伍的後面，有時只能在外圍而無法聽清楚解說的內容，解說員應該調整行進的速度和解說的音量，盡量協助年長的遊客，讓他們也同樣得到愉悅的遊憩體驗。

北京故宮導覽因需要較長的時間，對年長者的體力是一大考驗，因此在時間的規劃上需依團體屬性安排，同時也可關注區內的交通接駁進行安排

二、兒童

　　在許多方面，兒童和大人有許多相似之處，例如他們每個人都是獨立的個體，有其對這世界個別的見解；他們來自各地，有不同的生活經驗，前來的目的也不盡相同；接受教育或進一步學習對他們而言，並非很重要，他們到來可能是學校所安排的戶外活動或者是由家長帶來而已。在一個新環境裡，他們不外是顯得興奮或感到害怕。當他們抵達園區時，經常會發現他們如放出籠子的鴿子四處飛奔，表示對自然的喜樂與期待。

　　對於兒童而言，也如同大人般會受到挫折，尤其在自由及表達之機會上的限制較多。其實，智慧的增長不分老幼，更何況孩童時期的智力發展較為迅速，例如六至八歲的兒童就比二十到三十歲的青年成長更為顯著。通常大人接受外在的資訊機會較多且管道較多，所以探索問題會自行尋找，而小孩子卻比較好奇，只是想多獲得些可利用的消息資料。其思想世界比較趨向抽象，或具想像力；通常是用嗅、觸、味、視、聽等識覺去接受環境的刺激（而不會用感官的識覺去經驗特定的事物，因此心靈較為自由開放），然後運用豐富生動的想像力來解釋它們，在小孩的世界中沒有不可能的事。同時，小孩子注意力集中的時間比較短暫，一旦時間過久，他們就顧不得保持安靜的禮貌。兒童想到什麼，很自然地就流於言表。站在他們身邊，很容易察覺到，雖然他們對字彙瞭解的程度不一而足，但他們最不能接受的，就是去制止他們。

　　對於兒童的解說教育進行規劃時，務必注意下列幾項原則：(1)兒童特性的掌握；(2)解說員心態的調整；(3)解說技巧的適當運用。

(一)兒童特性方面

　　1.在一個新的環境裡，當孩子感到興奮或害怕時，應設法觸發他

們的好奇心，讓他們忘記害怕；解說員的自信是驅走他們害怕
的重要因子，如果將活動妥善的規劃，並與兒童們分享，讓他
們知道活動的活潑性與精彩性，將會減輕其浮躁的情緒，而配
合無間。

2.藉由他們興奮的情緒引發其好奇心，讓他們去探究區域內值得
瞭解的相關解說資源。例如告訴他們晴朗的天氣就如同人的心
情，太陽公公今天就像小朋友的心情一樣，進而告訴他們天氣
方面的資訊。

3.孩子們都是好動的，不妨提供一些可供體力發洩之體能活動，
此時帶動個有意義的遊戲，或傳授一些經驗讓他們實地操作，
都可以達到效果，唯須注意遊戲設計的安全性。

4.利用孩子們個別的特性，依其個別興趣分配他們不同的工作，
或看一些不同的事物，使之明瞭周遭具特色的景物及其相互間
的關係。例如可以分組讓孩子觀察在樹叢底下的昆蟲生態。

孩童的童稚之心很難用專制或權威的角色予以限定，耐心、鼓勵與傾聽是最好
的解說技巧

(二)解說員心態方面

1. 讓自己保持童心，避免將自己設定在一個權威的角色，而將孩子們的時間限定得很緊湊。不妨陪同孩子們一起玩，放鬆自己，有耐心，以鼓勵來代替責備。

2. 傾聽孩子們的話。孩子們會很高興有個成人能不帶批評，不掃其興的聽他們說話，或許解說員所說的和所進行的活動無關緊要，但並沒有關係，因為傾聽將使他們以同樣的態度來回報。

(三)解說技巧方面

1. 以猜謎的方式讓孩子們瞭解或回答他們的問題。例如在歷史古蹟區，讓他們看看以前的人所住的房子和現在的人所住的房子有什麼不一樣，問他們現在家裡面是使用何種生火器具，與以前的人使用的爐灶有什麼不同；又生火的能源有什麼不同等等。同時，在自然方面，引領孩子們發現太陽對植物的影響，進而問及太陽與人類的關係，或者植物與人的關係為何。

2. 幫助小孩子發展五官識覺，讓他們嚐嚐薄荷，聞一聞花香、藥草、硫磺味，也感受地熱冒出來的熱氣，觸摸部分針葉植物與闊葉植物；或者給小孩子放大鏡，讓他們觀察細微的生物世界。

3. 鼓勵他們發揮想像力，要他們運用想像力寫、說故事，或改編童謠，展開孩子們的環境教育。例如看到天空中各式各樣的浮雲，可以讓他們說說看感覺像是什麼動物，然後又會變成什麼動物。

4. 讓兒童扮演各種角色是解說的一種方法。採用這種方式時必須給予孩子們足夠的資訊，使他們在角色的扮演上更具意義。只要孩子們願意，可以讓他們扮演生存在森林中的各類動物、鳥類、昆蟲或礦物，而解說員可以從旁誘導。

5.使用木偶、布偶戲及其他戲劇形式。小孩子喜歡聽故事，以布偶戲的方式進行時，更能夠加深其印象達到效果。對於遊樂的安全則以卡通的方式表達，讓他們更加瞭解哪些事不能去做。

兒童是天生的玩家，充滿了好奇心與創造力，而且對於解說資訊的吸收程度較強，聽從性較高；解說教學的施行，正是引領他們運用感官激發其潛能，在解說遊戲中和大自然建立和諧關係。

 ## 第四節　身障者與外籍人士的解說導覽技巧

一、身障者

每個人的感官都有很大的差別，對某些人而言，聞起來香的東西，對其他人卻未必。同時，一個人也有可能因為文化差異或因存有偏見而忽略了某些事情。愈瞭解解說的對象，就愈能瞭解每一個人的優缺，進而針對缺失予以改善。對於身障者，一般人往往有漠視、害怕及隔離他們的心態，親近他們可以減低他們的恐懼或排斥心理。想辦法接近身障者，讓他們置身群體之中，不會有與社會或人群脫離的感覺；遇有部分身障者拒絕解說或幫助時，建議解說員從關懷的角度進行接觸。

對於視障遊客可以詢問他們是否需要幫助，例如唸給他們聽。大多數人在相互談話溝通時，目光平視看著對方是基本的禮節，團體中若有坐輪椅的遊客，可以讓每一個人的視線高度都差不多，再請隊員們在合適的地方坐下，這對坐輪椅的人來說會比較舒服。對視力障礙者伸出手臂作為引導，對他們是有益的。在經詢問後盲人們並不一定需侷限於水平的步道，他們也可以行走於斜坡感觸地形的變化；對弱視團體若能提供望遠鏡將會助益良多。

面對聽覺障礙的遊客，應站在一適當位置，讓大家都可以看到解說員的臉，說話時不要將手指放在嘴上或別過頭去，那樣會使他們無法藉由讀唇術瞭解解說的內容。若是針對整個團體進行解說，解說員會手語或拼字將更有幫助，也可以用紙、筆來講述一些比較複雜的概念。

若團體中有重度身障者，那麼步調應放慢一些，說話緩一些且稍微提高聲量，清楚並簡單的解說；活動範圍可限定小一些，讓他們瞭解，不致因其特殊而變得什麼都不一樣。

管理單位則在規劃解說服務系統時，須考量身障者不同的需求，除了建築物必須依規定設置服務設施外，解說品或解說媒體的使用上可考量其需求。一般而言，針對身障服務設施，在規劃時應考量到以下細節：

1.盡可能在有階梯的地方加設輪椅用坡道，坡道的斜度須小於8%。

2.在有危險的地方應該加設扶手或欄杆。

3.減少易滑的坡面。

4.解說空間或衛生設備應預留有為身障者輪椅停放的位置。

5.為輪椅遊客提供短程解說小徑，且應鋪設不易滑溜而粗硬的地面。

當人體上有某一種感官有缺陷時，還有其他的感官可以使用，應找出適當的感官表達方式。在鼓勵身障者使用多種感官時，同樣也可以鼓勵團體中其他健全的人去使用其他識覺。有些殘缺會使人無法很流利的表達自己的意思，此時解說員必須有耐心，注意傾聽他們在說些什麼；基本上，對身障人士的解說服務與一般人並無差異，不同的只是需要多付出些關心與注意。

二、外籍人士遊客

對於外籍人士遊客而言,所面臨的最大問題是語言及文字上的障礙;其次則是交通、食宿、對當地民俗的不熟悉與陌生。解說在設計規劃時應考慮這些外籍遊客,讓他們在陌生的環境中,能夠很快找到資訊與取得遊憩訊息。

在機場、港口、車站、旅館中會提供外文的解說摺頁,幫助外籍遊客得到基本的旅遊訊息。在製作解說多媒體或錄影帶時,可考量針對部分的主題翻譯成外語,在必要時播放;或者在觸摸式多媒體的設計時,加入外語(主要為英、日語)的選擇項目,翻譯的語句或內容必須盡量使用淺顯易懂的語詞,或使用國際上共用的語言。此外,在外籍遊客眾多的地方,應該適當的運用外文標示道路指引,提供外文的解說手冊、地圖、說明書、遊園指南等,如有必要,可提供通曉外語的解說員或資訊服務人員。

現階段的多媒體解說導覽已經相當廣泛,不論是運用到各景區或機場、港口、車站、旅館等等,對中外遊客或是國人出國旅遊都相當方便使用

　　運用世界共通的語言——微笑是最佳的溝通工具。外籍人士有可能一生僅到此一次，當解說員遇到他們，可以主動前往詢問是否需要解說，再運用手勢、地圖，或簡單的語彙溝通，讓外籍人士感受到善意的關懷，讓他們留下難忘的回憶。

問題與討論

一、國家公園解說規劃的程序為何？

二、解說規劃中，如何收集並分析遊客的資料？

三、對年長者解說時應注意什麼？

四、針對兒童的特性，在進行解說時可運用哪些技巧？

五、針對特殊團體特性，在解說牌誌與媒體規劃時應注意哪些事情？

Chapter 5

環境教育

☆ 本章綱要
1. 環境教育的起源與發展
2. 環境教育的定義與範圍
3. 環境教育的教學目標與目的類別
4. 環境教育的途徑與內涵
5. 環境教育的教學設計與課程規劃
6. 我國環境教育之發展現況

☆ 本章重點
1. 介紹環境教育的起源以及其定義與範圍
2. 認識環境教育的內涵與其教學目的
3. 介紹環境教育內涵應具有與含括的三大領域
4. 以「陽明山國家公園環境教學活動設計」為例，說明環境教育模組應如何規劃與設計
5. 認識我國的環境教育，說明十二年國教環境教育的主題與面向

☆ 問題與討論

　　環境教育是運用教育的方法，培育國民瞭解與環境之倫理關係，增進國民保護環境之知識、技能、態度及價值觀，促使國民重視環境，採取行動，以達永續發展之公民教育過程。不僅是人類對周遭環境日漸關心下的產物，也是對概念進行認知和價值澄清的過程，更是為關懷周遭環境與維護保育自然資源所激起的環保意識的教育。除了增進人類認知目標達成之外，尤其需要培養受教者正確的環境態度，且要能在日常生活中實踐負責任的環境行為，也是一種以行為能力為導向的教學理念，最終目的在於培育公民能具有「負責任的環境行為」。

　　隨著人類活動對自然環境衝擊的影響與日俱增，早已由地區性轉為區域性、甚至是全球性；而在自然資源的使用上，也將對後代產生影響。為使一般民眾瞭解人類與自然環境間的倫理關係，除了應加強污染防治及取締的工作，亦須採用友善的態度與行為，減少環境問題所帶來的衝擊，更需透過自然保育工作體系和環境教育與解說的管道來實施與配合，如此才能相得益彰。本章首先說明環境教育的起源與發展；其次界定環境教育的定義與範圍；第三，瞭解環境教育的教學目標與其目的類別；第四，根據目標設定落實環境教育的途徑與其內涵；第五，分析環境教育的教學設計與課程規劃；最後說明我國環境教育之發展現況與面臨的課題。茲說明如下各節：

第一節　環境教育的起源與發展

　　第二次世界大戰之後，工業化的社會為人類帶來更便捷舒適的生活，同時也因為資源的過度耗用，帶來更多負面的影響，諸如空氣、噪音、水和土壤污染、放射性廢物及其他毒性物質的氾

濫等環境問題。1962年美國海洋生物學者瑞秋‧卡森女士（Rachel Carson）在四十餘年前，經由嚴謹周詳的調查寫下一本《寂靜的春天》（*Silent Spring*），批判人類對環境污染的危害，如DDT藥品，書籍一經面世便引起了廣大的迴響。書中提及濫用化學物品對環境造成的破壞與所帶來的災害，時至今日不僅沒有改善，反而變本加厲。由此可知，人類長久以來始終存在着一種傳統觀念——人類是自然界的主宰者。人與自然的關係，是征服者和被征服者的關係。然而，肆無忌憚的開發，終於造成愈益加深的能源、資源和環境衝擊及生態的危機。

為了幫助保存生態的完整性，環境倫理（Environmental Ethics）便被提出來，主要在於探討人與環境間如何和諧相處，意即人類與自然環境間相互關係的倫理責任（楊冠政，2011），人類對自然環境所具有的觀點、態度與作為的模式，即稱為「環境典範」（Environmental Paradigm）。人與自然之間的互動關係，隨著人類生存方式的發展而有著顯著的不同，唯有尊重自然、維持生態平衡，才能使地球上的生態永續發展。

1972年斯德哥爾摩的「人類環境會議」（United Nations Conference on the Human Environment）；1975年貝爾格勒國際環境教育會議提出的「貝爾格勒憲章」（Belgrade Charter）；1980年國際自然保育聯盟等所發布的「世界保育方案」（World Conservation Strategy）；1987年「西元兩千年後的環境展望」（Environmental Perspectives to the Year 2000 and Beyond）；1987年環境與發展世界委員會所出版的《我們共同的未來》（*Our Common Future*）等，終於孕育出聯合國環境及發展委員會（UNCED）的設立，以及1992年地球高峰會議（Earth Summit）的召開。這些會議均以全球的觀點引領人類探討環境問題，並且呼籲世界各國除了關心當地及日常的環境問題之外，更應建立寬廣的環保視野，以前瞻性的行動，關心全球

的環境危機，並以「保育」與「永續發展」作為行動策略與目標。

聯合國教育、科學及文化組織（UNESCO）過去也透過「國際環境教育計畫」（International Environmental Education Program, IEEP）努力與推動進行各式的環境教育，其範疇涵蓋層面甚廣，在世界各國積極努力推廣與支持之下，自2005年開始推出了「聯合國永續發展教育十年計畫」（United Nations Decade of Education for Sustainable Development, DESD），希望至2014年的十年間全球的環境問題能獲得重視與改善，可見在20世紀初期，環境教育便已在國際間受到重視，有了舉足輕重的地位。為了達到「保育」和「永續發展」的目標，透過自然資源與環境的研究，推動保育教育、戶外教育、進步教育、資源使用教育與資源管理教育等，積極進行環境解說的工作，幫助人們更瞭解他們所居住的世界（可參見第三章的圖3-1）。

第二節　環境教育的定義與範圍

由表5-1環境教育的相關定義可知，尊重自然儼然已成為當今自然生態保育的基礎，亦是環境教育的主要目標（楊冠政，2011）。環境教育除了重視知識及技能訓練外，亦重視覺知的知識與實踐的具體經驗，而環境教育法的落實與其重要性，更有助於環境教育目標的達成。在環境教育的實質過程中，它強調的是一種以環境知識為骨幹，以解決及實踐環境教育能力的實際行動，作為教學最終結果的教育方式；換言之，環境教育不僅是人類對周遭環境日漸關心下所產生對概念認知和價值澄清的過程，也是為關懷周遭環境與維護保育自然資源所激起之環保意識的教育方式。

美國在1990年施行國家環境教育法（National Environmental

表5-1 環境教育之定義與說明

項目	定義與說明
聯合國自然資源保育聯盟（1970）	聯合國自然資源保育聯盟（IUCN）1970年針對環境教育做以下定義：「環境教育是概念認知與價值澄清的過程，藉以發展瞭解和讚賞介於人類、文化和其生物、物理環境相互關係所必須的技能與態度，以及為關懷生態環境所激起環境意識的教育方式。」IUCN亦說明環境教育的應用為：「環境教育也需要應用在有關環境品質問題的決策及自我定位的行為規範。」
美國環境教育法（1970）	美國環境教育法於1970年通過，該法案中稱：「環境教育是一種教育的過程，涉及人與自然及人造環境的關係，包括人口、污染、資源分配與保育、運輸、科技、城市與鄉村的計畫，與整個人類環境複雜問題的教學。它們是政治的、經濟的、哲學的與技術的。」
南斯拉夫「貝爾格勒憲章」（1975）	聯合國教科文組織（UNESCO）為訂定環境教育的發展方針，1975年在南斯拉夫貝爾格勒召開國際環境教育研討會中發表「貝爾格勒憲章」的內容闡述：「為培育每個人都能夠察覺與關心環境，並具備面對問題的解決能力，能及早防範可能發生的環境問題。因此，世界每一個人和團體，都需要給予必要的知識、技能、態度、意願及實踐能力，以期待對環境問題的處理與防範能獲得適當的解決策略。」自此以後，各國政府遂開始極力推行環境教育。
聯合國教科文組織「伯利西宣言」（1977）	聯合國教科文組織（UNESCO）與聯合國環境署（UNEP）1977年於蘇聯伯利西（Tbilisi）舉行跨政府國際環境教育會議（ICEE）中，所發表的伯利西宣言對環境教育作以下定義：「環境教育是一種教育過程，個人和社會在此過程中認識他們的環境，以及組成環境的生物、物理和社會文化成分間的交互作用，得到知識、技能和價值觀，並能個別或集體地解決現在和未來的環境問題。」
希臘塞薩洛尼基「為可持續性的教育和公共意識」（1997）	聯合國1997年於希臘塞薩洛尼基（Thessaloniki）召開以「為可持續性的教育和公共意識」為議題的環境與社會國際會議指出：「環境教育不再是僅僅對應環境問題的教育，它與和平、發展及人口等各方面的教育相互融合，形成了一個總的（上位的）教育發展方向——為了可持續性的教育。」
楊冠政《環境教育》（1998）	我國環境教育之父——楊冠政（1998）於其《環境教育》一書中曾提出：「所謂『環境教育』，就是培養學生對環境的價值觀，並且具備適當的知識、技能、態度和動機，進而採取行動參與解決環境問題和預防新問題的發生，成為具有環境素養的公民。」

（續）表5-1　環境教育之定義與說明

項目	定義與說明
中華民國環境教育法（2010）	我國環境教育法第一章總則第一條即說明：「為推動環境教育，促進國民瞭解個人及社會與環境的相互依存關係，增進全民環境倫理與責任，進而維護環境生態平衡、尊重生命、促進社會正義、培養環境公民與環境學習社群，以達到永續發展，特制定本法。」並於第三條第一項載明：「所謂『環境教育』，係指運用教育方法，培育國民瞭解與環境之倫理關係，增進國民保護環境之知識、技能、態度及價值觀，促使國民重視環境，採取行動，以達永續發展之公民教育過程。」

資料來源：整理自楊冠政（1998）；王小龍、史嵩宇、周珂（2006）；吳鈴筑
（2010）；行政院環境保護署（2010）。

Education Act），在環境保護署（EPA）的官網有一篇〈什麼是環境教育？〉（"What is Environmental Education?"）的文章，對環境教育的內涵做出清楚的詮釋，摘譯如下：

「環境教育是一個允許每個人探索環境議題，投入解決環境問題工作，並採取行動改善環境的過程。因此，每個人應該對環境議題發展更深入的理解，並有能力做出明智且負責任的決定。環境教育的組成成分包括：

· 對環境與環境挑戰的認識和敏感度。
· 環境與環境挑戰的知識。
· 關心環境與改善環境品質的態度。
· 辨識／改善環境挑戰的能力。
· 參與改善環境問題的行動。

環境教育教導人民如何透過批判的思維權衡不同角度的議題，並且強化他們的問題解決／決策能力。」美國環保署也強調「環境『教育』不只是環境『資訊』！」說明如下表：

表A　環境教育與環境資訊之比較表

環境教育	環境資訊
・提升環境議題的公共意識。	・提供環境議題的事實與觀點。
・教導民眾批判思維。	・毋須教導民眾批判思維。
・強化民眾的問題解決／決策能力。	・毋須強化民眾的問題解決／決策能力。
・不倡導特定觀點。	・可能倡導特定觀點。

　　至於環境教育的範圍，美國的環境教育法案中稱：「環境教育是教育過程，它涉及人與自然及人造環境的關係，包括人口、污染、資源分配與保育、運輸、科技，城市與鄉村的計畫與整個人類環境複雜問題的教學，它們是政治的、經濟的、哲學的和技術的。」

　　環境教育的內容，基本上以在校學生和社會大眾所關切的環境現象和環境問題作為軸心。因此，在環境教育過程中，除了應介紹有關環境科學、生態學等基本科學概念和資源保育等環境管理方法外，並應探討環境公害和環境衝擊等問題。國內外學者專家歸納出環境教育的四大內容為：(1)生態概念；(2)資源保育；(3)公害防治；(4)環境衝擊。此四項即環境教育內容的要項。

　　環境教育推廣必須針對學校與社區環境問題，循序漸進，建立學校與社會生活共同體之環境倫理。因此，在環境教育目標達成上，應就學校與社會資源進行環境教育宣導；在內容上，尤應落實鄰里鄉土的範圍，包括：

1.自然與文化資源保育：如氣候、地文、水文、土壤、動物、植物、礦物、古蹟、名勝、宗教、建築、風俗、地名等等。

2.社經發展：如人口成長、經濟發展、農業、工業、服務業、休閒概況等等。

3.地方公害防治：包括空氣污染、水資源污染、超抽地下水、噪音污染、土壤污染、濫墾、濫伐、濫捕、環境美質的破壞等。

4.地方環保計畫措施：如地方政府、民間企業及社團的環保組織
　　和設施、監測系統和教育活動等等。

　　如此，環境教育才能透過因地制宜的方式，推動與落實環境教
育工作。

臺灣的水土保持問題除了因颱風過後造成山區道路中斷之天然災害外，還因人為的濫
墾、濫伐等行為造成山坡土石滑坡，可惜的是這個長久以來的環境受損問題始終未能
獲得改善

 第三節　環境教育的教學目標與目的類別

一、環境教育的範疇與目標

　　1975年聯合國教科文組織（UNESCO）在南非首都貝爾格勒召
開國際環境教育會議，它同時也是另一個對於環境教育領域具有關
鍵意義的里程碑。該國際會議提出了環境教育的目標（Goals）與目
的類別（Objectives）等，為近三十年來世界的環境教育做定調。該
會議所提出的環境教育目標如下：

1.培養環境意識及關切在都市與鄉間有關經濟的、社會的、政治的、生態的相互關係。
2.為每個人提供機會去獲得保護環境及改進環境所需要的知識、價值觀、態度、承諾和技能。
3.為個人、群體和社會整體創造出對環境的新行為類型。

為了「促使人們認識並關切全球環境及其相關問題，具備適當的知識、技術、態度、動機與承諾，個別地或整體地致力於現今問題的解決與預防新問題的發生是必要的環境教學目標。」此一論述將個人的環境教育素養要項一一列出，包括知識、技術、態度、動機與承諾，明確地說明環境教育不僅是知識的傳遞，還注重態度與價值觀的建立與具體的行動及實踐。基於「教育是一種有目的性的活動，它能幫助每個人成長，使他們能有效地適應社會環境生活，教育內容則是達成教育目標的手段與方法。」（王懋雯，1995）

教育的功能不只是傳遞知識，更重要的是要能與生活結合，將所學應用於生活中，正如杜威的主張：「教育即生活，生活即教育。」為達成上述目標，環境教育的人力資源主要有三種參與者的基本類型，即供給者、中介者和接受者。在範圍上，環境教育的供給者和中介者，涵蓋了政府機關、社教機構、環保團體、環教專家、傳播媒體、企業團體、學校社團、社區家長及民意代表；而接受者為在校學生和社會大眾。環教的內容，基本上優先考慮在校學生和社會大眾所關切的生活上的環境現象和環境問題。因此，在環境教育過程中，除了介紹有關環境科學和生態學基本科學概念和資源保育等環境管理方法之外，並應探討環境公害和環境衝擊問題。國內外學者專家依據該四大內容要項，預期達成的教學目標如圖5-1：

環境教育

目標

1. 使學生認識地球，愛護地球資源。
2. 促使學生關注環境，養成對環境友善的行為及生活方式。
3. 培養學生養成健康及環保的生活習慣。
4. 訓練學生成為環保小先鋒，願意承擔推廣環保的使命。
5. 明白人類與大自然是息息相關的，培養學生欣賞和愛護大自然。

圖5-1　環境教育的目標

資料來源：中華民國環境教育學會。

　　由前述重要的事件中可知，環境教育範疇與目標的相關論述甚多。如內華達國際環境教育學校課程工作會議，便對小學生的環境教育內容範疇進行了界定，其中不乏地形、土壤、礦物質、大氣與宇宙、社會組織、美學、倫理與語言、經濟、區域、植物與動物、水、人群等主題。

二、環境教育的目的類別

　　環境教育目標是在幫助學生成為具備環境意識、知識和全心投注的公民，為提升現在和未來世代所有生物的利益，和持續為環境品質而努力工作。茲另將1975年UNESCO召開的政府間環境教育會議中製定的環境教育目的類別（Categories of Environmental Education Objectives）或稱為分項目標，簡述如下：

(一)覺知

覺知（Awareness）或稱覺醒、意識，係指協助社會群體和個人對整體環境及其相關問題獲得覺知與敏感度（Sensibility）。換言之即是協助學生發展辨識及認知刺激的能力，並加以運用以及擴展這些意識，同時要求對自然及人為的環境存有美的感受。

(二)知識

知識（Knowledge）係指協助社會群體和個人獲得關於環境及其相關問題的各種經驗和基本瞭解，以及人類在環境中所賦予的責任與扮演的角色。換言之即是協助學生具備對自然環境運作的基本瞭解，以及瞭解人類活動對自然環境運作可能產生的影響，對人類活動和自然環境如何達到和諧等有基本的認識。

(三)態度

態度（Attitude）係指協助社會群體和個人獲得關切環境的一套價值觀，並承諾主動參與環境改進和保護。換言之即是協助學生發展全球性的環境倫理觀，並在此基礎之下，協助他們預防、改善和維持環境品質，鼓勵他們持續行動。

(四)技能

技能（Skills）係指提供社會群體和個人獲得辨認和解決環境問題的公民行動技能。換言之即是協助學生發展確認、調查和預防及解決環境議題相關行動等所需具備的專業領域的相關技能。

(五)參與

參與（Participation）係指提供社會群體和個人有機會主動參與各階層環境問題的解決。換言之即是協助學生從生態、政治、經

濟、社會、美學和教育等領域,運用所需的覺知、知識、態度(環境倫理)、技能(公民行動技能)的過程,以及為了預防和解決從地區性到全球性各個層次的環境議題工作中,學習與累積相關經驗,進而參與評鑑(Evaluation Ability)環境措施與決策教育計畫。

 ## 第四節　環境教育的途徑與內涵

　　因為各科的教材編撰與教學方法不盡相同,環境教育仍須掌握現實生活環境的教育原理原則,且依據課程與教材的性質因地制宜,將環境概念融入在各個學科領域的活動中。常見的戶內教育活動計有展示導覽、專題演講、研討或研習、多媒體節目、劇場節目、圖書開放、星象節目、科學實驗或演示、環保教材開發與外借、諮詢服務、出版品提供等等。常見的戶外教育活動則包括野營、天文觀測、大自然攝影、野外調查、自然物欣賞或標本採集等方面。

　　在環境教育的活動中,依據學習者的參與程度,區分為參與性

野外調查、自然物觀察與研究、標本採集是戶外教育經常性的活動安排(左圖為奧萬大森林所進行的樹木調查研究;右圖為設置獨居蜂巢推動環境友善教育行動)

（Participatory）和非參與性（Non-Participatory）兩類。所謂的參與性環教活動，是指學習者在整個教育過程中，主動參與研討活動，並與推廣者產生教學互動的關係，例如舉辦研討會、座談會、研習會、研習班。非參與性的環教活動，則指在這些環教活動中，學習者被動接受各種環境教育資訊，而缺少與推廣者間的雙向交流，如透過大眾傳播媒體（電視、廣播、報章等）的宣導活動，以及各種社教機構（如天文台、博物館、動物園）的展示活動，通常沒有推廣者從旁引導學習者討論，這些活動被歸類為非參與性。許多配合特定的紀念日（如4月22日地球日、6月5日世界環境日、6月8日世界海洋日）或主題來進行的環境運動，亦屬於參與性環教活動。

早期的環境教育本質，在進步主義或稱為進步教育（Progressive Education）時期所推展的就是「戶外教學」或「田野教育」，當時主要的教育目的是為了促使學生接近大自然，單純地對自然環境生態作瞭解或以自然生態作為研究的對象。

隨著工業革命後各種科技及經濟發展，環境教育的目標為了促使世界人類認識並關切環境及其相關問題，使民眾具備適當的環境知識、技能、態度、動機及承諾，於個別地區或整體國際間致力於現今環境問題的解決及預防新問題的發生，以宣導全民達成關切自然保育、生態環境與人類生活環境為目標。巴爾斯（Le Von Balzer）認為，環境教育的內涵與範圍應具有環境的知識、環境的技能與環境的態度等三個層面；布侖（B. S. Bloom）等則是將人類知識能力分為三個領域，即認知領域（Cognitive Domain）、情意領域（Affective Domain）和技能領域（Psychomotor Domain）。因此，環境教育內容中的知識與智能屬於有技能或技藝等。技能領域須具備以下三項特質（王鑫，1991；王懋雯，1995；張明洵、林玥秀，2002；任孟淵、許世璋，2007）：(1)環境教育是一個認知教育過程；(2)環境教育是一種情意教育過程；(3)環境教育是擬定自我行為

準則的技能教育過程。

一、認知領域——環境教育是認知教育過程

　　環境對不同的萬物眾生，都有不同的意義與定義；環境中各種組成因子複雜，常會因時空環境而改變。人類的環境觀點，也常會隨著年齡成長、教育訓練、生活體驗、角色扮演等經歷，而改變對環境的看法與認知。環境教育與所有其他的學科領域相關，而且實際建立在所有其他學科及領域的工作上。它是一項整合的跨科間教育。環境教育的目的是促進人們對人類、生態環境、自然資源有整體性的認知（Cognitive），並因此而能夠進行清晰與正確的思考。這些環境觀的澄清、建構與轉化，都是環境教育哲學者可以適時地引導的介入點；而這些環境的相對概念，也是環境教育者可以針對不同對象及環境事物建立環境教育主題活動的議題。

二、情意領域——環境教育是情意教育過程

　　我們對於環境的思考不單是指自然環境而已，而是包含人文環境、歷史傳統及社會生活等的整個生態圈。以奧爾所提出的「所有的教育都是環境教育」為命題，環境教育是教育，環境是內涵，應落實於教育的概念之中，我們可以說：「一切教育皆為環境教育。」環境教育強調以前述的認知作為基礎，並藉由教育的過程發展個人的道德倫理觀、生活價值觀，以及生命的信念等有關的意念、情意（Affective）、美感等內蘊情緒。因此，在設計、發展、建構環境教育體系時，就必須站在「所有的教育都是環境教育」的基本理念上（郭實渝，1999），重視課程的整體規劃，強調以「永續發展」的概念（王鑫，1999），引導民眾認識自然資源、合理使用

自然資源，並保護資源及保育生態系的有限性，此即人類在21世紀永續發展教育的重要課題。

三、技能領域──環境教育是擬定自我行為準則的技能教育過程

環境教育期望使個人對環境抱持的價值觀及態度可轉化成具體的行為與行動。這些行為是透過個人對「人與環境關係」的認知及有關資訊的理性判斷（綜合考量政治、經濟、社會、科技等廣義文化層面中的各個部分），從眾多的替代方案抉擇後，做成決策並付諸實施的技能。所以，當地球環境受聖嬰現象、臭氧層破壞、溫室效應、資源耗竭等現象的影響，環境破壞情況日益嚴重，為了改善環境品質，人們必須徹底改變其習慣模式，而採取有利於環境的行為（如綠色消費、資源回收、節約能源、生態環境保護、自然資源保育、文化與資產保存等）。

上述除了增進人類認知目標達成之外，尤其需要培養受教者正確的環境態度，且要能在日常生活中實踐負責任的環境行為（黃文雄等，2009），也是一種以行為能力為導向的教學理念，最終目的在於培養公民能具有「負責任的環境行為」（Hines, Hungerford, & Tomera, 1986；張怡萱等，2011）。墾丁國家公園亦將國家公園手冊中與環境教育相關的概念列出六項綱領：(1)自然環境的基本概念；(2)自然資源的認識與保育；(3)自然景觀的認識與維護；(4)文化史蹟的認識與維護；(5)環境污染的認識與防治；(6)國家公園的認識與愛護。其中，第一到第四項綱領是認知領域的教學、第五項為技能領域的教學、第六項為情意領域的教學。

 第五節　環境教育的教學設計與課程規劃

　　環境的生態教育，適用於引導人們藉由探索、瞭解與讚賞的方法及態度，認識人類與環境（自然環境與人文環境）互動的生態關係。由於環境教育的宗旨是瞭解、關懷、愛護臺灣自然及人文資源的教育，本質上具有科際整合及民眾參與等環境教育特性與理念。

　　就實質而言，環境教育活動的類型，往往受限於推廣單位的體制和特色而有差異（如國家公園、社教機構、環保團體）。環境教育可以針對其資源特性，透過「為環境而教育」、「從環境中教育」及「教育有關環境」等三種人與環境的角度來學習環境概念。

　　若以推廣單位整體特色為例，則以自然資源和景觀為特色的國家公園，適合於為環境而教育、從環境中教育，以及教育有關環境等學習活動模式。位於都會區的自然博物館或科學博物館，擁有豐富的自然物收藏品及展示品，適合採取教育有關環境、為環境而教育等學習活動模式，卻不適於單獨地從自然環境中而教育的方式。由此可見，這種在不同場所進行的環境教學，其教育活動之教育目標與方式，因環境教育資源的不同，而有所差別。茲列舉聯合國國際環境教育計畫擬定之教學方法供讀者參考，並藉由陽明山國家公園環境教學資源，及「陽明山國家公園環境教學活動設計」環境教育模組等說明於後。

一、聯合國國際環境教育計畫擬定之教學方法

(一)教室內進行之教學

　　1.小組討論：此種方式可由老師或學生主持，藉由學生之間的相互影響，協助及指引學生的思考，加速其觀念之轉變與成長。

都會區的自然博物館或科學博物館，因擁有豐富的自然物收藏品及展示品，最適合採用教育有關環境、為環境而教育等學習活動模式（右圖為植物館中標本實務的展示；左圖為羅浮宮校外教學活動）

尤其是具有爭論性議題所引發的環境問題之論述，可藉由小組討論，澄清某些錯誤的觀念。

2.班級討論：全班參與討論，可以研討問題的各種面向，且同時可讓學生瞭解每個人彼此間對於問題看法的歧異，藉以引導學生獲得正確的觀念。倘若開始執行有些許困難，教師亦可指定若干善於言詞表達的學生進行發言。

3.腦力激盪：藉由會議中的議題擬問題，讓學生在極短時間內提出解決方案，讓學生於練習中思考複雜的環境問題。

4.辯論會：將學生分成兩組，一組支持論述的議題，另一組持反對意見。兩組輪流派員上台發表意見，每人發言時間以不超過三分鐘為原則。該議題必須是現實生活中有爭議性的問題，讓每個人都盡可能的提出其觀點。

5.角色扮演：從環境正義與衝突管理觀點探討「核能電廠或垃圾焚化場對於鄰避設施選址地點之論述」，藉由設置於何處的問題，讓學生扮演政府在經濟、環保官員、電力公司主管、核能電廠或焚化場設計供應的廠商、各級民意代表、民眾、反對或贊同團體代表的角色。在角色扮演過程中，讓學生體認不同階層與職等背景的人員，對於同一議題的認知究竟為何。

6.模擬遊戲：準備三、四十張卡片，由每位學生在卡片上寫出一種植物、動物、分解菌類或環境因子的名稱。邀請一位學生展示其卡片，然後問其他學生有誰可以吃它？或利用它？循序漸進的追問下去，如此連續追問可構成生態體系中的複雜網絡。

(二)教室外進行之教學

1.野外旅行：目的在蒐集資料以便在教室或實驗室供人使用，以驗證教科書中的原理或法則，利用現場瞭解環境問題的發生。

2.環境小徑：規劃一條小路，沿途具有各種生態及地形，其目的可使學生：(1)認識自然生態環境；(2)瞭解生態系中各個成員的任務；(3)瞭解自然環境與人為環境的組成；(4)認識人對自然環境的破壞及其補救辦法。

二、陽明山國家公園環境教育推廣計畫

陽明山國家公園受到國家公園法嚴格保護，得以維持完整的生態體系與自然優美的環境，經由環境教育的過程促進國民瞭解個人及社會與國家公園環境的相互依存關係，以增進全民環境倫理與責任、維護國家公園環境生態平衡、尊重生命、促進社會正義，培養環境公民與環境學習社群，進而維護國家公園自然與人文環境的生態平衡及環境品質，以達到陽明山國家公園永續利用，再加上便利的交通與完善的步道系統及公共設施，正是大臺北地區學生最佳的戶外環境教育場所。

因此，陽明山國家公園積極推動生態資源整合暨環境教育推廣計畫，委託社團法人中華生態資訊協會汪靜明理事長及其團隊自民國100年起推動陽明山環境教育，成效卓著；該計畫的執行構想及方法與推動概念架構如**圖**5-2與**圖**5-3所示。

輸入資源Input　過程方法Process　達成目標Achieve　發展推廣Development

上位法令
・國家公園法
・環境教育法
・國家環境教育綱領

關鍵計畫辦法
・深耕厚植國家公園環境教育新作為
・陽明山國家公園生態資源整合暨環境教育推廣計畫（先期計畫）
・環境教育設施場所認證及管理辦法
・環境教育設施場所認證申請書

關鍵組織人力
・內政部營建署
・陽明山國家公園管理處
・臺北市教師研習中心
・地方政府
・專家學者
・民間團體

環境教育系統整合
環教設施場所資源分析整合
環境教育輔導團與推廣人才庫
環境教育課程及教材教法
環境教育人員訓練與研習
數位多媒體環境教育教材

陽明山國家公園環境教育永續發展
國家公園生態環境友善（生態）
國家公園資源發展有利（生產）
國家公園社區生活有鄰（生活）
國家公園生態安全有助（安全）
國家公園環境教育落實有益（教育）
環境教育設施場所認證
環境教育教材教法研習推廣
環境教育研習推廣

資源整合 Integrating　國家公園生態環境教育平台　行動交流 Integrating

資料　調查　分析　影像紀錄　圖庫　生態資訊　輔導團　人才庫　夥伴
參與者　設施場所　人員　方案　課程　教材教法　研習

圖5-2　國家公園生態資源整合執行架構與方法

資料來源：汪靜明（2009），頁5。

119

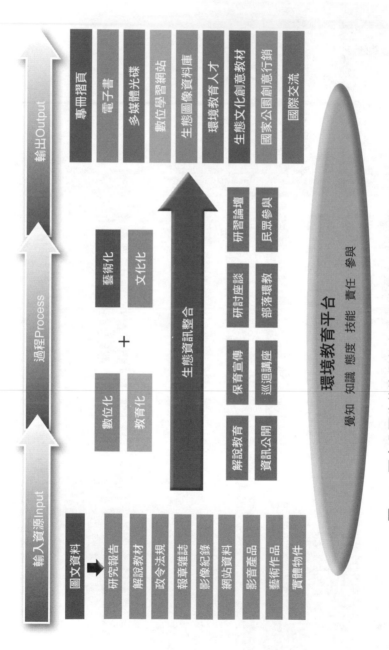

圖5-3　國家公園生態資源整合及環境教育平台推動概念架構

資料來源：汪靜明（2009），頁7。

在推動生態資源整合暨環境教育上，國家公園所應扮演的角色大致可分為下列五個面向：（陽明山國家公園管理處，2011）

(一)場域提供

《國家公園法》第一條開宗明義的定義：「國家公園成立目的為保護國家特有之自然風景、野生物及史蹟，並供國民之育樂及研究。故能夠成為國家公園之地區，均有其生態或人文史蹟上獨特且值得保存、認識之處。」除了保育與學術研究之外，國家公園在不違反保育目標下，另外兩大重要目標即為提供國民環境教育及景觀遊憩活動場所，以培養國民欣賞自然、愛護自然之情操。

(二)教學資訊傳達

傳統的傳達方式包括遊客中心解說展示、各類解說叢書、摺頁、研究報告、視聽室所播映的多媒體影片、步道上的解說牌示及人員解說等方式，寬頻網路普及率提高之後，網際網路成為資訊傳播的重要媒介。網路資訊傳遞擁有快速、便捷且易雙向交流等特質，民眾透過網路獲取陽明山國家公園管理處資訊的比例愈來愈高。

(三)師資培育

優秀的師資群是推動環境教育成敗關鍵，陽明山國家公園管理處曾舉辦「繽紛的陽明山世界」教學活動設計徵選比賽，並將成果提供各界教師作為設計教案之參考。而為擴大推廣層面，自民國76年起陽明山國家公園管理處便開始定期招募、培訓解說志工，現有服勤中人力約四百餘名，這些具有各種專長的資深志工為管理處推動環境教育重要的師資來源。這些志工不只參與相關活動之教案設計，並在活動中擔任天文、昆蟲、植物及地質等相關課程的講師，為保存史蹟教育貢獻心力。

(四)教育推廣

陽明山國家公園管理處提供各機關、學校等單位預約的解說服務。且在遊客中心及各遊客服務站每日均派有駐站解說志工,為有需要的遊客進行駐站解說;亦有帶隊解說服務,配合各級學校的戶外教學活動,為來訪的教師、學生提供生態解說。另配合園區不同季節的特色,主動辦理各類教育推廣活動。如3月份辦理尋幽炭古訪大屯生態之旅、5月份辦理天溪園蟲蟲交響曲活動、6月份辦理蝴蝶季——蝶舞草山系列活動、7、8月份則有兒童生態體驗營及青少年生態探索營,入秋後則辦理「陽明山古道秋芒之旅」等,而且會逐年加辦或更新各式活動。

(五)在地資源整合及推廣

如何促進在地居民參與及做資源上的交流整合,使陽明山環境教育發揮最大能量,需更多的智慧思考。陽明山國家公園管理處結合臺北市教師研習中心與園區內及周邊學校,推動陽明山生態學校結盟,並主動邀請園區內及附近小學的師生參與各類活動,如邀請區內及臨近的國小師生至管理處擔任一日保育志工,以共享環境教育資源。

第六節　我國環境教育之發展現況

環境教育的推動涵蓋層面相當廣,近年來國內環境教育隨著「永續發展」理念的拓展,由社區與學校等基層開始落實實施;加上成為全民共識後,政府及立法部門制定了「環境教育法」,環境教育邁入新的紀元。

一、國內環境教育發展的背景與沿革

　　大自然原本具有淨化各項環境問題的能力，但是人為的公害卻遠超過了大自然所能負荷。我國自1980年代初期，也是為了解決層出不窮的環境議題與公害問題，成立了衛生署環境保護局與其他各縣（市）環境保護局，乃至於1987年將原有衛生署環保局升格成立為行政院環境保護署。面對許多有待解決的環境議題與公害問題所帶來的挑戰，政府也開始察覺到環境教育協助解決這類問題的能力，以及預防未來問題發生的重要性，遂逐步加緊推展國內環境教育的內化與提升。

　　教育部於民國78年，訂定「臺灣地區公立社會教育機構推行環境教育五年計畫」，並規劃我國社會環境教育的推動網路；其計畫內容主要包括研訂社會環境教育方針、設置區域環保展示及自然教育中心、舉辦區域性環保教育研討會、戶外環境教育等研習活動。另外，自民國83年起，進一步辦理「我國自然保育教育計畫」，建立自然保育教育義工活動資料庫，以期整合政府與社會團體的資源，透過社會教育管理，落實有關自然保育的環境教育工作。

　　此外，行政院環保署與教育部先後輔導各師範校院成立環境教育中心，加強我國環境保育相關教育訓練與研習等工作。現階段分布在臺灣全省的十二所環境教育中心，於教育部環保小組計畫下，分區輔導就近之中小學環境保護小組之運作與評鑑。

　　歷經公部門與民間各界二十餘年來的共同努力，國內環境教育於2010年終於在5月18日由立法院三讀通過「環境教育法」，同年6月5日世界環境日經總統公告，並於2011年6月5日正式實施。

二、環境教育法的重點

　　目前國內環境教育相關法令主要包括2011年6月5日開始實施的環境教育法，以及2011年6月6日由行政院環保署訂定的環境教育法施行細則；相關的法令尚包括國家環境教育審議會設置要點、行政院環境保護署環境教育認證審查小組設置要點、環境教育機構認證及管理辦法、環境教育設施場所認證及管理辦法、環境教育基金收支保管及運用辦法、環境教育法環境講習時數及罰鍰額度裁量基準等九項法令。另外環境教育法在政策上須制定國家環境教育綱領，並擬定行動方案；因此國家環境教育綱領可視為環境發展的上位計畫，並為最高指導原則。

　　環境教育法主要分成六章：

1. 第一章為總則，敘明立法的目的與精神、主管機關、名詞定義，以及對象為全體國民、各類團體、事業、政府機關（構）及學校。
2. 第二章為環境教育政策，包括須擬定國家環境教育綱領，四年通盤檢討一次，依據綱領擬定行動方案，並由地方政府參酌地方特性，擬定地方行動方案，每年並應就執行成果作成報告和報中央主管機關備查。
3. 第三章為環境教育辦理機關之權責，主要明定各級主管機關應設立環境教育基金及其來源、管理與運用方向；並明定中央主管機關及中央目的事業主管機關應辦理環境教育機構及環境教育人員之認證；同時，中央及地方均應依規定遴聘專家、學者及有關機構、團體代表等，設置環境教育審議會；各級主管機關及中央目的事業主管機關應指定環境教育專責單位或人員辦理環境教育之規劃、宣導、推動、輔導、獎勵等相關事項。
4. 第四章為環境教育推動及獎勵，主要明定各機關或公營事業機

構、高級中等以下學校及政府捐助基金超過50%的財團法人，
其員工、教師、學生均應於每年12月31日前參加四小時以上的
環境教育，並於翌年1月31日前上網填報執行成果。

5.第五章為罰則。

6.第六章為附則。

三、國內環境教育推動的現況

國內環境教育除以行政院環境保護署為主管機關外，因涉及層
面廣泛，分屬不同的行政組織體系。目前對於環境教育推廣的主要
途徑有：其一，透過學校的途徑，經由與教育部各級教學資源進行
結合，目前相關連結的網站為教育部綠色學校夥伴網站；其二，透
過政府環保署以及各地環保單位進行社會的環境教育。而在資訊網
站上則有環境教育終生學習網，網站內有許多分類的環境知識影片
或相關的學習資訊，同時可以記錄個人的學習資料與歷程檔案。網
路學習的相關網站則包括：臺北e大和e等公務園+學習平台。環境教
育資訊系統網站內有國內環境教育所有相關的訊息，包括上述的環
境教育終生學習網也是該網站內的終身學習的連結。茲簡述環境教
育資訊系統內之重點：

1.國家環境教育：環保署致力於為環境教育扎根，為了鼓勵全民
參與並獎勵推動環境教育績效優良的團體及人士，舉辦國家環
境教育獎，深獲全國環境教育深耕人士肯定。共分為學校組、
機關（構）、團體組、民營事業組、社區組、個人組。每組均
選出特優一名及優等五名。

2.社會環境教育：社會環境教育即是由地方政府環保局每年編列
經費預算進行的內容，包括：社區環境調查及改造計畫、全國
環保模範社區遴選表揚、環保專業獎章、環保夥伴、環保志義

工、環保活動、環保小學堂—社區環境學習中心、環境保護公
益信託、認證補助、計畫審查與宣導計畫。除了這些內容，其
實環境教育含蓋的層面很廣，以新北市政府為例，其基金的運
用包括：環境教育推廣、環境教育專案計畫、推動環境保護政
策及教育訓練計畫、環境教育競賽計畫、綠色生活推廣計畫、
環保英雄遴選暨里環境教育計畫、新北市環境公民教育推廣計
畫以及補助辦理環境教育活動計畫。近年來，各地方政府執行
的相關計畫還包括：循環經濟、溫室氣體檢測、低碳中心、環
教設施場域輔導認證等等。

3.環境教育認證：

(1)個人：重視環境素養及環境教育核心能力，可經由學歷、
經歷、專長、推薦、考試或訓練等多元方式鼓勵認證，並
且在環境教育機構及設施場所、政府機關、各級學校、地
方社區、企業團體等諸多層面，扮演環境教育方案行政規
劃執行及教學展演之角色。其中，依規定各級學校推動環
境教育之指定人員應取得環境教育人員認證；欲申請環境
教育設施場所或機構之單位，亦須設置一名以上經認證通
過之全職環境教育人員。

(2)設施場域：優先運用現有閒置空間、建築物或輔導民間設
置具有生態或人文特色之設施或場所，並由環境教育專業
人力進行經營管理及全職環境教育人員學習場域。目前有
二百二十一處（截至110年5月），涵蓋了自然／生態教育中
心、國家公園／都會公園、農場、風景區／遊樂園／觀光
工廠、水資源及濕地、社區參與、博物館／動物園、環保
／節能設施、文化資產、水土保持各類。第一個設置的是
臺北市關渡自然公園。

關渡自然中心是國內第一座通過認證的環境教育場所，此外也有許多營地正積極推動環境教育，例如新北市童軍龜山營地

(3)機構：由具有培訓經驗之政府機關、大學或獨立學院法人等資格之單位申請認證，主要任務在於培養環境教育人員，辦理認證相關訓練、研習以及違反環保法規之講習課程，目前有二十八處。

四、十二年國教與環境教育

十二年國教課程發展是以「自發」、「互動」及「共好」為理念，強調學生是自發主動的學習者，學校教育應引發其學習熱誠與動機，使其開展與自我、他人、社會和自然的互動能力，進而致力於社會、自然與文化的永續發展，謀求彼此的互惠與共好。願景是「成就每一個孩子——適性揚才、終身教育」，包含四項總體課程目標：「啟發生命潛能」、「陶養生活知能」、「促進生涯發展」、「涵育公民責任」，並以「核心素養」作為課程發展主軸。「核心素養」是指一個人為適應現在生活及面對未來挑戰，所應具備的知識、能力與態度。

環境教育在教育體系中課程發展應強調循序漸進的課程目標：(1)應以建立生態基礎、科學知識，並提供學習者對環境問題做出合

於永續發展決定的基本要素為前提；(2)重視公民素養，加強態度與價值觀的培養，得以覺知個體與群體間行為的互為影響；(3)養成解決問題所需的科學調查、評估等公民行動所需的操作技能；(4)公民參與和技能應用。這套理論系統表現在九年一貫課綱的課程目標中，傳達非常清楚，且架構出五項課程目標基準：(1)環境覺知與敏感度；(2)環境概念知識；(3)環境價值觀與態度；(4)環境行動技能；(5)環境行動經驗（教育部，2008）。尤其「環境行動經驗」是其中的獨特目標，惜無法藉由融入學習領域來獲得成就，歷來聯合國相關的文件或學者，皆主張透過主題式學習來達成（Hungerford, Peyton, & Wilke, 1980; May, 2000）。

十二年國教的核心素養分為「自主行動」、「溝通互動」、「社會參與」三大面向，再細分出九大項目（參見**表5-2**）。期許學生能依「三面九項」培育的素養來解決生活情境中面臨的問題，並能因應快速的社會變遷，與時俱進，成為一位終身學習者。

十二年國教亦列出十九項重要議題，均須融入課程中實施。十九項議題包含：性別平等、人權、環境、海洋、品德、生命、法治、科技、資訊、能源、安全、防災、家庭教育、生涯規劃、多元文化、閱讀素養、戶外教育、國際教育、原住民族教育。其中性別平等、人權、環境與海洋等四項議題，為延續九年一貫課程之重大議題，同時也是當前全球關注、屬國家政策，且是培養世界公民的關鍵內涵。

表5-2　十二年國教的三面九項

12年國教	終身學習者		
三大面向	自主行動	溝通互動	社會參與
九大項目	1.身心素質與自我精進 2.系統思考與解決問題 3.規劃執行與創新應變	1.符號運用與溝通表達 2.科技資訊與媒體素養 3.藝術涵養與美感素養	1.道德實踐與公民意識 2.人際關係與團隊合作 3.多元文化與國際理解

有關環境教育的學習目標為：

1.認識與理解人類生存與發展所面對的環境危機與挑戰。

2.探究氣候變遷、資源耗竭與生物多樣性消失，以及社會不正義和環境不正義。

3.思考個人發展、國家發展與人類發展的意義。

4.執行綠色、簡樸與永續的生活行動。

　　十二年國教環境教育分為五大主題：環境倫理、永續發展、氣候變遷、災害防救、能源資源永續利用。其中，倫理的涵養為環境教育的根本，故將環境倫理列為首要主題。學生於國小、國中與高中期間循序漸進學習這五大主題，各階段的學習重點整理如**表5-3**（高翠霞、張子超，2016）：

表5-3　十二年國教環境教育的五大主題

學習階段	國小	國中	高中
環境倫理	透過整體生態環境美，培養其對環境的覺知	注重生態系統運作與動植物福利的理解	環境公平正義、社會議題的認知與理解
永續發展	覺知人類發展脈絡與環境關係	理解國際間永續發展的背景與意義	理解國家永續發展政策
氣候變遷	覺知氣候變遷及其對生活環境的影響	注意認知與理解人類及氣候變遷的關係	國際間對於氣候變遷減緩與調適因應策略
災害防救	覺知與省察災害所帶來的衝擊	理解災害對於人類生命、生活、社會與經濟等各方面的影響	分析與瞭解災害頻率或趨勢
能源資源永續利用	覺知人類與能源、資源的關係	瞭解能量流動與物質循環、能源與資源的種類	深究能源、資源循環型社會，並瞭解各種替代能源的發展趨勢

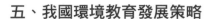

五、我國環境教育發展策略

環境教育涵蓋範圍廣泛，例如氣候變遷、災害防救、自然保育、公害防治、環境及資源管理、文化保存、社區參與等均屬環境教育之範疇；環境教育並非只是環保機關的權責，尚需相關機關共同推動。調查及彙整相關部會之環境議題納入本方案，並依「國家環境教育綱領」推動策略訂定行動策略，據以研訂工作項目及主、協辦機關，實施期程為109至112年，並分成十大推動策略、四十六項工作項目：

(一)法規建置

1.檢討修正環境教育法、環境教育法施行細則、環境教育機構認證及管理辦法、環境教育設施場所認證及管理辦法、環境教育人員認證及管理辦法、環境教育設施場所輔導獎勵辦法、環境教育基金收支保管及運用辦法、環境教育計畫與成果提報執行辦法、環境講習執行辦法、國家環境教育獎獎勵辦法、國家環境教育審議會設置要點、行政院環境保護署環境教育認證審查小組設置要點、違反環境教育法罰鍰額度裁量基準等法規。

2.每年舉辦環境教育年終策進會，蒐集環境教育法暨相關子法之修正意見，並視需要檢討修正。

(二)組織人力

1.指定負責單位、人員及其培訓。

2.環境教育志工召募、培訓及運用。

(三)基金運用

1.每年召開環境教育基金管理會。

2.補助地方政府辦理環境教育計畫,並進行績效考核。

(四)品質與認證

1.辦理環境教育認證。

2.鼓勵申請認證。

3.落實評鑑機制。

4.整合規劃環境教育設施場所及資源。

5.鼓勵輔導民間、企業、公民營事業推動環境學習,強化環境教育人員環境素養及環境教育專業知能,提升已訓練取得環境教育認證之人員品質。

6.提升環境教育人員專業知能。

(五)教育與資訊

1.課程規劃與發展。

2.環境素養調查。

3.發展環境教育課程融入各科領域。

4.環境教育資訊系統建置及資源提供。

5.進行公眾溝通與教育。

6.氣候變遷教育推廣及運用。

7.提升全民循環經濟概念。

8.推行「糧食安全」環境教育。

9.提升再生能源宣傳活動。

10.社區營造及村落發展計畫。

11.傳統藝術推廣及保存。

12.海洋資源環境保育宣傳。

13.持續辦理環境游離輻射教育,增加民眾對核能與輻射之認知。

14.推展博物館建構環境教育場域。

15.兩岸環境議題知識推廣。

(六)多元推動

1.執行每年至少四小時環境教育。

2.建立環境教育終身學習個人學習管道。

3.鼓勵大專院校自主推動環境教育。

4.鼓勵全民、企業、社區及各社群參與環境教育。

5.結合社區民間力量推動環境教育。

(七)組織合作

1.召開中央各部會環境教育工作會議。

2.召開地方政府環境教育工作會議。

3.與民間團體和企業團體協調聯繫。

4.現有終身學習、文官培訓制度與中央主管機關合作推動環境教育。

5.辦理環境教育研究及國際環境教育資訊蒐集。

(八)環境講習

1.辦理環境講習並通知受處分人完成講習。

2.督導並補助地方政府辦理環境講習。

3.各級主管機關規劃適宜的環境講習課程及教材。

(九)考核評鑑

1.環境教育計畫及成果提報查核。

2.辦理環境教育執行績效考核。

(十)輔導獎勵

1.鼓勵民間團體、企業辦理環境教育。

2.鼓勵已取得認證者辦理環境教育。

3.獎勵推動環境教育成效優良者。

4.推動產業投入綠色工廠行動。

問題與討論

一、環境教育所涉及的層面相非常的廣泛，請試著進行歸納與整理。

二、以陽明山環境教育方案為例，試著應用在國內其他的國家公園。

三、請收集環境教育場域認證的相關規定，並瞭解不同類型的環境教育場域。

四、十二年國教中環境教育的類型包括哪些，並請就臺灣與國際議題舉例討論。

五、惜食、減塑、綠能、節水、生態都是環境的議題，請就其中一項收集資料探討。

Chapter 6

自然保育

☆ 本章綱要

    1.自然保育的涵義

    2.自然保育的目標

    3.自然保育的策略

☆ 本章重點

    1.說明自然保育觀念的起源及其涵義

    2.說明生態保育與自然保育的概念差異,並指出自然保育的目標與重要性

    3.認識資源枯竭的成因與資源永久有效利用的重要性

    4.說明全球性、區域性與各國的自然保育策略與措施,並揭示生物資源保育的三大目標

    5.介紹我國自然保育政策與法令

☆ 問題與討論

　　自然保育是指人類對自然環境及其資源所採取的保育行動，其目標包括維護基本之生態體系及其運作、保存遺傳物質的多樣性和保障物種與生態系之永續利用。為達目的，則有賴地方和社區社團參與地方性行動方案與規劃活動，並加以落實。

　　長久以來，人們對於自然環境與資源生態的保育概念，多未重視和注意。人類濫用自然資源，也不保護賴以維生的生態環境。在多次的大自然反撲後，人們才慢慢體會到地球有限的資源已漸漸枯竭，世界各地的天候出現不尋常的現象，生態環境無限制的破壞，終將導致人類步向毀滅與死亡。

　　根據臺灣環境資訊協會在2020年所列舉的十大重要環境事件包括了：武漢肺炎，逃離瘟疫世代；公告「中華白海豚野生動物重要棲息環境之類別及範圍」；國際愛知目標（例如降低棲息地流失率、魚群永續經營管理、防止有害污染、保護全球一定比例的陸地和海洋、防止物種滅絕、增加保護大自然的資金……）無一達成；千年藻礁的無聲告別；蔡英文勝選與能源政策；亞洲吹起碳中和風潮；北極海冰史上最晚結冰；農地種電，農委會急關門；臺灣國土大計走完上半場；十六年，美麗灣正名杉原灣。根據2021年臺灣環境資訊協會所做的調查發現，臺灣民眾認為最嚴重的環境議題，前三名分別為：「氣候變遷」、「空氣污染」、「塑膠污染」。其中，有47.6%的民眾將「氣候變遷」議題列為嚴重的環境議題。綜合該次的問卷結果顯示，有不少臺灣民眾在疫情發生後，對環境議題更加關切。與民眾最切身相關的仍是天天都需相伴的口罩，「一次性口罩垃圾增加」成為疫情期間，讓民眾最為憂心的環境問題第一名，有九成的民眾都曾在生活周遭看見被隨意丟棄的口罩垃圾。外送食物、網購等次數增加，造成「外送餐具增加」與「網購包裝增加」，也成為民眾近期所關切的環境議題前三名。

　　在2019到2020年，國際的環境新聞上也不遑多讓的依舊圍繞在

氣候變遷所導致的議題，綜合如下：

1.全球大火不斷，敲響氣候危機的警鐘：

(1)無情澳洲大火：超過十億隻動物命喪火窟，大火燃燒面積
高達一千七百十萬公頃，相當於四‧七個臺灣的面積。

(2)美國加州大火：大火燃燒的橘紅天空彷彿末日，統計燒毀
超過五個大臺北地區的面積，焚燒期間長達七十五日。

(3)北極西伯利亞大火：這場大火足足燒毀了有五‧五個臺灣
面積，其中一千一百萬公頃為森林區。這場大火有可能導
致更多北極永凍土的解凍，重擊脆弱的北極生態系統。

(4)亞馬遜十二年來最慘大火：根據統計，燃燒熱點不只
在雨林地，還有全球生物多樣性最豐富的稀樹草原
（Savanna），如「塞拉多草原」（Cerrado），以及全球最
大濕地「潘塔納爾濕地」（Pantanal）。

(5)印尼大火及空污：五年燒毀一‧二個臺灣面積，不止破壞
了自然生態棲息地，大火造成的有毒煙霧和空氣污染，更
嚴重危害了印尼與鄰近東南亞國家的人民健康，增加感染
COVID-19的風險。

2.極端氣候遍及全球，各地環境災難加劇：

(1)酷暑：北極圈內最冷小鎮測得攝氏三十八度的高溫，打破
該鎮過往六個月平均溫度約攝氏十三度的紀錄。異常高溫
氣候帶來西伯利亞乾旱、森林大火、永凍土層融化以及漏
油事件等一連串環環相扣的環境災難，嚴重威脅北極圈的
生態。

(2)融冰：北極海冰創下有紀錄以來第二低，北極冰層已損失
三分之二的體積，突顯全球暖化問題嚴峻。

(3)蝗災：肯亞七十年來發生最嚴重的蝗災，掀起東非糧食危
機。由於氣候變遷、海水溫度上升，為蝗蟲製造出極為有

利的繁殖條件，蝗蟲大軍所經之處，寸草不留、糧食資源遭洗劫一空。聯合國糧農組織評估顯示，這是東非地區二十五年來遭遇最嚴重的蝗災，更是肯亞七十年來損失最為慘重的蟲害。

(4)臺灣珊瑚白化：臺灣沿岸近五成出現白化跡象。中研院生物多樣性中心團隊在2020年觀測到臺灣沿岸最嚴重的大規模珊瑚白化現象，包括東北角、澎湖、墾丁、綠島和蘭嶼，其中蘭嶼南部逾五成珊瑚有白化跡象。

(5)水患、風災席捲全球：極端氣候劇烈影響之下，2020年多個亞洲國家因暴雨，導致河水暴漲，嚴重者造成上百萬人流離失所。孟加拉有三分之一國土浸泡水中、日本九州遭受大範圍致災性強的強降雨、印度東北部約有六百八十萬人遭受水患影響。2021年7月歐洲在德國、荷蘭、比利時等國的洪災造成三十億美元的損失，以及中國大陸河南省鄭州的暴雨三天內降下一年的雨量，造成地鐵淹水，影像更是令人怵目驚心。

3.重大環境污染，起因於能源災難：

(1)柴油外洩，污染北極淨土：2020年5月，位於北極圈內的泰米爾半島（Taymyr peninsula）發生北極有史以來最嚴重的漏油事故，高達兩萬公噸柴油外洩，污染二十公里河川及周遭土地。

(2)貨船漏油事故染黑度假勝地模里西斯：2020年7月，載有四千公噸燃油的日本貨輪船「若潮號」，於「印度洋三大明珠」之一的模里西斯東南沿岸觸礁，導致船身破裂，逾千噸燃油外洩，濃黑油污迅速擴散該海域。專家預測，這座度假勝地可能在未來數十年都難以恢復。

(3)北海持續三十年洩漏大量甲烷：大西洋北海三十年來，持

續洩漏大量的甲烷，對氣候的危害是二氧化碳的二十八倍。石油和天然氣業者仍繼續在海床上鑽洞，嚴重影響全球氣候與北海生態。

2020年是世界地球日公告五十周年的日子，《國家地理》雜誌檢視了過去五十年來人類對於地球的各項作為以及對未來的期望，有悲觀的一方也有樂觀的一方。悲觀的一方表示，人類無窮盡的掠奪地球上的資源，終將步入毀滅的一刻；而樂觀的一方則認為藉由科技的發展以及人類對環境知覺的覺醒，將讓未來生活更美好。

由上述環境議題可知，環境永續與人類永續生存的衝擊，不僅受到不同層面的關注，抗議行動的訴求也獲得網路讀者共鳴。為推動與落實自然保育，保護和改善環境不僅是全球人類生存和生活的當務之急，更需透過自然保育工作體系和環境教育管道來配合實施，才能相得益彰，而為達目的則有賴地方和社區社團，參與地方性行動方案與規劃活動來加以落實。

第一節　自然保育的涵義

自然（Nature）一詞，通常泛指自然界（自然環境）、自然萬物（自然資源），或天然（自然現象）等涵義。在科學的界定上，凡是出於天然，而不假人工造作者，皆可謂之自然。自然的涵義，融合了自由、自在、自形的三種現象。自然界的自生自滅定律正是我們自然保育思想的要素。

一、自然保育觀念的起源

西方的自然保育觀念到了19世紀才被提出，美國約在19世紀中

才開始實施原生林的保存政策。1872年3月1日美國成立全世界第一座國家公園——黃石公園,當時主要是為了保存優美的景觀,目的在於遊憩及觀賞自然美景。

　　自然保育的觀念到了20世紀初才興起,到了1972年,聯合國通過了後來被稱為「綠色憲章」的「斯德哥爾摩環境宣言」(Stockholm Declaration on the Environment),自然保育工作才成為世界性的工作,期間因為人類大規模開發利用自然環境及動植物,引起對自然生態的破壞,造成物種消失,情形甚為嚴重,根據 *Conservation for the Twenty-First Century*(1989)一書估計,每年有二十萬平方公里之熱帶雨林被摧毀,約十萬平方公里的邊緣地淪為沙漠化,十五萬平方公里之耕地淪為貧瘠,七百五十億噸表土被沖刷流失,造成15至25%的物種消失。

　　2002年8月在南非約翰尼斯堡召開之「永續發展世界高峰會議」(World Summit on Sustainable Development, WSSD)所揭露之情形指出,在全球已命名的一百八十萬種物種中,由於人類之農業與工業活動,以及全球氣候變遷,已造成20%的淡水魚類瀕危或滅絕、75%作物基因多樣性消失;而於1970至1999年間,造成50%之濕地消失,導致有50%的內陸水域與濕地之物種隨之消失,全球珊瑚礁系統有三分之一遭受摧毀,導致有24%的哺乳類及12%的鳥類遭受威脅。

　　人類破壞自然生態所導致的後果很嚴重,因此在先進國家有識之士的努力推動,以及聯合國有關機構的主導下,生態保育運動成為全球性之運動。臺灣位處亞熱帶,雨量充沛,山巒青翠,溪谷交錯,產生複雜地形,孕育多樣性之物種,並有豐富之特有種,而由於人口密集,連年追求高成長率之發展,對環境造成破壞,如山坡地之破壞、河流之污染、地層下陷、海岸之消失、若干物種之瀕危、空氣污染、水資源之頻頻告急、廢棄物之難以處理等,身為地球村的一份子,更應當致力於推動與落實生態保育,營造永續生存

及發展之環境，落實憲法所揭示之經濟科學發展應與生態環境兼籌並顧之目標，提升國家地位，並為後世留下更好的品質之環境。

二、自然保育的定義

保育是人類為了謀求福祉，產生的一種環境管理行動。保育係講求明智合理的利用資源，促使資源能長久持續為人類世代所永續發展與利用。保育的「conservation」一字，係源自於兩個拉丁文：con（共同）與serve（保護或保持），合起來有共同保護的意思。為增進生活福祉，人類透過對環境的保留、保存（Preservation or Reservation）與保護（Protection），及對野生物族群的復育（Restoration）、棲息地的保護與改善（Improvement）、植被的復育、景觀或古蹟的復舊（Rehabilitation），以及進行環境法令與教育等方法或措施，以達資源永續利用之目的。

「保育」一詞在《世界自然保育方略》（*World Conservation Strategy*, 1984）中定義為：「對人類使用生物圈加以經營管理，使其能對現今人口產生最大且持續的利益，同時保持其潛能，滿足後代人們的需要與期望。」因此，保育為積極的行為，包括對自然環境保存、維護、永續性利用、復原及改良。

生物資源跟植物、動物、微生物及其於生存環境中所依賴之無生命物質有關，故生態保育（Ecological Conservation）可泛指野生動物的保育工作及自然生態之平衡、維護；而「自然保育」（Nature Conservation）應指對自然資源和自然環境的保存、保護、利用、復育及改良，現為當今文明世界之潮流與趨勢。簡言之，自然保育係指「人類對自然環境及其資源所採取的保育行動，包括自然資源與環境生態的保育之雙重意義。前者強調資源保護與合理利用；後者則強調環境的生態平衡與倫理。」自然保育的具體方法，共計有保

人類透過對生態的保育及對野生物族群的復育、棲息地的保護與改善，促使資源能長久持續的發展與利用

留、保護、復舊、復育與教育等多種方式。

 ## 第二節　自然保育的目標

　　自然保育為一對自然環境以及資源所採取的保育行動，以達到資源的永續利用，目標在於維護基本生態系的運作，並保存遺傳物質的多樣性，達成生態系的平衡，同時也保障物種與生態系間的永續利用。聯合國於2019年在巴黎發表的《全球生物多樣性和生態系統服務評估報告》指出（姜唯、黃鈺婷、鄒敏惠編譯，2019），全球目前約有一百萬物種正面臨滅絕的威脅，其中尚有許多物種會在幾十年內消失，這是自然界的危機，也是人類的危機。無論是糧食、醫藥、建材、衣物、化學原料及各式各樣的生活物品，全都

是由自然界各類生物所提供，更別說人類同為地球生態系統的一份子，卻因人類過度侵擾與破壞，以及全球氣候變遷影響，原始或健全的生態網絡系統正在逐漸消逝。

以生存最基本的糧食來說，人類有95%的食物來自於土壤，一旦土壤喪失生物的多樣性，缺少了微生物、昆蟲、蚯蚓等物種，將無法使作物順利生長。雪上加霜的是，這十年來由於氣候變遷引發了極端氣候，例如高溫、乾旱、暴雨洪水，以及失控的病蟲害感染，都進一步導致農作物產量銳減，不僅衝擊糧食供給，更導致糧價高升。科學家預測，若無法採取有效因應措施，到了2050年，氣候變遷將導致全球糧食產能下降5至30%，這將是非常不妙的景況。因此自然保育意識的推廣與訂定目標相形重要，茲針對自然保育三大目標說明如下：

一、維護基本生態體系及其運作

維護土壤之再生與保護，各種生態體系內養分之循環使用，以及水之正常循環與淨化，此為人類生存與發展的必要條件。農業生態系的生產力，不僅需依賴土壤品質來維護，同時亦有賴益蟲和其他動物棲息地的保護，諸如傳播花粉的昆蟲，以及害蟲之天敵與寄生動物。只是現今因人類大量使用殺蟲劑，已傷害了其他非防治目標的物種。森林除供應木材與其他產品外，也維持當地及區域性氣候的正常運作，並確保河川的水質清澈，以提供人類所需的水源，維護生態系的正常運作，對糧食生產、人類健康及生物資源的永續開發，其重要性多不勝數。

不幸的是，全世界很多的優良農耕地均已被廣為開發利用，許多良田因興建建築物而永遠無法再提供農業使用。長此以往，若土地侵蝕仍以目前的速度擴張，且未採取任何保護措施，則全世界會

有近三分之一的可耕地將在今後的二十年間遭受破壞。

　　森林和樹木覆蓋了近三分之一的地球表面，除供應木材與其他產品，也對當地及地區性氣候與溫度進行調節，並確保河川清水常流，提供人類所需水源，維護生態系的正常運作，對糧食生產、人類健康及生物資源功不可沒。現今世界各地的森林集水區正在遭受摧毀，尤其是世界最廣大的熱帶雨林流域，例如南美洲亞馬遜河流域及印尼雨林所面臨的危機與問題極其嚴重。對自然林和人造林、木材製品和非木材製品進行永續森林管理，是實現永續發展所必須與不可少的，應在國家和全球兩層級實現永續森林管理，包括透過有關的政府與利害相關者（如民營部門、原住民和當地社區及非政府組織等）形成夥伴關係，採取相關的保護行動。

　　目前全球有二十四億人口無法取得清潔用水，不潔的飲水造成死亡的人數遠超過愛滋病和瘧疾，其中情況最嚴重的地區是撒哈拉沙漠以南的非洲國家；而水和衛生危機不僅威脅民眾健康也阻礙經濟發展；因此《全球生物多樣性和生態系統服務評估報告》指出，八大工業國必須率先採取行動，以協助改善全球性的用水問題。

二、保存遺傳物質的多樣性

　　保存遺傳物質的多樣性是永續性改進農、林、漁、牧業生產所必須，並為未來的各項利用預留後路，緩衝對環境上有害的改變。許多生物已是或是在不久的將來很可能會成為醫療藥劑等重要產品的來源，基於長期可見的利益與對環境保護的要求，我們應該確保所有物種的生存。例如：在中藥上許多的藥材均採自於動植物本身，目前已經有許多被開發為保健食品或者是醫藥的原物料來源；有部分的物種有特殊的構造，目前許多的仿生科技也都積極探究物種的構造並希望能開發運用在人類的生活上。

　　人工栽培的農作物、樹木、家畜、水生動物及微生物，以及他們的野生親緣種中所含的遺傳物質，對於育種非常重要。育種可以提升產量、營養品質、耐久性、滋味、對病蟲害的抵抗力，及幫助對各種土壤與氣候之適應性與其他品質上的改進得以達成，然而這些特性少有長久性者。人類若不保存傳統品種及其野生親緣種，品種之改良將無法進行。

　　世界上的動植物雖然只有少量曾被用來作為醫學或其他藥物方面的研究，然而現代醫學對其依賴卻甚重。無論就醫學的治療、疾病的預防，或作為健康食品而言，全球的動植物均有相當大的空間值得去研究。有些正在消失中或顯得無關緊要的物種，經由遺傳生物科技的驗證可能突然變成有用的物種，造福全體人類。因此保存遺傳物質的多樣性，在保障農產品生產、藥品材料的供應，及促進科學與工業革新方面，均有非常大的貢獻。

　　國際自然保護及生物資源聯盟（IUCN，或稱國際自然保護聯盟），1948年10月在法國楓丹白露成立，總部設於瑞士格朗，編列有《國際自然保護聯盟瀕危物種紅皮書》。1986年公布的瀕危物種紅色名錄，將瀕危物種依威脅程度分為滅絕、極危、瀕危和易危四個程度。根據1997年公布的調查指出，受威脅植物最多的國家為美國，而前十名中有七名為熱帶雨林；1996年受威脅動物中，五類的脊椎動物中印尼和美國就列了四類，中國、印度、巴西、墨西哥、菲律賓列三類。

　　這些瀕危物種所面臨的問題主要有以下五個因素：

1. 棲居地遭受破壞：砍伐森林、開墾農田、建設水利工程等，均曾造成生物棲居地的破壞。厄瓜多西部森林原有八千種植物，每種植物可養育十至三十種動物，但自1960年後，森林破碎、種子減少，樹種滅絕，全部森林被砍伐殆盡，闢建為香蕉農場及聚落，造成五萬餘種生物滅絕。濕地滅絕影響了兩棲動物，

人類為了利益殘忍而嗜殺，動物的棲居地不復存在或遭受破壞，犀牛等哺乳類動物也只能移居動物園內免於被滅絕

而水利工程則對魚類產生嚴重衝擊。

2.過度捕獵與採集：象牙、犀牛角、虎皮、熊膽、羚絨均為價值昂貴的商品，珍稀植物品種也是國際貿易的重要項目。而哺乳類則成了受威脅最嚴重的動物，西藏可可西里的藏羚羊因其毛皮在市場價值極高，每一隻羊可取毛皮一百二十公克，市值一萬五千美元，因而在1980、1990年代時大量被獵殺。

3.環境污染：有毒金屬及化學物、殺蟲劑、廢棄物、輻射污染對不同動植物構成威脅，淡水魚即因河流湖泊的污染比海洋嚴重，致滅絕率高於遠洋魚類。

4.外來種的入侵與引進：有意或無意引進的動植物常造成原生地物種的滅絕。如1950年代，非洲維多利亞湖便引入了尼羅鱸魚，結果二百種魚類被掠食絕跡；西印度群島引進印度獴狗控制老鼠，結果其原生鳥類、爬蟲類和兩棲類都滅絕；加拉巴哥群島引入老鼠亦使海龜絕種。2001年，世界保育聯盟列舉了

一百種可能導致原生地區生態滅絕的其他生物的動植物，現已有許多國家已明令禁止危害其國家生態的動植物之進口。

5.氣候變遷：地球增溫後，許多動物遷徙棲所，如極地的北極熊與企鵝。不過，像蝸牛等無法遷徙的動物，則可能遭受滅絕。另外，海水增溫造成許多珊瑚漂白或死亡；臭氧層的破壞導致紫外線輻射增加，威脅著包括人類在內的所有物種的生存。

三、保障物種與生態系之永續利用

環境或物種一旦遭受到破壞，使其減少或滅絕，諸如人類生存所依賴的食物來源，包括動物、植物、魚類等等，以及所生存的環境，如森林、原野、畜牧地等，就會直接威脅到人類的生存。就食物鏈的關係而言，一旦最下層的植物因環境的破壞而慢慢減少時，其所賴以維生的低層動物，如鼠類、鳥類等將喪失其食物的來源，而可能會改變其覓食習慣或來源，甚至影響其族群的繁衍，經由一層一層相連結的關係，最後終將影響人類的生活。因此確保生態系或物種的利用，對人類長遠的生存非常重要。

生物資源的過度使用必然會導致資源的枯竭，而資源枯竭起因不外是：過度消耗或非必要地消耗資源，或者是對於資源的分配不平均；在開闢農地時採用刀耕火種等不適當的農地開發方式；科技或工業發展過速；侵蝕作用加速；棲息地遭受破壞，讓生物多樣性不復存在，致使物種的數量、生態系統的完整性和其對人類的貢獻不復存在；過度灌溉導致；資源的過度開採、收集非可再生能源如石油及礦藏等；過度消耗蓄水層中的地下水，或於某一個地區內過度砍伐樹林；人口過剩或過度污染導致資源過度耗損……，原因不一而足。當某地方的人過度使用或以比其再生速度更快的速度消耗資源，一旦天然資源被耗盡，可再生能源和不可再生能源便會枯

竭。資源枯竭通常指的是農業、漁業、礦產資源和化石燃料等方面的可再生及不可再生資源，要如何以科學方式進行資源管理，讓生物的生態達到平衡，以維持資源量之最大，又不危害永久之利用，即所謂最適持續生產量的原理。唯有如此，才能保障物種的永續利用。

世界主要生態系就生存的空間而言，陸地占80%以上，海洋生物則包括十八萬種動物和二萬五千種植物，物種分布的多樣性，自低緯度向高緯度寒冷地帶遞減，自潮溼區向乾旱區遞減，自淺海區向深海區遞減。島嶼生物品種與其面積成正比。熱帶雨林和珊瑚分別是陸地及海洋最富生物多樣性的區域，二者面積僅占9%，但卻擁有全球80%的生物種類。世界植物、哺乳類、鳥類、爬行類、兩棲類和魚類最多的十個國家（如**表6-1**），以巴西、印尼、哥倫比亞、秘魯、印度和中國為各種生物種類最多的國家，其中印尼的雨林正快速的以大面積的比率在消失中。

表6-1　世界各類生物種類最多的國家

植物	哺乳類	鳥類	爬行類	兩棲類	魚類
巴西（55,000）	印尼（515）	哥倫比亞（1,721）	墨西哥（717）	巴西（502）	巴西（3,000）
哥倫比亞（35,000）	墨西哥（449）	秘魯（1,701）	澳大利亞（686）	哥倫比亞（407）	印尼（1,300）
中國（30,000）	巴西（428）	巴西（1,622）	印尼（600）	厄瓜多（343）	中國（1,010）
墨西哥（25,000）	薩伊（409）	印尼（1,510）	印度（383）	墨西哥（284）	薩伊（962）
原蘇聯（22,000）	中國（394）	厄瓜多（1,447）	哥倫比亞（383）	印尼（515）	秘魯（855）

資料來源：張鏡湖（2002），頁66。

第三節　自然保育的策略

一、世界自然保育策略

為保護地球環境與保障人類生活福祉，1980年時，國際自然保育聯盟（IUCN）、世界野生動物基金會（WWF）、聯合國環境計畫組織（UNEP）等國際保育組織合作研訂「世界自然保育方略」（World Conservation Strategy），由各國經濟發展的階段、生態系類型及自然保育實務，分析世界資源保育問題，揭示自然保育的目標，並提出全球性、區域性與各國之自然保育策略與措施。此方略重視資源保育之效率與開發之整合，並特別強調生物資源保育的三大目標：

1.說明生物資源保育對人類生存及永續性開發的重要性。
2.確定生物資源保育問題之優先順序及解決規定。
3.提出達成自然保育目標之有效方法。

世界自然保育方略建議，各國應確保其全國性及地方性保育方案，以整合政府機關及民間保育團體的力量。1992年6月初在巴西里約熱內盧舉行的聯合國環境與發展會議——地球高峰會議，即是領悟到地球是全人類共同的資產，需加以保護，而尋回地球的生命力正是21世紀環境復興運動的重要議題。在此次高峰會議結束時共同簽署了：「21世紀議程」、「氣候變化綱要公約」、「生物多樣性公約」、「森林原則」與「里約宣言」等五項影響地球的重要文件。提供各國作為發展各項環境生態保育之依據及參考。

「里約熱內盧宣言」（The Rio Declaration on Environment and Development）根據永續發展的原則訂定二十七條條款，其中最重

要者為第二條：「各國有責任確保在其管轄範圍內的活動不危害鄰近國家的環境。」「21世紀議程」中包括四部分：第一部分，敘述社會經濟要素的內容，如貿易與環境、國際經濟、貧困問題、人口問題及人類居住問題；第二部分，討論資源的保護和管理；第三部分，探討婦女、兒童、青年、原居住民、工人、產業界、科技團體、農民及政府所扮演的角色；第四部分，論述實施的方法，包括資金問題、技術轉移、科教培訓、國家競爭力、提升法制及資訊。

1997年聯合國「氣候變遷綱要公約」在日本京都召開「第三次締約大會」，通過具有法律效力的「京都議定書」（Kyoto Protocol），要求各國對溫室氣體排放量做出具體減量的承諾，工業國家應於2008至2012年間，將溫室氣體排放量控制在1990年水準以下的5.2%，已開發國家並應每五至十年檢討修正減量目標。雖然1997年通過了「京都議定書」，但由於美國（CO_2占36.1%）與澳洲（CO_2占2.1%）退出，一直到關鍵的俄羅斯（CO_2占17.4%）批准後，「京都議定書」終於在2005年2月16日才開始生效。

2011年12月於南非德班召開氣候會議的代表達成協議，將原訂2012年到期的「京都議定書」延長法律效力五至八年；各國也決議整合既有的談判框架，由新成立的「德班行動平台」繼續執行協調談判工作。同時2010年聯合國報告中指出，人類的開墾與龐大的經濟活動導致自然環境持續劣化、生物資源喪失，生物多樣性的問題也日益嚴重。在此危機意識下，世界各國促成「與自然和諧共生」（Living in Harmony with Nature）的願景，希望在2050年底前完成生物多樣性的評價、保育與復育，希望各國明智的利用資源，維護生態系統服務，維持地球的健康，並提供所有人類基本的惠益。

為達成2050年的願景，聯合國生物多樣性公約締約方大會，每十年會訂出階段性目標，並持續進行滾動式的修正。2010年時，首先訂出二十項「愛知生物多樣性目標」（簡稱愛知目標），作為到

2020年之前的階段性目標，世界各國再據以擬訂出生物多樣性國家策略和行動計畫（請參考**圖**6-1、**表**6-2）。在號稱「生物多樣性超級年」的2020年，檢視二十項愛知目標全球執行成果後發現，居然沒有一項目標完全達標，僅有五個項目部分達標，有些項目甚至還更加惡化了。當務之急，仍有待各國的努力才能達成。

臺灣為探討執行方向與目標成果，政府部門結合相關學者，彙整相關資料後，進一步盤點我國生物多樣性的狀況與變化趨勢，作為未來滾動式修正策略與行動計畫參照。已達成的目標包含我國森

圖6-1　愛知生物多樣性目標

資料來源：United Nations Decade on Biodiversity.

表6-2 「愛知生物多樣性目標」的五大策略目標和20項子目標

目標	目標元素
策略目標A	讓生物多樣性在政府和社會中主流化，解決生物多樣性喪失的根本原因
目標1 主流化	1.讓人們認識生物多樣性的價值 2.讓人們瞭解到應採取哪些措施來保育和永續利用生物多樣性
目標2 計畫整合	1.將生物多樣性價值納入國家、區域或地方的發展 2.將減貧策略納入國家、區域或地方發展的規劃制度 3.將生物多樣性價值納入國家或區域政策 4.將生物多樣性價值納入國家預算體系 5.將生物多樣性價值納入國家報告系統
目標3 獎勵補助	1.消除或逐步淘汰不利於生物多樣性的補貼，減少負面影響 2.改革危害生物多樣性的獎勵措施（包括補貼） 3.制定和實施有效的生物多樣性保育和永續利用方案
目標4 生產消費	1.各級政府、企業和利害關係人採取永續的生產和消費計畫 2.將利用自然資源而產生的負面衝擊控制在安全的生態限度範圍內
策略目標B	減少對生物多樣性的直接壓力和促進永續利用
目標5 棲地流失	1.森林流失速度至少降低一半，希望降低至零 2.所有棲地流失程度至少降低一半，希望降低至零 3.棲地流失及破碎化的現象顯著下降
目標6 永續漁業	1.以永續為基礎，合法的管理漁獲、無脊椎動物和水生植物 2.針對所有遺存物種採取復育計畫 3.確保漁業不會對瀕危物種和脆弱生態系產生重大衝擊 4.確保漁業對魚群、物種和生態系的影響在安全範圍之內
目標7 永續農林	1.永續管理農業地區 2.永續管理水產養殖區 3.永續管理林業生產區
目標8 污染防治	1.適當處理污染物使其對生態系功能與生物多樣性無害 2.針對污染（包括因養分過剩所導致的污染）進行有效防治
目標9 外來入侵種	1.鑑定外來入侵種並規劃處理順序 2.查明外來入侵種及其入侵路徑，規劃處理順序 3.控制或根除具傷害性的外來入侵種 4.採取措施管理外來入侵種的傳播途徑，防止外來入侵種的引入與繁殖
目標10 脆弱生態	1.盡量減少人類活動對珊瑚礁的衝擊 2.減輕已受氣候變遷或海洋酸化影響之脆弱生態系的多重壓力 3.維護脆弱生態系的完整性和功能

（續）表6-2 「愛知生物多樣性目標」的五大策略目標和20項子目標

目標	目標元素
策略目標C	針對生態系、物種、遺傳多樣性實施保護性措施，改善生物多樣性的狀態
目標11 保護區	1.保護至少17%的陸域和內陸水域 2.保護至少10%的海岸和海洋區域 3.對生物多樣性和生態系服務具有特殊重要性的區域進行保護，並建立有效而公平的管理制度 4.納入更廣泛的陸地景觀和海洋景觀，有效連結保護區，建立代表性保育區
目標12 物種保存	1.避免瀕危物種滅絕 2.改善保育狀態惡化的區域，保存瀕危物種
目標13 種原保存	1.維持栽培植物的遺傳多樣性 2.維持牲畜和馴養動物的遺傳多樣性 3.維持動植物的野生親緣種的遺傳多樣性 4.保存其他具有社會經濟價值和文化價值物種的遺傳多樣性 5.制定和執行相關策略以減少遺傳退化或基因流失，維持生物多樣性
策略目標D	增強生物多樣性和生態系服務，促進惠益分享
目標14 生態系服務	1.復育和保育能提供基礎服務的生態系 2.關注婦女、原住民和當地社區、貧窮和弱勢族群的需求
目標15 生態系復育	1.透過保育和復育行動強化生態系統的回復力，強化並宣導生物多樣性對碳儲量的貢獻 2.復育至少15%的劣化生態系，緩解和調適氣候變遷，並對防治荒漠化做出貢獻
目標16 惠益分享	1.在相關的國家法律上執行名古屋議定書 2.執行「國家生物多樣性策略及行動計畫」（National Biodiversity Strategies and Action Plan, NBSAP），確保生物多樣性
策略目標E	透過參與式規劃、知識管理和能力建構，提升執行能力
目標17 行動參與	1.在2015年底前將「國家生物多樣性策略及行動計畫」提交至秘書處 2.通過「國家生物多樣性策略及行動計畫」，將其作為一項政策工具並開始執行
目標18 傳統知識	1.推廣原住民和地方社區的傳統知識，或予以創新並執行新做法 2.將傳統知識和生物多樣性公約結合 3.確保原住民和地方社區都能充分參與決策
目標19 科學知識	1.增進生物多樣性的相關知識並加強科學知識與技術，改善生物多樣性價值、功能、狀態、趨勢，減輕因生態系功能喪失所產生的後果 2.廣泛分享、傳播、應用生物多樣性的知識、技術與科學基礎

（續）表6-2 「愛知生物多樣性目標」的五大策略目標和20項子目標

目標	目標元素
目標20 人才資金	拓展資金來源，確保「國家生物多樣性策略及行動計畫」能順利執行

資料來源：整理自林大利（2016），頁16-17。

林覆蓋率已提升至60.73%、已保護七十四處國家重要濕地，海洋保護面積也達到五千五百二十五平方公里，整體保護區有效面積達一百十三萬三千四百九十公頃，有效減緩棲地消失、減少氣候變遷與海洋污染。同時，農林漁牧四大領域農試驗單位皆建立種原庫進行保種工作，保護基因多樣性件數逐年上升。國家策略計畫亦逐步修正方向並配合永續發展，各部會與研究機構也將長期監測資料累積並公開，促進知識管理與建設。

但未達標需要努力的方向則包括：目前綠色國民所得帳僅有架構，惠益分享（Access and Benefit Sharing, ABS）與外來種專法尚未立法，可用於推動生物多樣性的中央預算幾乎沒有提升等等，都顯示政府仍須繼續努力。而我們生活周遭最易親近的淺山地區與內陸水域缺乏相關監測資料，面臨開發與劣化的壓力仍大，沿海沿岸漁獲量也逐年下降。此外，臺灣二氧化碳人均排放量近年來持續增加，2018年達十一‧三二公噸；2011年臺灣的生態足跡為五‧九三公頃／人（世界平均值二‧八七公頃／人），顯示每個人的日常生活行為極需改變。

目前全球有七十六億人口，到了2030年估計將增加到八十六億，其中有四十三個城市的人口將超過一千萬，屆時將對糧食、基礎建設和土地使用在內的資源需求產生負面影響。聯合國於2015年訂定全球永續發展目標（Sustainable Development Goals, SDGs），其中最大的同心圓就將生物多樣性納入永續發展目標的策略，作為最根本的基礎，同時也鼓勵企業、社群、個人落實責任。

例如聯合全球十家最大食品零售商和供應商發起減少食品損失和浪費倡議，行動目的是希望在2030年時能使食品浪費減半。作為消費者的我們，也應從生活中減少食物浪費，積極改變消費行為。

下面是SDGs訂定的十七個全球永續發展目標：（見**圖**6-2）

1.SDG 1：消除各地一切形式的貧窮。

2.SDG 2：消除飢餓，達成糧食安全，改善營養及促進永續農業。

3.SDG 3：確保健康與福祉。確保健康及促進各年齡層的福祉。

4.SDG 4：優質教育。確保有教無類、公平及高品質的教育，並提倡終身學習。

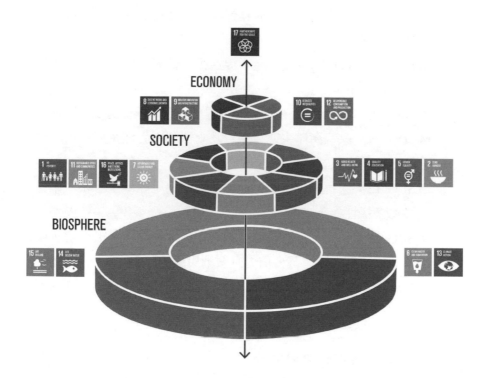

圖6-2　以生物多樣性作為SDGs的基礎策略

資料來源：Rockström & Sukhdev (2016).

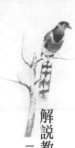
5.SDG 5：性別平權。實現性別平等，並賦予婦女權力。

6.SDG 6：淨水及衛生。確保所有人都能享有水、衛生及其永續管理。

7.SDG 7：可負擔的潔淨能源。確保所有的人都可取得負擔得起、可靠、永續及現代的能源。

8.SDG 8：合適的工作及經濟成長。促進包容且永續的經濟成長，讓每個人都有一份好工作。

9.SDG 9：工業化、創新及基礎建設。建立具有韌性的基礎建設，促進包容且永續的工業，並加速創新。

10.SDG 10：減少不平等。減少國內及國家間的不平等。

11.SDG 11：永續城鄉。建構具包容、安全、韌性及永續特質的城市與鄉村。

12.SDG 12：責任消費及生產。促進綠色經濟，確保永續消費及生產模式。

13.SDG 13：氣候行動。採取緊急措施以因應氣候變遷及其影響。

14.SDG 14：保育海洋生態。保育及永續利用海洋生態系，以確保生物多樣性並防止海洋環境劣化。

15.SDG 15：保育陸域生態。保育及永續利用陸域生態系，確保生物多樣性並防止土地劣化。

16.SDG 16：和平、正義及健全制度。促進和平多元的社會，確保司法平等，建立具公信力且廣納民意的體系。

17.SDG 17：多元夥伴關係。建立多元夥伴關係，協力促進永續願景。

二、我國自然保育政策與法令

由於臺灣涉及自然保育的機關相當多，除了內政部的國家公

園外，最主要的仍是行政院農業委員會。依據農委會林務局的自然保育網站發表的資料，目前臺灣地區以自然保育為目的所劃設之保護區，可區分為自然保留區（二十二處）、野生動物保護區（二十處）、野生動物重要棲息環境（三十八處）、自然保護區（六處）、國家公園（九處）及國家自然公園（一處）等五類型，組成臺灣國家保護區系統（2021年6月）。而國內自然保育除主管機關外，在政策法令的制定亦有其背景，茲分述如下：

(一)自然保育政策的發展

我國的自然保育政策主要是由政府、學者專家及保育團體，依據國際性及我國環境等相關法令與民意共同研訂。第二屆國民大會臨時會於民國82年通過憲法增訂條文，明列「經濟及科學技術發展應與環境生態保護兼籌並顧」。這是我國環境保育的基本政策，也是我們自然保育永續發展的最高指導原則。行政院於民國73年核定「臺灣地區自然生態保育方案」，76年頒布「現階段環境保護政策綱領」，以及陸續頒訂之「現階段自然文化景觀及野生動植物保育綱領」和「加強野生動物保育方案」等，先後成為我國推動自然生態保育與生活環境保護的重要施政依據。在自然生態保育方案中，訂定下列十一項保育政策：

1.調查建立臺灣地區自然生態資料系統。

2.保育臺灣特有種及亞種珍稀野生動植物。

3.加強公害防治，建立都市下水道系統。

4.加強山坡地水土保持，充分發揮水資源。

5.合理規劃利用土地資源，加強土地之經營管理。

6.長期全面推行綠化運動。

7.建立環境影響評估制度。

8.積極宣導及推廣生態保育觀念及知識。

9.設立國家公園，並加強海岸地區自然環境及資源之保護。

10.確立生態保育權責機構並修訂統一有關法令。

11.響應國際生態保育工作，參加國際保育組織。

相關的政策則包括「臺灣地區自然生態保育方案」及其他的政策方案研析，近年來臺灣地區的自然保育工作主要有五大要項：

1.臺灣野生物資源之保育。

2.臺灣特殊地景之保護。

3.臺灣保護區之經營管理。

4.自然保育教育之規劃與宣導。

5.自然保育活動之推廣與交流。

同時，依據國立臺灣師範大學環境教育研究所汪靜明（2011）教授所分析的世界自然保育方略、地球高峰會議議題及我國環境保護與生態保育經驗，歸納出自然保育基本策略主要包括以下七項：

1.檢討與確立國土環境開發與保育目標。

2.釐訂自然保育政策及法令。

3.實施區域開發生態環境影響評估。

4.研擬減輕不利地方生態環境之保育對策。

5.劃設自然保育及生態系相關之保護區。

6.加強推動自然保育教育宣導與訓練。

7.訂定生態環境監測計畫，並編列野生物保育行動計畫之人力與經費。

(二)行政院永續會

行政院經濟建設委員會鑑於落實永續發展的理念，於民國85年8月設置「國家永續發展論壇」，提供各界共同參與，研訂適合我

國國情及符合國際趨勢的永續發展政策綱領，供政府研訂相關政策
與措施之參考。而經由廣納各學者專家意見後，於民國86年底研訂
「中華民國永續發展策略綱領」，作為國家未來發展之主要策略。
內容含括經濟、環境與社會三大領域，其中與環境相關的議題又分
為全球環境變遷與永續能源、永續水土資源保育、永續生物資源保
育、永續環境技術等四個工作小組。而對於環境方面發展的重點項
目則包括：

1. 對自然資源分布現況與承載量進行調查，並制定合理利用指
   標，妥善保育管理，以符合永續發展目標。
2. 維護生物多樣性，加強保育原生物種及棲地，並強化自然資源
   保育之立法與執行工作。
3. 加強水量與水質保護，並維護河川生態功能。水資源利用應合
   理的計價、公平分配及綜合管理，並提升使用效率及節約用
   水。加強地下水調查與抽取管制，並進行回復補注工作。
4. 防止土壤遭受農藥及重金屬污染，維護土壤生產力。
5. 山坡地及山地之道路、休閒設施等開發行為應考量其必要性，
   並辦理環境影響評估。
6. 研訂整體性之臺灣海岸管理計畫，以確保海岸及海洋資源永續
   利用。
7. 加強熱帶及亞熱帶建築環境控制系統之研究，以節約能源。
8. 積極興建環境基礎設施，尤其是廢棄物處理設施及衛生下水道
   系統應優先辦理。
9. 積極採取有效措施，抑制溫室氣體排放，善盡國際社會成員
   責任。

2002年，行政院感於永續發展對臺灣的重要性，指示永續會進
行改組，目前（民國106年3月6日起）永續會設置四位副執行長，

分別由內政部、經濟部、國家發展委員會，及環保署副署長兼任。永續會下設七個工作分組及兩個專案小組，分別為「健康與福祉工作分組」（衛生福利部召集）、「生活與教育工作分組」（教育部召集）、「綠色經濟工作分組」（國家發展委員會召集）、「綠色運輸工作分組」（交通部召集）、「國土資源與城鄉發展工作分組」（內政部召集）、「永續農業與生物多樣性工作分組」（行政院農業委員會召集）、「環境品質工作分組」（行政院環境保護署召集）、「氣候變遷與能源減碳專案小組」（行政院環境保護署幕僚）、「非核家園推動專案小組」（經濟部幕僚），秘書處業務仍由環保署兼辦。

　　永續會成立後完成之主要永續發展文件包括：(1)民國89年5月完成「21世紀議程－中華民國永續發展策略網領」；(2)民國91年12月完成「永續發展行動計畫」；(3)民國92年1月完成「臺灣永續發展宣言」；(4)民國92年6月完成「永續發展指標系統」；(5)民國93年11月完成「臺灣21世紀議程—國家永續發展願景與策略綱領」；(6)民國98年9月完成「永續發展政策綱領」；(7)民國98年12月完成第二版「永續發展指標系統」；(8)民國104年6月完成「推動綠色經濟之策略與方向」；(9)民國107年12月完成「臺灣永續發展目標」。

(三)臺灣永續發展目標

　　聯合國2030年永續發展議程激發了各國對於未來願景的新想像。面臨到急速老化、極端氣候事件、貧富差距等系統風險的臺灣，也亟需建構對臺灣中長期發展願景。綜合聯合國永續發展目標所提出的十七項核心目標，以及臺灣民眾關切的系統風險、現行核心目標以及未來的轉型商機等準則，依循「2050世界願景」（The World in 2050）國際重要的永續發展研究旗艦計畫轉型行動之建議，提出六大轉型領域：「強化人力資源能力」、「循環經濟」、「能

源轉型加速去碳化」、「永續食農系統與生態保育」、「智慧城鄉」與「永續導向的數位化革命」。各主責部會研擬出各核心目標中的具體目標及對應指標後，經由一系列的專家與公共諮詢，精煉出十八項核心目標以及一百四十三項具體目標（見**表6-3**），並就各對應指標提出2020與2030年之目標值，與國際研究所提出的轉型領域以及推動永續發展目標落實所需的政策工具，均相呼應。藉此促使永續發展目標鑲嵌至各項政策議程，逐步推動臺灣永續發展。

表6-3　臺灣永續發展核心目標

18項核心目標	永續發展目標
核心目標 01	強化弱勢群體社會經濟安全照顧服務
核心目標 02	確保糧食安全，消除飢餓，促進永續農業
核心目標 03	確保及促進各年齡層健康生活與福祉
核心目標 04	確保全面、公平及高品質教育，提倡終身學習
核心目標 05	實現性別平等及所有女性之賦權
核心目標 06	確保環境品質及永續管理環境資源
核心目標 07	確保人人都能享有可負擔、穩定、永續且現代的能源
核心目標 08	促進包容且永續的經濟成長，提升勞動生產力，確保全民享有優質就業機會
核心目標 09	建構民眾可負擔、安全、對環境友善，且具韌性及可永續發展的運輸
核心目標 10	減少國內及國家間不平等
核心目標 11	建構具包容、安全、韌性及永續特質的城市與鄉村
核心目標 12	促進綠色經濟，確保永續消費及生產模式
核心目標 13	完備減緩調適行動以因應氣候變遷及其影響
核心目標 14	保育及永續利用海洋生態系，以確保生物多樣性，並防止海洋環境劣化
核心目標 15	保育及永續利用陸域生態系，以確保生物多樣性，並防止土地劣化
核心目標 16	促進和平多元的社會，確保司法平等，建立具公信力且廣納民意的體系
核心目標 17	建立多元夥伴關係，協力促進永續願景
核心目標 18★	逐步達成環境基本法所訂非核家園目標

註：參考聯合國永續發展目標研訂出臺灣永續發展18項核心目標，其中標註★為
　　臺灣特有之本土目標。

問題與討論

一、自然保育的目標為何？

二、生物資源三大保育目標為何？

三、我國近年來在臺灣地區的自然保護方案主要含括哪些？

四、京都議定書與德班會議重要的議題為何？

五、請探討臺灣永續發展目標。

Chapter 7

解說導覽資源

☆ **本章綱要**
  1.觀光資源的定義與特性
  2.觀光資源的分類

☆ **本章重點**
  1.介紹與觀光資源及觀光有關的名詞定義與觀光資源的五大特性
  2.瞭解學理上觀光資源的分類
  3.介紹我國觀光資源的分類
  4.瞭解我國觀光遊憩區的體系

☆ **問題與討論**

　　觀光資源是大自然與人類文明歷史進展所給予後代子孫的資產，不僅提供人們休閒遊憩賞景的功能，更兼負教育與保育的功能。因此如何針對觀光資源加以妥善的規劃與利用，避免無限制的開發造成資源的損壞或生態的改變是非常重要的。而解說導覽所涵蓋的內容則以觀光資源為主，因此本章解說導覽資源即以觀光資源來說明。

 ## 第一節　觀光資源的定義與特性

　　凡是足以吸引觀光客的資源無論其為有形或無形、實體的或潛在性的均可稱之為觀光資源。然而其定義與分類眾說紛紜。因為資源存在於空間，所以在探討資源層面時，無法僅就資源面研究，而必須從區域的角度來探討。也因此，本節除探討觀光資源的定義與特性外，亦就風景區、遊憩區……等相關名詞加以介紹。

一、觀光資源及其相關名詞定義

(一)觀光資源的定義

　　觀光資源一般泛指人們在觀光旅遊過程中所感興趣的各類事務。諸如國情民風、山川風光、歷史文化和各種產物等皆包括在內，其定義則因各學者、專家的研究觀點不同而迥異。以下列舉幾種比較具代表性的說法：

1.凡是可為觀光客提供遊覽、觀賞、知識、樂趣、渡假、療養、考察研究以及感受的客體或勞務均可稱為觀光資源。

2.指對觀光客具有吸引力的事物，包括山水名勝自然風光為主的

自然資源和以歷史古蹟、文化遺址為主的人文資源。

3.凡是能吸引觀光客的自然因素或社會因素，統稱為觀光資源。

4.指凡能激發觀光客的旅遊動機，為觀光業所利用，並由此產生經濟效益和社會效益的現象和事物均稱為觀光資源。

綜上所述，我們可以歸納如下，所謂觀光資源，係泛指實際上或可能為觀光旅客提供之觀光地區或一切事物；換言之「凡是可能吸引外地遊客來此旅遊之一切自然、人文景觀或勞務及商品，均稱為觀光資源。」探究其構成要件則包括下列三點：

1.對觀光客構成吸引力。

2.促成旅客消費的意願。

3.滿足旅客心理生理需求。

(二)相關名詞的定義

觀光資源如上所述為一自然、人文景觀或勞務及商品，其存在的形式可能是無形、可能是有形、可能有範圍、亦可能無範圍。而資源若未加以評估調查、規劃設計，吸引遊客前往體驗，亦僅是潛在性的觀光資源；所以任何資源必須經過妥善的運用，才足以稱之為觀光資源。

觀光資源的利用必須有一個固定的範圍來加以規劃，否則如蒼天大海雖然是吸引人的大自然，亦無法作妥善的規劃。所以，在此限定下，關於觀光資源的規劃或經營管理，需瞭解下列各相關的名詞，包括風景特定區、觀光地區、自然人文生態景觀區，茲以發展觀光條例相關條文所做的定義列舉如下：

1.風景特定區：指依規定程序劃定之風景或名勝地區。

2.觀光地區：指風景特定區以外，經中央主管機關會商各目的事業主管機關同意後指定供觀光旅客遊覽之風景、名勝、古蹟、

博物館、展覽場所及其他可供觀光之地區。

3. 自然人文生態景觀區：指無法以人力再造之特殊天然景緻，應嚴格保護之自然動、植物生態環境及重要史前遺跡所呈現之特殊自然人文景觀，其範圍包括：原住民保留地、山地管制區、野生動物保護區、水產資源保育區、自然保留區及國家公園內之史蹟保存區、特別景觀區、生態保護區等。

二、觀光資源的特性

觀光資源同世界上其他各類資源一樣，既有其共同性的一面，也有其自身的特性，在做觀光資源開發與利用時必須有正確的認識並能合理的加以利用，其特點概括起來可以表述為以下幾個方面：

(一)觀賞性

觀光資源與一般資源最主要的差別，就是它具有美學的特徵，有觀賞性的一面，遊客們藉由觀賞，產生心理的體驗與感受，進而在旅遊過程中，滿足自身的需求。無論是名山大川、奇石異洞、風花雪月，還是文物古蹟、民族風情等，都具有觀賞的特性，因此也才能成為觀光資源。觀賞性愈強，或其價值愈高，對於觀光客的吸引力就愈大。如中國的萬里長城、桂林的山水、秦陵兵馬俑；美國的自由女神像、尼加拉瓜大瀑布；歐洲的萊茵河、多瑙河；南非的克魯格國家公園；澳洲的雪梨歌劇院等，都是極具觀賞價值。這些資源或為世界上唯一或特殊的景觀，或為人類文明發展上具有無可取代的地位，而成世界著名的觀光旅遊資源等等，每年吸引無數觀光客前往參觀遊覽。

(二)地域性

　　各種觀光資源都分布在一定的空間範圍內，也都反映著一定的地理環境特點。由於不同的地域表現著不同的地理景觀，故一個地區的地質、地貌、氣候、水文、動植物以及人類在長期與自然界互動中所創造的物質與精神文明，如建築藝術、宗教、民俗……等均存在著非常明顯的差異性。這種地域的差異性集中表現在各個地區的觀光資源具有不同的特色和旅遊景觀方面。如中國大陸幅員廣闊，不同的地質展現完全不同的特色，像西南地區有大面積的岩溶地貌景觀，創造出桂林陽朔的山川之美；東南沿海的丘陵地區則因山丘阻隔，交通困難，而產生了眾多方言及獨特的圓樓建築型態；臨西北的黃土高原受限於地質及氣候因素，窰居是傳統的方式；

無論是文物古蹟、世界遺產、還是名山大川，其觀光資源因觀賞性及地域性、宗教性的特質強，對觀光客有很強的吸引力（圖為中美洲印加帝國的金字塔遺跡及越南的美山聖地）

只有土壤肥沃的長江中下游，才稱的上是「天府之國」與「魚米之鄉」。

就全世界主要的宗教分布情況來看，突顯出民族的差異性，西方國家篤信基督教和天主教，東方則大多信奉佛教或回教。在歷史進程的演變過程中，也因教義或理念不同，佛教分為大、小乘佛教、藏傳佛教……等，而在臺灣佛教的發展則又與道教融合形成傳統民間信仰；中東的回教徒則在嚴密的教義中，創造獨特的風俗；印度教的流傳則大都限於印度和中南半島一帶。所以，一個國家或地區的旅遊業發展，其資源所表現的地方特色占相當重要的角色。

(三)綜合性

綜合性主要表現在同一區內有多種類型的觀光資源交織在一起。觀光資源各個要素間相互聯繫、相互制約，不斷的產生、影響和發展，很少單獨存在而為單一的景象。如位於大陸皖南的黃山風景區，集名山絕勝之大全，有「天下第一山」之譽。可謂泰岱之雄偉、華山之險峻、衡岳之煙雲、匡廬之飛瀑、雁蕩之奇石，莫不兼而有之。區內可以指出的聞名山峰就有七十二座，其中蓮花、光明頂和天都三大主峰，海拔均在一千八百公尺以上，常年雲霧繚繞，變幻莫測。而奇松、怪石、雲海、溫泉合稱黃山四絕；每當午後初霽，由於陽光透過雲層中的小水滴衍射而成，在特定景點可以看到以自己投影為中心的七彩光環，是由大自然所形成的獨特景象，即俗稱的佛光聖景。一個地區觀光資源構成的要素，種類愈豐富，聯繫愈密集，對觀光客的吸引力就愈大。另外，由於觀光客的旅遊動機是多方面的，大多數都期望能看到多種類型的觀光資源；所以，觀光資源的綜合性就更能滿足觀光客的需求，這也是觀光遊憩區開發時的優勢所在。

(四)季節性

　　觀光資源的季節性是由其所在地的緯度、地勢和氣候等因素所決定的。緯度的高低直接影響到地面獲得熱量的多寡；高緯度地帶，由於太陽偏射，地面受光面較不直接，因此出現了一年四季景觀的變化。在漫長而嚴寒的冬季，千里冰封，萬里飄雪，北國風光展現無遺，所以無論是日本北海道的雪祭或是大陸哈爾濱的冰雕節等，都是著名的節慶活動。除了地理緯度因素外，地勢的高低也會直接影響到旅遊的季節性，尤其在低緯度的高山峽谷區，旅遊者往往會見到從山麓到山頂的四季變化。這種自然景觀的季節性使一個地區的觀光事業在一年之中會出現較為明顯的淡旺季之分。例如上述的日本北海道和大陸東北地區，這類地區的旅遊季節冬天是旺季，夏季反而是淡季。此外也須留意到南、北半球在季節的相反性，北半球的夏季是南半球的冬季，反之亦然。

觀光資源的季節性除了可領略到一年四季景觀的變化外，也可因季節因素使觀光資源因極具觀賞性而吸引觀光客在特定季節前往，例如薰衣草季或是賞楓季等

(五)永續性

綜觀觀光事業的發展史，人們不難發現，對於絕大多數的觀光資源而言，都具有永續利用的特點。例如遊客藉由參觀、遊覽所帶走的是對旅遊地區的印象和觀感，而不能帶走觀光資源本身，然而仍得有賴妥善的維護與經營，使觀光業成為一種永不枯竭的行業。當然也有一小部分的旅遊資源，如打獵、垂釣、購物、品嚐風味餐等，在旅遊的過程中會被消耗掉，但只要合理利用也可以透過再生產的方法得到補充。從這一特點而言，這正是形成以資源為主的某些觀光業投資少、成效快、收益大、利用週期長等系列優點的重要原因。但是，觀光資源也面臨一個非常重要的保護問題，因為若具有價值的自然資源或人類歷史遺跡遭到破壞，即使是以人力得以再恢復，但仍不是原物，也將降低其價值及吸引力。在目前世界整體生態系面臨人類因開發所帶來的破壞時，許多保育人士亦積極在推動所謂的生態旅遊或永續觀光活動，期許世界的資源為大家所共有，現在的資源為後世所共享。

從以上的分析中可以看到，觀光資源既不同於一般的資源，也不同於一般的自然、社會事物，它是對觀光客具有吸引力的事物，這一事物，具有美學的觀賞價值，反映了地方特色，具有各要素間的緊密聯繫和季節性及永續利用的特點；這些特點也是在區域觀光資源開發利用中，應該要特別注意的問題。

 ## 第二節　觀光資源的分類

觀光資源作為觀光發展中最主要的客體，在各式各樣的資源當中，屬於較為特殊的一類，分類上也就較為複雜，有些是從不同的

角度或標準做二分法的劃設，有些則系統的加以劃分；有些界定的
範圍較小，有些含括的範圍及層面較廣。以下就二分法及日本、美
國專家的分法與我國相關計畫的分類做說明：

一、二分法

以下茲就二分法的劃設說明如下：

1.就觀光資源的基本屬性而言，可分為自然資源和人文資源二種。
2.就觀光資源的利用特性而言，可分為可再生的觀光資源和不可
　再生的觀光資源。
3.就觀光資源的經營角度而言，可分為有限的觀光資源和無限的
　觀光資源。

二、美國戶外遊憩資源評鑑委員會的分類

在遊憩資源的使用上，美國戶外遊憩資源評鑑委員會
（ORRRC）綜合遊憩資源特性和遊客體驗的程度作為分類標準，並
建議分為六種區域：

1.第一類是高密度遊憩地區，適合各種不同的活動且位於市區。
2.第二類是一般戶外遊憩地區，包括比較不擁擠的活動，著重以
　自然為主的活動。
3.第三類是自然景觀地區，強調以儘量不改變原來自然景色為主。
4.第四類是特殊的自然景觀地區，例如具科學價值的，因此這種
　地區需要特別注意資源的保護。
5.第五類是完全原始狀態景觀地區，如山林區、沼澤地、海濱等
　野生地。

171

6.第六類是具保存價值的歷史文化古蹟。

三、日本洛克計畫研究的分類

日本洛克計畫研究所列舉的觀光資源分為兩類：

1.自然資源：山岳、高原、原野、濕原、湖沼、峽谷、瀑布、河川、海岸、海岬、島嶼、岩洞、洞窟、動物、植物自然現象。

2.人文資源：史蹟、社寺、城跡、城郭、庭園、公園、歷史景觀、鄉土景觀、年中行事（慶典）、碑、像、橋、近代公園、建築物、博物館、美術館、水族館。

四、我國觀光資源的分類

(一)我國相關計畫的分類

我國相關計畫之分類約略可說明如下：

1.1983年由經建會擬訂的「臺灣地區觀光遊憩系統之研究」中，將供給面的分析分為海岸、湖泊水庫、溪流河谷、森林、草原、特殊景觀、人類考古遺址、人為戶外遊憩區、古蹟建築、田園風光、山岳及其他。

2.1988年由臺灣省旅遊局研擬的「全省觀光旅遊系統之研究」，依資源類型分為瀑布溪谷、湖潭水庫、沙灘浴場、林場、牧場、農場、公園及遊樂場、溫泉、名剎古蹟及其他。

3.觀光統計年報中有關於觀光遊憩區的資料統計，將觀光資源共分為以下十類：

(1)國家風景區。

(2)國家公園。

(3)公營觀光區。

(4)縣級風景特定區。

(5)森林遊樂區。

(6)海水浴場。

(7)民營遊樂區。

(8)寺廟。

(9)古蹟、歷史建物。

(10)其他。

(二)臺灣地區觀光遊憩系統開發計畫的分類

由交通部觀光局委託中華民國區域科學學會所研訂的「臺灣地區觀光遊憩系統開發計畫」中，對於國內的觀光遊憩資源在衡量調查實際狀況後，共分為下列五類：

1.自然資源：自然資源的分布及利用與地形、地景、交通網和城市的分布較為密切。而利用型態上則以資源保育為主，遊憩開發為輔。以下為各單項資源之列舉及開發原則：

    (1)湖泊、埤、潭：如鯉魚潭、虎頭埤等。高山地區的資源以保育為主；丘陵地區則宜結合其他資源發展渡假基地；平原或平地鄰近都會區則宜發展為以親水設施為主。

    (2)水庫、水壩：如石門水庫、曾文水庫等。在大、小溪流，可及性高的大型水庫可結合住宿設施發展為渡假基地；鄰近都會區之小型水庫可發展地區性遊憩據點；而水源保護區則以保育為主，且應提供環教解說。

    (3)瀑布：十分瀑布、五峰旗瀑布等。主要分布於斷層地帶與溪谷上游。已開發且具規模者，可發展為渡假基地；水源保護區內不宜開發，沿溪流的瀑布群則可發展成主題式旅遊。

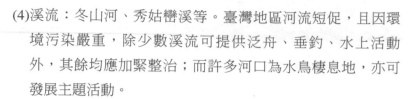

(4)溪流：冬山河、秀姑巒溪等。臺灣地區河流短促，且因環境污染嚴重，除少數溪流可提供泛舟、垂釣、水上活動外，其餘均應加緊整治；而許多河口為水鳥棲息地，亦可發展主題活動。

(5)特殊地理景觀：火炎山、月世界等。宜劃設保護區加以嚴格保育，而這些景點有些區域地質脆弱，具潛在危險性，即使開放也應限時、限人數開放。

(6)森林遊樂區與農牧場：飛牛牧場、東眼山森林遊樂區等。主要分布於各山岳或平原地帶，宜鼓勵低密度、大規模之開發，並提供產業觀光作為山地地區主要旅遊發展基地。

(7)國家公園：目前分布於各地，以資源保育為主，僅有限度開放遊憩行為。在遊憩功能的提供上，應評估遊憩承載量與生態間之衝擊，並注意園區內與原住民互動之關係，整合鄰近地區之遊憩資源。

(8)海岸：東北角、北海岸等。主要可分為北部礁岩、西部沙質海岸、南部珊瑚礁海岸和東部斷層海岸。保育與開發並重，協調濱海遊憩區發展與漁業養殖間的衝擊，而沿岸之景觀道路宜加以設計規劃。

(9)溫泉：馬槽溫泉、知本溫泉等。主要分布於斷層地帶，以發展住宿設施，提供過夜之服務設施。郊區宜聯合其他資源發展，屬於原住民區域內則不宜作過渡之開發。

2.人文資源：人文觀光資源之分布與早期臺灣漢民族移民開墾路線有相當大的關係，故除原住民部落外，多集中在北部和西部平原。發展策略以建立專業解說系統、設計專題旅遊與產業資源整合，並配合聚落保存工作。包括：

(1)歷史建築物：淡水紅毛城、臺南安平古堡等。集中於西部河口、海港與地方中心，為早期市鎮發展之源地，宜針對

具價值之歷史建築物加以整建維護，並配合專業之解說。

(2)民俗活動：平溪放天燈、鹽水蜂炮等。宜結合學校資源，對於已經式微或沒落的民俗技藝加強其傳承性，並配合地方之社區發展，成為區域性的特色。

(3)文教設施：主題博物館、社教館等。獎勵專業之文化人才，成立地方旅遊專案基金之編列，並制定專業博物館設定及輔導管理的博物館法，整合展覽場所。

(4)聚落：大溪、美濃、達邦等。可分為農村、漁村、山地、客家聚落與城鎮，其發展策略宜注意到與當地民眾生活相關，如提供民宿，讓遊客體驗當地的文化特色。

3.產業資源：產業遊憩資源大都集中於北部丘陵與西部平原地帶，東部則零星分布；其發展策略以體驗生產過程、解說服務及購買活動為主。包括：

(1)休閒農業：北市市民農園、大湖草莓園等。主要集中在都會區及西部平原，應加強其交通網路的聯繫，另可配合民宿之設置，發展鄉土旅遊。

(2)漁業養殖：八斗子漁港、南寮漁港等。分部於北西濱的沿海地區，可發展海釣或漁釣的休閒渡假中心，設置人工海洋牧場，並結合漁業相關活動，展現生產特色。

(3)休閒礦業：金瓜石礦場、大油坑採硫史蹟展示館等。選擇低污染、已廢棄或可明顯區隔生產與遊憩使用之現存礦區，以及礦區周圍形成聚落者，規劃時應確保其安全問題。

(4)地方特產：三義木雕、宜蘭蜜餞等。可分為工藝品、茶業、水果農產品與名食小吃四類，未來將朝設立工藝推廣處與大型地方特產購物中心，並建立整體行銷網路。

(5)其他產業：核電廠、科學園區等。以二、三級產業及重大軍事建設為主，發展策略為選擇都會區或交通便捷地區，

協調主管機關，定時開放民眾參觀，成立展示館等。

4.遊樂資源：遊樂資源主要分布於北部與西部平原之都會區附近，發展策略由主管機關評估其開發現況並進行有效的監督與管理。包括：

(1)遊樂園：六福村、小人國等。集中於西部平原都市鄰近地區及丘陵地區。為平衡東西部之發展，平衡城鄉之遊憩資源分布，宜鼓勵業者前往東部投資中型以上遊樂園，又各生活圈亦應加以評估設置。

(2)高爾夫球場：揚昇高爾夫球場、鴻禧高爾夫球場等。主要集中於北部與西部都會郊區，未來應鼓勵民間開發少洞數、小面積之球場，以降低開發成本，在各階段均應注意其對於生態環境可能造成的衝擊。

(3)海水浴場：福隆海水浴場、西子灣海水浴場等。主要分布於北部和西部海岸，發展策略為各主要生活圈宜有一處海水浴場，並妥善研擬相關的投資與經營管理辦法。

(4)遊艇港：墾丁後壁湖遊艇港、東北角龍洞遊艇港等。未來各區域應考量發展遊艇活動的可能性，每個區域宜至少設置一處。並由主管機關積極研擬相關的設置與管理辦法，制定適當水域活動範圍。

(5)遊憩活動：翡翠灣滑翔翼、墾丁浮潛等。可劃分為陸域、海域和空域新興活動三類，未來應朝健全目前活動訓練的場所，加強專業社團的參與及讓活動普及化。

5.服務體系：觀光發展除了遊憩資源本身之質與量外，相關服務體系亦為重要因素。服務體系可分為交通與住宿兩大系統敘述如下：

(1)交通：目前交通運輸系統主要包括鐵路、公路、空運、海運等，高鐵及快速道路之計畫亦應陸續評估興建，其中以

臺北、臺中、高雄、花蓮、臺東為各區域的交通中心，旅遊服務體系以發展一日遊之遊憩網路為主，旅遊資源則沿公路分布。未來發展策略包括建立交通運輸資訊網路、發展多元化運具、加強東西向快速道路之興建，建全路網結構，並檢討目前道路運輸網路。

(2)住宿：主要分為都市型和渡假型兩大市場，大都會區及區域中心都市集合各類的住宿型態，尤其是高級的觀光旅館與國際觀光旅館；渡假區則以一般旅賓館住宿為主。未來的發展，除了重視區域的平衡外，更應視各地區的遊憩功能分別設置不同類型的遊憩設施。

■ 臺灣地區觀光遊憩系統開發計畫行政體系之劃分

由發展觀光條例相關條文的規定可以瞭解，我國對於提供觀光遊憩功能之區域最主要分為風景特定區和觀光地區；而觀光遊憩區之體系則含括許多不同的層面。以下除就功能層面及行政組織層面來說明我國遊憩系統外，並將針對在觀光遊憩系統開發上政府相關的行政組織作一整理。

1.以功能層面劃分：以功能層面劃分主要分為單一目標和多目標之遊憩區：

(1)單一目標遊憩區即指遊憩區之設立，主要是提供觀光遊憩使用，例如各國家級、省（市）級、縣（市）級的風景區、海水浴場及民營遊樂區。

(2)多目標遊憩區則指其設置的目標，除觀光遊憩的功能外，尚有其他主要的目標，例如國家公園主要的目標是保育與研究，觀光遊憩為其目標之一而已；大學實驗林、森林遊樂區實質上除供遊客休閒遊樂外，還兼負教學、實驗、水土涵養等功能；許多公營的觀光區原先的目標可能是在經

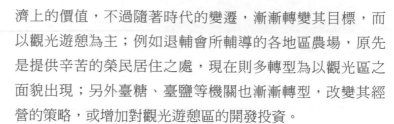

濟上的價值，不過隨著時代的變遷，漸漸轉變其目標，而以觀光遊憩為主；例如退輔會所輔導的各地區農場，原先是提供辛苦的榮民居住之處，現在則多轉型為以觀光區之面貌出現；另外臺糖、臺鹽等機關也漸漸轉型，改變其經營的策略，或增加對觀光遊憩區的開發投資。

2.以行政組織職能區分：以行政組織職能來區分我國的行政組織層級，主要為中央與地方二級。在觀光遊憩系統中，以風景區的組織架構最為複雜，除國家級的風景區由觀光局設置管理處來經營管理外，省（市）級的風景區也有不同的管理機關和管理模式，縣（市）級的風景區甚至有些尚未設立管理機構，其餘各類型的主管機關則較明確。近年來，風景區管理系統則隨行政組織調整做了修正，茲說明如下：

(1)風景區：

①國家級風景區：計有東北角、東海岸、澎湖、大鵬灣、花東縱谷、日月潭、阿里山、參山、馬祖、茂林等十三處，由交通部觀光局設專責機構管理。

②省（市）級風景區：臺灣省政府自1970年起陸續公告：野柳、烏來、碧潭、石門水庫、烏山頭水庫、曾文水庫、澄清湖、北海岸、觀音山、十分瀑布等十處省（市）級風景特定區。在精省後，目前省級（定）風景區為五處。臺北市和高雄市因屬都市地區未劃設風景特定區，僅高雄市設萬壽山風景區管理所。

③縣（市）級風景區：臺灣省政府自1970年起陸續公告：青草湖、鐵砧山、關子嶺、知本、虎頭埤、尖山埤、霧社、礁溪、淡水等九處縣定風景特定區。而各（縣）市政府依據「發展觀光條例」及「都市計畫法」所劃定的風景特定區尚有：七星潭、小烏來、清泉等處未公告風

景區等級。另外大溪、頭城濱海、磯崎、石梯、秀姑巒、八仙洞、三仙台、林投等八處納入東北角、東海岸和澎湖等國家級風景區管理處代管。目前縣市級風景區計三十五處。管理模式如下：

(A)縣（市）觀光主管機關設置管理單位者：包括花蓮縣、雲林縣、桃園縣、宜蘭縣和臺中縣五個縣分。

(B)鄉（鎮）公所設置管理單位：包括臺南縣虎頭埤風景區管理所由新化鎮所設，鐵砧山風景區管理所由臺中縣大甲鎮所設。

(C)目的事業主管機關兼管之管理單位：包括新竹農田水利會經管青草湖風景區、苗栗農田水利會經管之明德水庫風景區、臺糖新營總廠經管之尖山埤風景區、臺大農學院附設山地農場經管之翠峰風景區、教育部經管之鳳凰谷鳥園。

(D)其餘並未設專責機構經營管理，僅由其所在地縣（市）政府觀光單位辦理相關業務。

(2)國家公園：為保護國家特有之自然風景、野生物及史蹟，並供國民之育樂及研究，特依「區域計畫法」及「國家公園法」等相關規定設置國家公園。依國家公園法第三條規定其主管機關為內政部。我國自1982年設置第一座國家公園墾丁國家公園以來，已陸續設立了玉山、陽明山、太魯閣、雪霸、金門、台江、東沙環礁國家公園，以及澎湖南方四島國家公園，總共有九座國家公園。對於國家公園區內之土地利用，依其型態及資源特性，劃分為一般管制區、遊憩區、史蹟保存區、特別景觀區和生態保護區五種分區經營管理。其中遊憩區的規劃經管即為提供民眾一處妥善的觀光休憩場所。國家公園為針對園區內之資源予以

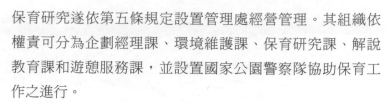

保育研究遂依第五條規定設置管理處經營管理。其組織依權責可分為企劃經理課、環境維護課、保育研究課、解說教育課和遊憩服務課，並設置國家公園警察隊協助保育工作之進行。

(3)森林遊樂區：「森林遊樂區設置管理辦法」第二條：森林遊樂區係指在森林區域內，為提供遊客休閒及育樂活動，經中央主管機關核定而設置之遊樂區。而所稱之中央主管機關為行政院農業委員會；地方主管機關，在省（市）為省（市）政府，在縣（市）為縣（市）政府。目前我國內共有內洞、滿月圓、東眼山、太平山、奧萬大、合歡山、八仙山、武陵、大雪山、阿里山、藤枝、墾丁、雙流、池南、富源、知本等十六處。由於分布全省各地，所以在林務局系統由林務局各林區管理處負責管理；另外明池、棲蘭兩處由退輔會森林開發處管理；溪頭及惠蓀則由臺灣大學和中興大學實驗林管理處管理。

(4)大學實驗林：大學實驗林係提供教授學生學術教學研究之用，部分地區並開發設置森林遊樂區。國內目前最主要的大學實驗林為臺灣大學和中興大學，其主管機關為教育部；而臺大的溪頭森林遊樂區和中興的惠蓀林場均為著名的森林遊樂區。

(5)退輔會輔導之農場與森林遊樂區：在開闢臺灣東西橫貫公路歷史上最功不可沒的當屬勞苦功高的榮民，在完成舉世的創舉後，政府為安置其生活，遂在中橫沿縣和北橫接近宜蘭一帶設置農場，安置榮民。唯隨時代變遷，原先其賴以維生的果樹和高冷蔬菜在經過國外市場開放、勞力成本提升以及社會對生態環境的重視，其農場的經營型態亦漸轉型，且成果相當卓越。目前退輔會所輔導的包括明池及

棲蘭森林遊樂區、武陵農場、福壽山農場及嘉義農場等，每年均吸引相當多的遊客前往旅遊。

(6)休閒農業區：依據「休閒農業輔導辦法」由農委會指導地區農會輔導農民或農民團體設置，目前計成立有：新竹縣新埔鎮照門休閒農業區、學甲休閒農業區、宜蘭縣冬山鄉中山休閒農業示範區、花蓮縣光復鄉馬太鞍休閒農業區、南投縣集集鎮休閒農業區、南投縣鹿谷鄉小半天休閒農業區等九十五處休閒農業區（截至2019年底）；臺灣的休閒農場為三百七十八家（截至2020年底）。

(7)其他：如海水浴場、民營遊樂區屬觀光業務，其主管機關在省（市）及縣（市）政府；公營觀光區（十二處）則依主管內容又分為國營、省市營、縣市營三種，其主管機關亦各異。

(三)國內學者的分類

根據李銘輝教授在《觀光地理》一書中（2015），對於觀光地理資源的分類如下（見**圖7-1**）：

1.地質觀光遊憩資源：包含地球因內外營力所造成之地震、火山、湖泊、冰川、島嶼溶蝕等各種景觀。

2.地貌觀光遊憩資源：包含丘陵、高原、平原、山地，及其他如風蝕、海蝕、堆積等各種地形景觀。

3.水域觀光遊憩資源：包含海岸、海洋、湖泊、河川、冰川、地下水等各種水域資源。

4.氣候觀光遊憩資源：分述如下：

(1)氣象觀光資源：溫度、濕度、降水、陽光、雲霧等各項氣象資源。

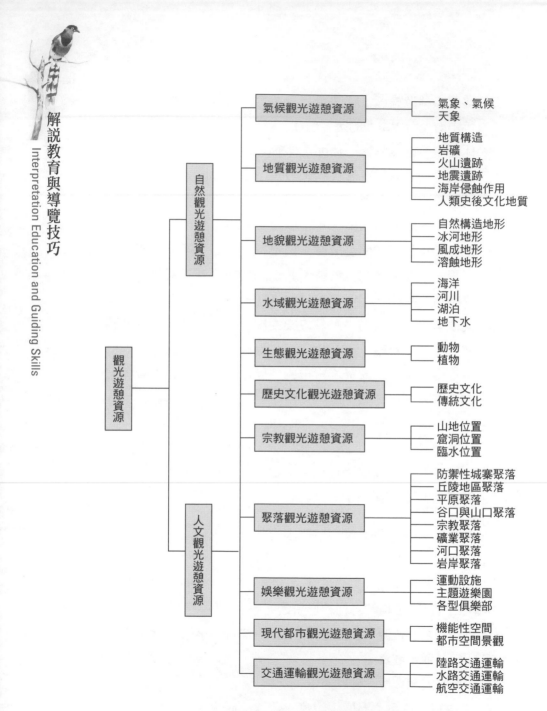

圖7-1　觀光地理資源分類圖

資料來源：李銘輝（2015）。

(2)氣候觀光資源：熱帶氣候、溫帶氣候、寒帶氣候之氣候資源。

(3)天象觀光資源：天文觀測等。

5.生態觀光遊憩資源：

(1)動物觀光資源：動物群落、自然保護區及動物園。

(2)植物觀光資源：森林公園、自然保護區、植物園等。

6.人文活動觀光遊憩資源：

(1)文化活動：風土民情、飲食、衣著、節慶祭典、文學藝術、繪畫、音樂、教育等。

(2)種族與宗教：宗教活動、種族與民族、宗教聖地、修道院、廟宇等。

(3)聚落景觀：山地、漁港、城鎮等。

地質、地形、地貌、水域等的觀光資源，往往總能看到大自然鬼斧神工之力，吸引觀光客前往

人文活動的觀光遊憩資源不止有世界遺產、藝術、繪畫、建築、音樂舞蹈等等，尚有宗教廟宇活動（圖為日本佐賀地區的人物、歷史文物、神社祭祀活動）

(4)建築與古蹟：城牆、陵墓、遺址、園林、建築物等。

7.產業活動觀光遊憩資源：

(1)經濟活動：科技城、加工區、博覽會等。

(2)休閒產業：觀光農牧場、礦業、養殖場等。

(3)地方特產：工藝品、小吃等。

8.娛樂購物觀光遊憩資源：

(1)娛樂觀光地點：主題遊樂園、渡假村等。

(2)購物觀光：手工藝品、工業產品、商品陳列等。

五、我國觀光遊憩區之體系

臺灣觀光遊憩資源的分布，將臺灣地區劃分成三十六個遊憩系統，作為未來臺灣觀光發展與規劃的基本空間結構指導，另依其資源特性、地理分區、系統範圍、區位功能與發展特性，歸為八大類型；而鑒於政府財力、物力之侷限，依照其發展之輕重緩急，訂定各系統與發展核心的開發順序。而除了依區域及資源特性劃設的三十六個遊憩系統外，經由不同之組串方式，規劃成整體「遊程」的產品，相關單位能依旅遊方式與資源特色，發展各種不同的觀光主題活動；而擬定各方案系統，包括了運具導向方案、成長中心導向、資源導向和其他類型。茲將兩種系統分類結果羅列如下：

1.類型系統：

(1)都市型：如臺北、宜蘭、新竹、臺中、埔里、嘉義、臺南、高雄等都市。

(2)橫貫公路型：如北橫——太平山、中橫、南橫。

(3)丘陵型：如關西——石門、大阿里山、曾文水系、荖濃水系。

(4)周遊型：如北西濱、彰濱、蘇花、苗栗臺三、中部臺三、南迴、中橫支線。

(5)海岸目的型：如北海岸、東北角、嘉南濱海、東海岸。

(6)國家公園型：如陽明山、雪霸、太魯閣、玉山、墾丁。

(7)花東與恆春：花東縱谷、恆春半島。

(8)離島型：澎湖、綠島——蘭嶼、金馬。

2.方案系統：

(1)運具導向：如空運旅遊系統、環島鐵路旅遊系統、長程公路旅遊系統、遊艇旅遊系統等。

(2)成長中心導向：如都會區與區域中心旅遊系統、主要都市與地方中心旅遊系統、區域渡假基地旅遊系統等。

(3)資源導向：如溪流旅遊系統、人文旅遊系統等。

(4)其他：如山岳旅遊系統、寺廟旅遊系統、各級產業旅遊系統、高山農場旅遊系統、森林遊樂區旅遊系統等。

問題與討論

一、請說明解說導覽資源的定義。

二、請說明解說導覽資源的特性。

三、目前對於觀光資源的分類有哪幾種方式？

四、臺灣觀光資源的體系包括哪些？

五、請針對我國觀光遊憩區的體系進行說明。

Chapter 8

景觀導覽技巧

☆ 本章綱要
　1.景觀資源
　2.地質地形景觀
　3.天空星象景觀

☆ 本章重點
　1.探討景觀資源、地質地形景觀以及天空星象景觀
　2.瞭解景觀資源的定義與特性
　3.說明地質、地形與成因與其可能的演變
　4.認識火山的形成、作用與分布
　5.介紹四種地形作用力

☆ 問題與討論

在遊憩體驗過程中，欣賞景觀是必要的活動之一，除了景觀欣賞的感受以外，如何自欣賞過程中提供或獲得知性的解答與新知，是需要透過解說者有系統的詮釋、解析與說明。因此在從事戶外遊憩過程中，訓練遊客從遊憩活動中，正確的吸收新知識並轉化為遊憩體驗的滿意度或充實度，有賴於解讀景觀的訓練。所謂景觀資源的影響，除了最直接的視覺景觀影響外，事實上，景觀影響尚包括廣義的景觀資源所有元素之互動影響。本章分三個部分探討，分別是景觀資源、地質地形景觀以及天空星象景觀。

 ## 第一節　景觀資源

景觀資源的定義可界定為：「景觀資源是一種複合資源，是藉由人的視覺所認知（感知）之地面上有關包羅萬象之形象的整合。其又可分為自然景觀和人文景觀資源兩種。」因此，在分析景觀資源的影響時，必須明確認知「景觀」資源是一種複合資源，它包括了空間、時間、心理及實質環境之互動，是一種動態資源，也是一種遊憩資源，更因其具環境美質，亦是一種精神資源。有些景觀除了是自然資源外，其複合性更涵括了人文及地域特色，例如淡江夕照是北臺灣相當著名的景觀，夕照是自然資源，而淡水則是深具歷史意義的小鎮。以下就景觀資源在實質環境中的角色與如何解讀景觀資源加以說明。

一、景觀資源在實質環境中的角色

我們所生存的空間環境裡，無論是自然或人為的景觀，均有其存在的價值或條件；也因此皆有解說的價值。透過解說，我們可以更深

層的瞭解到景觀資源。而景觀資源具有多重與多向度的特性，故進行景觀環境評估時，必須先瞭解其在實質環境中所扮演的角色。

(一)景觀資源具地域環境美質的代表性

許多風景區的開發案，均會選址在風景優美、景色宜人的地方。因為先天景觀已具備了特殊性和代表性，任何的人為設施設置均會對其造成衝擊與影響，因此自然景觀在規劃時對人為環境改變的接受程度為何，就成為評估的重點，例如高爾夫球場的設置。這類運動休閒遊憩場所多選在視野遼闊、景觀優美的地方，由於選址時多選在具地域環境的美質，因而遊憩區的開發對於環境資源的衝擊得審慎的加以評估。

(二)景觀資源具生物重要性

高品質的景觀資源往往複合了自然與人文資源。例如雪霸國家公園內的白木林、淡水河口的紅樹林、墾丁龍鑾潭的雁鴨水鳥、大屯山的蝴蝶花廊等，這些與自然動植物或其它生物有觀的自然景觀已構成景觀美質不可缺的因子。因此，一旦開發案影響到野生動物棲息環境，導致生態景觀消失或遭受破壞時，將同時影響到景觀美質。都市的開發往往連帶造成自然與生態資源的消失，像是三、四十年前的臺灣農業社會時代，從晚春到仲夏，水田邊經常可見俗稱「火金姑」的螢火蟲蹤跡，因為時代的演進，都市道路的開闢、人工光源的衝擊、水污染等等問題，造成自然環境的丕變，火金姑的棲地隨著時代消失不再復見，現在要欣賞螢火蟲就只能到偏遠的山區了。

(三)景觀資源反應了心理知覺

心理知覺反應是近代心理學家、哲學家乃至環境規劃設計師一直企求能獲得表達或呈現更具體的具象，然而這卻也是最困難的。雖然多數人對於景觀的心理感受一樣，如翠綠的山林和幽深的大海可能給人神秘不可測的感覺，但對不同特性的人卻仍有不同的感覺。例如究竟林木間的間距多少才不會令人有擁擠的感覺，林木的高低對於人們的視覺影響及心理感受相關度為何，這些都無法具體加以定論；而從遊客知性與感性心理知覺的面向，去評估遊樂園的規劃與森林遊樂區規劃，其在實質規劃與空間配置上將反應出不同知覺期待的景象。

(四)景觀資源具有視覺緩衝機能

景觀資源一方面具積極的強化美質的機能，另一方面它能以消極的機能，達到因為開發建設所造成景觀衝擊的視覺緩衝。亦即可以在實質環境的建設中透過不同的手法讓視覺上具有緩衝的效果。例如在象徵高硬的建築物前，適度的規劃綠籬可降低其不佳的視覺感受。又如現今的建築相關法令中對於開放空間的設置要求，除了基於安全考量外，景觀美質的維護也是重點所在；所以有些建物中庭規劃噴泉流水，即是在硬體的建材中融入柔性的創意，另外藝術作品也具有同樣的功能。

(五)景觀資源具休閒遊憩機能

景觀品質與遊憩體驗之豐富度與滿意度成正比。為此，景觀資源品質佳者必然成為休閒遊憩資源，提供遊客視覺及心理各方面的滿足，也因休閒遊憩潛力之吸引易帶來開發的壓力與景觀破壞，兩者之平衡正是景觀評估的重要課題。

(六)景觀資源具精神象徵性

　　許多自然的景觀在區域中具備精神象徵的意義，尤以名山大川為是。例如喜馬拉雅山是中亞人的精神地標，富士山是日本人的精神象徵，大霸尖山一直是泰雅族人的聖山，故其具精神地標、精神依託及族人與大自然的互動關係。這類名山大川資源景觀完整性的保全是環境開發時的必要主軸，若有人為景觀的破壞，將連帶的影響整個地形景觀的地標性。

二、景觀資源的解讀

　　如何針對複合性的自然景觀客觀地予以分析所含元素並加以說明，是解說員應備的專業素養，也是從事知性之旅或生態旅遊活動者應有的訓練方法與態度。依據美感反應的模式可以解讀自然景觀應是一種動態過程，其知覺影響因子主要為：視覺、聽覺、嗅覺、觸覺與味覺這五個感觀知覺。除了這五種環境刺激的研究重點外，觀賞者的心態、觀賞情境與美感體驗也是影響美感反應的因子。透過美感或知覺反應，可將三度空間之意象，予以有條理的解析。

　　景觀現象會因時因地而有不同之組成元素與形成原因，解析的內容與重點應包括：(1)自然環境的變化歷程；(2)自然景觀與人文歷史變遷；(3)自然環境的生態演替意義。至於其流程則可歸納如下：

1.現象的觀察。

2.現象的解析：指自然景觀資源元素之分解說明與探討。

3.現象形成原因探討。

4.對景觀環境的保全、保存、改善，以及復育措施之研擬與後續之實踐。

至於影響景觀觀察者的知覺因子則包括了：

1. 景觀與觀賞者的距離：要明確、重點式的解析景觀，應能在空間中區分框景，而框景與視域所及內之景觀，依觀賞之距離又可分為近景、中景和遠景：

   (1)近景範圍為零到四百或八百公尺，其景緻的特徵為景物表面，為細部景觀，色彩明暗度差異大。

   (2)中景範圍為四百公尺或八百至四千八百公尺或八千公尺，景緻的特徵為細部及大約的地表概況，景物與周圍環境關係較為明顯。

   (3)遠景則為四千八百公尺或八千公尺至無限的距離，遠景的景觀較為簡單化，景物呈現簡單的輪廓線條，顏色對比較不明顯。

2. 觀賞者的位置：觀賞者位置是指觀賞者和景觀之間的相對位置，依觀賞者對景物高度的關係可分為：觀賞者下位、觀賞者常位和觀賞者上位。觀賞位置是景觀描述中較為重要的因素，因其主要控制於觀賞者有意識的選擇其觀賞位置，所以在規劃景觀的路徑時，應考慮此項因素，提升欣賞景觀時的體驗。

3. 地形的狀況與空間的界定：如封閉性、開闊性，或任何影響空間組織的元素，界定空間之自然元素。

4. 光線的變化：包括雲、霧、陽光、顏色等所造成對瞬間氣象光影感受而予以解析說明。

　　景觀解析的最終目的除了說明景觀的知性知識與變遷，或是特色外，更應能激發觀賞者的保育情操，並使其在未來與環境有關的活動中能有更積極的保育行動，並落實景觀保護意識。

三、臺灣十景

　　臺灣十大地景於2013年由民眾票選後經專家評定而出，以擁

有高度地景多樣性的「野柳」為最高分，獲得十大地景第一名殊榮；「玉山主峰」則以代表臺灣造山運動奇蹟的東亞最高峰排名第二；造山運動過程中屬陷落盆地蓄積成湖的典型代表「日月潭」則名列第三；蘊藏大量金礦的火山熔岩，也曾是東亞最大金礦產地的「金瓜石」第四；屬於太平洋沖繩海槽唯一露出海面的海底火山，也是臺灣最年輕，且唯一確定會再噴發的活火山「龜山島」為第五名；地形多樣險奇，且寸草不生的不毛之地「月世界泥岩惡地」排名第六；位處臺灣第二高峰，由冰河時期遺留下來的冰斗地形「雪山圈谷」則排名第七；屬於大陸與海洋板塊界限斷層延伸，形成罕見幾近九十度垂直斷崖面的「清水斷崖」名列第八名；屬於礫岩惡地，因雨水切割成無數深窄山谷的典型火炎山地形最佳代表「苗栗三義火炎山自然保留區」則為第九名；擁有臺灣最古老、且最堅硬沉積岩，形成山形尖聳，四周懸崖峭壁，且氣勢磅礡而充滿霸氣的「大、小霸尖山」為第十名。（林務局自然保育網）

臺灣最年輕，且是唯一確定會再噴發的活火山「龜山島」名列臺灣十景的第五名（左圖為龜山島上形似哈巴狗的山丘）

 第二節　地質、地形景觀

　　地球演進的過程中，表面經由各種不同的物理、化學作用，而形成高山、湖泊、海洋、河流、高原等不同地形，而且不同的變化仍無時無刻在進行中。地質與地形的特徵往往是各風景遊憩區或一個地區最特殊的景觀解說資源，例如火山、地熱、峽谷、石灰岩地形等。地質、地形景觀不僅是大自然鬼斧神工的成就，同時也影響到人類活動的發展與演進，地形、地質為解說資源中相當重要的課題。研究地表形態的科學，稱之為「地形學」；而研究地球之起源、構造、組成物質及地球上一切地質作用與生物演化之科學，我們概稱為「地質學」。地質學又包括岩石學、礦物學、古生物學、地層學、地史學、地球化學等。

　　臺灣的地質地形非常多元，更有許多特殊的地質景觀。行政院農業委員會林務局在2010年初步規劃「高雄燕巢月世界泥岩惡地地質公園」及「臺東利吉泥岩惡地地質公園」示範區，並於2011年的全國地景保育研討會大會上正式成立「臺灣地質公園網絡」。截至2016年5月，臺灣共計有九座地質公園網絡成員，分別為澎湖海洋地質公園、北部海岸野柳地質公園、北部海岸鼻頭龍洞地質公園、草嶺地質公園、燕巢泥岩惡地地質公園、利吉泥岩惡地地質公園、馬祖地質公園、雲嘉南濱海地質公園及東部海岸地質公園。（臺灣地質公園學會）

　　為讓讀者對地理層面有所認識，僅將地質循環與地形作用概述如下：

一、地質循環

　　研究地形、岩石之初必須先認識地質循環的概念。地質學家

從野外大自然各種現象的觀察中，整理出今日持續運作的各種自然作用，同樣的自然作用亦從數十億年前地球誕生後即開始運行。地質學家從自然現象中發現兩岸及河床受到河水的侵蝕作用，造成山崩地滑，大量的泥砂往下游搬運。而這些砂石最終沉積到海洋或湖泊，其對地球的影響究竟為何，是否終會將海洋填平呢？經由不斷的觀察與實驗，科學家們證明了這些河流挾帶入海的岩石碎屑都在海底沉積下來，一層一層的，而且由近海到遠洋，顆粒愈來愈細，厚度愈來愈薄。同時，地質學家在不同的地形中到處見到這種由砂泥構成岩石，而岩石裡有時還會出現海中生物的遺骸。這些成層的岩層表現出傾斜、彎曲的形狀，明顯的經過外力的推擠和褶皺。這些長期的研究發展出了「地質循環」的概念。

地表岩石受風化及侵蝕後形成的岩石碎屑，隨著河水流入海洋。這些堆置在海底的沉積物愈積愈厚，深埋在底層的逐漸固化、膠結而形成沉積岩。沉積岩的種類很多，例如依顆粒大小而分的礫岩、砂岩、頁岩和石灰岩等。沉積岩深埋的結果有可能永遠沉積在地底。如果地溫、地壓增高到某種程度，就會發生變質作用，改變原來的岩石結構，或使一些礦物消失並新生一些礦物造成岩石，例如頁岩經不同程度變質作用變成石英岩或變質成砂岩；石灰岩經高度變質作用造成大理岩等均是。

如果地溫、地壓更見升高，那麼就可能到達岩石的熔點，而形成岩漿。岩漿比較輕，於是向上運動，或噴出地表，或在地下深處凝固形成火成岩；並且和變質岩、沉積岩等其他性質的岩石，隨著造山運動來臨，靠著褶皺、斷層等運動，抬升到地表，地表岩石侵蝕剝離後，下方的岩層遂逐漸曝露。火成岩又可分為侵入岩和噴出岩兩種，前者係地殼內較深處由岩漿凝結而成者，故亦稱深成岩，例如花崗岩、橄欖岩等；後者則是岩漿噴出所形成，包括玄武岩和安山岩等。火成岩是所有岩石中最原始的岩石，占地球岩石圈的絕

大部分。火成岩、變質岩、沉積岩三者間的循環作用，要藉著各種地質作用來完成，這些作用包括外營力和內營力的作用。前者包括風化、侵蝕和塊體下坡作用；後者包括岩漿活動和地殼變動。這些內營力在地表顯現的就是火山爆發、板塊運動、造山運動及造陸運動等，其代表了物質、能量和作用三者之間的循環體系。

(一)地震與斷層

地球簡單的分成地殼、地函（Mantle）和地核三層，其空間分布又可分成岩石圈和軟流圈。岩石圈是指地球最外部冷而硬的物質；岩石下的軟流圈則是由熱度較高的可塑體物質所成。板塊就是岩石圈，它包含了地殼和一部分地函。地殼有許多裂縫在深海海床上，裂縫裡不斷流出熾熱的岩漿，岩漿冷卻後會凝固成新地殼，新地殼不斷產生就會把原本地殼向外推擠，地殼上的陸地與海洋會跟底下地殼一塊塊移動，地殼與地殼下方的地函會一起動，所以便把地殼底下一起動的地函稱板塊。

地球表面有七大板塊：太平洋板塊、歐亞板塊、北美洲板塊、南美洲板塊、非洲板塊、印澳板塊、南極板塊等。世界有三大主要地震帶：環繞太平洋邊緣的「環太平洋地震帶」（Circum-Pacific Seismic Zone）、歐亞大陸南緣的「歐亞地震帶」（Alpine-Humalayan Seismic Zone）、三大洋（太平洋、大西洋和印度洋）中的「中洋脊地震帶」（Mid-Ocean Ridge Seismic Zone）。

地震大部分是由斷層錯動所引發。當斷層錯動造成地震時，斷層兩邊的地層做相對的運動，相對運動實際上是被一個面所區隔，此區隔面稱為斷層面（Fault Plane）。相對運動的形態決定斷層的類型。斷層型態是一種表象，通常與實際有些偏差。以斷層被地層震波撕開而言，地震波是先呈上下走向，再呈水平走向。斷層基本上可分為三種形態：(1)由張力造成的正斷層（Normal Fault）；(2)由壓

力造成的逆斷層（Thrust Fault）；(3)由水平作用力造成的平移斷層（Strike-Slip Fault）；但斷層通常很少有純粹的正斷層、逆斷層或平移斷層。

臺灣位處於菲律賓海板塊（Philippine Sea Plate）與歐亞大陸板塊擠壓的地震帶上，根據中央地質調查所公布（2017），臺灣共有五十一條活斷層，歷年來的地震史顯示，每隔一段週期，臺灣地區就會發生規模較人的災害性地震。如九二一地震的發生便是那沉睡了數千年的「車籠埔斷層」忽然甦醒過來，造成深度八公里、規模七‧三級的「九二一集集大地震」；發生的主要原因便是位於臺灣中部中央山脈以西的「車籠埔」與「大茅埔—雙冬」兩大斷層相互擠壓所造成，錯動之力量致使沿著兩大斷層所經之處遭受重創，地表嚴重破裂，斷層通過之地方包括臺中、南投等地遭受毀滅性的損害，其主斷層長約八十五公里，東北延段長約十一公里，全長約九十六公里。

臺灣主要的地震，以東部花蓮一帶最頻繁，而世界上主要的強烈地震多指八‧五級以上的強震，包括亞洲日本、中國、印度；南美洲的智利與秘魯等。最重大的一次天然災害是2004年12月26日發生的印度洋大海嘯（或稱南亞海嘯），這場災難共奪走了二十餘萬人的生命。最近一次的毀滅性災難則是2011年3月11日14時46分（當地時間），發生於日本東北地方外海規模九級的大型逆衝區地震，震央位於宮城縣首府仙台市以東的太平洋海域約一百三十公里處，距日本首都東京約三百七十三公里，震源深度測得數據為二十四‧四公里（十五‧二英里），此次地震引發了高達四十‧五米的海嘯，為日本二戰後傷亡最慘重的自然災害，也因為此次地震規模之大引發了火災和核洩事故，導致大規模的地方機能癱瘓和經濟活動停止，可說是大自然與人為因素所導致的最具代表性的毀滅性破壞。

(二)火山

■火山的形成

地球表面及淺層部分可以分為若干個厚度約一百公里的大板塊。板塊包括地殼和地函上部，各板塊則在其交接部分作相對運動，當海洋地殼隱沒而伸入大陸地殼之下時，進入地函而受熱熔，部分匯集到一起而成為岩漿，岩漿上升到地表而成為火山，地函中「熱點」燒穿地殼的地方也是火山形成的地點，有的便在地下冷卻成為深成岩。同時因地球內部的物理變化和化學變化而形成內營力，主要有地殼變動和火山作用兩大類，而火山作用分侵入作用和噴出作用兩種。

■火山的分布

世界上最主要的火山帶，係環繞太平洋的邊緣分布，號稱「火環帶」（Ring of Fire），計自南美洲安地斯山脈的智利起，向北經秘魯、中美洲墨西哥、美國西部卡斯凱德山脈（Cascade Range）、西北行至阿留申群島、堪察加、千島群島、日本、琉球、臺灣、菲律

火山的作用分侵入作用和噴出作用兩種，左圖為陽明山火山地質景觀，右圖為陽明山龍鳳谷地熱景觀

賓、西里伯斯、新幾內亞、所羅門群島（Solomon Is.）、新喀里多尼（New Caledonia）及紐西蘭等。這一條火環大致和環太平洋的地震帶相一致，可稱為地殼活動帶（Mobile Belt of Earth Crust）。除這一條主要火山地帶外，尚有其它六區：

1. 太平洋島嶼區：包括夏威夷群島及南美外海的加拉巴哥斯群島（Galapagos Is.，屬厄瓜多爾）、侏恩費南迪諸小島（Juan Fernandez Isles，屬智利）。
2. 南洋赤道區：包括帝汶、爪哇、巴里及蘇門達臘諸島。
3. 印度西側：阿拉伯地區、馬達加斯加島及東非洲裂谷火山群。
4. 地中海帶：由土耳其極東的阿拉雷特峰（Mt. Ararat）起，向西經義大利至大西洋上的亞速爾群島、坎奈群島（Canary Is.）等。
5. 西印度群島火山群。
6. 冰島及法羅群島等零星地區。

■火山的作用

火山的作用係指地球內部的岩漿和水氣等衝破地殼的脆弱處，噴出地表的各種重要活動。噴發時的主要產物有：

1. 液體的部分：主要是從火山口流出地表的岩漿叫熔岩，是火山岩的基本物質。熔岩可依二氧化矽的含量多寡分為酸性、中性、基性。
2. 氣體的部分：火山噴發中50%至70%左右是水蒸氣，其他較多的有二氧化硫、氫等。
3. 固體的部分：火山爆發時造成的大量固體叫火山碎屑，來源為已固結的岩漿、噴發中冷凝的熔岩、火山碎屑，或火山圍岩的碎塊。

二、地形作用

　　地質學家歷經數百年的觀察研究，發現地表山嶽的形貌受到兩種作用的影響。第一種作用為內營力作用，導因於地球內部物理變化、化學變化或熱能的對流，包括地殼深處的變動、地震、岩漿活動等。這些力量表現在地面上的，就是板塊運動以及伴隨的褶皺、斷層、火山作用等造成原始地貌，以及地表的風化、侵蝕作用造成了今日所見的地形。

　　地殼變動使地表初具地球的外貌，而後再經由外營力的作用而造成山岳的發育以及各種不同的地形景觀。外營力的作用基本上分成三大類：風化、塊體下坡運動及侵蝕。

　　風化作用使岩石物質的強度降低；塊體下坡運動則是重力作用控制下，鬆散物質向下滑坡的運動；侵蝕作用最容易觀測，包括了河流作用、冰川作用及風力作用等。這三種外營力的作用常常是前後連續的。有些外營力今日仍可明顯觀察其運作，尤其是在大風浪、大暴雨過後，河水的沖刷、濁流滾滾等，都展示著大自然的侵蝕、堆積作用。更多的地形作用記載著岩石、岩層及地質構造，亦可看出皺褶、斷層和火山作用的故事。以下將常見的地形作用分述如下：

(一)風化作用

　　大多數的岩石在地球表面都進行著機械的破裂與化學的分解。破裂作用是岩石在溫度、冰霜、熱脹冷縮、植物根部楔裂（凍裂）作用以及磨蝕等作用進行下造成的。這些不同的作用多半經由水、風及冰等介質而完成。化學風化作用進行的時候主要包括氧化、碳酸化、水合、水分解及離子交換等化學的基本物質，此種作用以高原或沙漠地帶最為明顯。

(二)塊體下坡運動

下坡運動泛指地表經風化作用而破碎的岩屑及土壤（岩屑層即是土壤礦物質的來源，只要時間夠長都可發育成土壤），這些風化物質受重力作用，在重力影響下向下坡運動的各動作。在這個作用裡不包括風化物質受風、冰及流水等介質的搬運作用（這些搬運的過程稱為侵蝕作用）。

(三)侵蝕作用

風化物質的搬運作用是藉由風、流水、冰川、波浪、海流等介質進行，這些介質作用稱為營力。供應這些營力的能源則來自太陽能和位能。在類似的作用中，不僅能搬運風化物質，也直接對經過的岩石表面產生磨蝕作用。被這些介質挾帶而搬運的風化物質，不但彼此磨碎，也對經過的岩石表面發生磨蝕作用。此種作用也就雕刻了大自然，塑造了各種地形景觀，以峽谷地形或海蝕地形為代表，例如紐西蘭和挪威的峽灣以及北海岸的野柳便為典型的海蝕景觀。

野柳地質公園以其擁有高度地景多樣性的海蝕景觀榮獲臺灣十大地景第一名

(四)堆積作用

侵蝕作用搬運岩石物質到侵蝕基準面之下後，便進入了堆積作用。堆積作用和侵蝕作用合作，使地表達到均夷的效果，趨向於平坦化。河流作用可造成堆積地形，風、地下水、波浪，以及海流等作用，也可以造成明顯的堆積地形。彎曲河道的內側常有堆積坡的形成，海灣地帶常見的砂洲、砂灘、礫灘的堆積即是此種作用後的結果，例如河階地形便是堆積作用造成的景觀。

 ## 第三節　天空星象景觀

浩瀚的宇宙如要細說從頭並非易事，從對天地最原始的猜測，到目前的天文望遠鏡，踩著前人智慧的腳步，目前可以毫不費力的瞭解地球的形狀和有關太空的一些知識。在古代，許多星座都被揉合了希臘美麗動人的傳說故事，而在16世紀時，隨著航海技術的進步，南半球的科學家們便相繼創設了許多新的星座名稱，但惟恐星座名稱過多而引起混亂，1930年國際天文聯盟便將星空中的星座訂為八十八個，同時對星座的境界也規定以赤經、赤緯線作為基準。現今所使用的星座名稱便是經由此而來的。

地球因自轉、公轉引起的表面現象，而致使每天、每晚所觀測的同一星座皆會由東向西移動，所以星座出現情形也會因季節而異。在無光害的夜空中，肉眼所見的星星大約有六千顆，此與一般人的想像大相逕庭。所謂的六千顆，是包括白天與太陽同方向的星星在內的數量，所以晚上以肉眼一次可見的星星數量實際上只有一半，頂多可見三千顆，若在光害嚴重的地區或氣候不佳的狀況下，所看到的星星數量及機會將會更少。銀河系中，據說約有二千億顆星星，而整個宇宙裡，像銀河系這樣的小宇宙據說有一千億個左

右，因此星星的數量如同恆河之砂。以下介紹觀星的一些入門常識。

一、星星的名字

中國人有自己的一套命名方法，如眾所周知的牛郎星、織女星，都是中國人對星星的稱呼。但是世界通用的是採用西方的稱法，外國人是依各星座內的星星亮度明暗作為命名根據，分別以希臘字母的順序來稱呼，例如天鷹座 α 星（阿爾發）就是天鷹座中最亮的星星，和中國所稱的牛郎星是同一顆星。

二、星等

為了表示天上星星的明暗度區別，天文學家使用星等作為亮度的區分標準，將肉眼所能看見的星星區分為六個等級，分別是一到六等星，數目字愈小代表的是愈亮的亮星，而每一等級相差二‧五倍的亮度，例如牛郎星就是一等星。

三、星座劃分的依據

為了便於觀測與記錄，距今數千年前的美索不達米亞居民首先創出星座的使用，他們將天空中位置相近或是可以達成一個象徵圖案的星群，畫分為一個個區域，稱為星座。到了西元2世紀，希臘人托勒密把這些流傳的星座加以整理，將天空中的一千多顆恆星劃分為四十八個星座，而多數星座都是和神話中的神明或動物有關連，不過此時的星座都是北半球天空的星星，航海的技術則將星座的探討拓展到南半球。目前通用的有八十八個星座，而因為臺灣在北半球，所以只能看到北邊的天空，至於南邊的天空在臺灣是看不到的，所以在臺灣僅能看到天空中的八十一個星座。

四、宇宙的結構及星雲、星團的區別

　　宇宙是由數十億個星系所構成，每個星系都跟我們的銀河系類似，每個星系又是由數十億個發光恆星組成。我們所居住的銀河系，基本的成員有恆星（內部正進行著核子反應的高溫氣球體）、星團（彼此繞著共同中心運轉的一團恆星）、星雲（初生或死亡之後的恆星所組成的不規則狀氣體雲）、星際間的物質。星團及星雲的命名，採用M為開頭的編號，這是為了紀念17世紀的法國天文學家梅西爾，如M1是蟹狀星雲、M42是獵戶座鳥狀星雲等等。

五、夜空的銀河

　　晴朗的夜晚若仰望星空，可以看到一條迷濛的銀絲帶，這就是著名的銀河。銀河是我們所處星系的名稱，包括了太陽，以及太陽系的九大行星和成千上億的其他恆星。由於這些恆星數量太多，距離又遠，所以看起來像是一道輕紗薄霧，其範圍從天鵝星座一直延伸到天蠍星座。

六、主要的星座及四季星座

　　1.北極星附近的星座：
　　　(1)大熊座（大北斗七星）。
　　　(2)小熊座（小北斗七星）。
　　　(3)仙后座。
　　　(4)仙王座。
　　　(5)天龍座。
　　2.春季的星座：

(1)春天的夫妻星：室女座 α（角宿一）、牧夫座 α（大角）。

(2)春天的大三角（正三角形）：夫妻星加上獅子座 β（五帝座一）。

(3)春天的大鑽石（菱形）：春天大三角加上獵犬座 α（常陳一）。

(4)烏鴉座、南十字座、半人馬座（南門二及馬腹一）。

3.夏天的星座：

(1)夏天的大三角（直角三角形）：天琴座 α（織女星）、天鷹座 α（牛郎星）、天鵝座 α（天津四）。

(2)夏季南天的星座：天蠍座 α（心宿二）、人馬座（南斗六星）。

4.秋天的星座：

(1)王族的星座：仙王座、仙后座、仙女座、英仙座。

(2)水族的星座：雙魚座、寶瓶座、南魚座（北落師門）。

(3)秋季的四邊形：仙女座 α、飛馬座 α、β、γ。

(4)天上的大杓子：秋季的四邊形加上仙女座亮星、英仙座 β（大陵五）。

5.冬天的星座：

(1)冬季大三角（正三角形）：獵戶座 α（參宿四）、大犬座 α（天狼星）、小犬座星 α（南河三）。

(2)冬季大橢圓：獵戶座 β（參宿七）、金牛座 α（畢宿五）、御夫座 α（五車二）、雙子座 α（北河二）、β（北河三）、大犬座 α（天狼星）、小犬座星 α（南河三）。

(3)南天的亮星：船底座的南極老人星。

早期對於外太空的探索主要以美國、俄羅斯為主，而自2000年

起，世界各國群起競爭。近年來，世界各國對於載人於太空飛行的任務興起了高度的重視，例如中國、俄羅斯、日本、印度規劃了至月球的載人於太空飛行的任務，歐盟則是規劃了到月球和火星的載人太空飛行任務。因此從1990年代起，私人集團便開始推動太空旅遊和月球私人空間探索，例如：

太空探索技術公司（Space Exploration Technologies Corp.，簡稱SpaceX）是美國一家民營航太製造商和太空運輸公司，總部位於美國加利福尼亞州的霍桑。SpaceX是由企業家伊隆‧馬斯克於2002年創辦，目標是降低太空運輸的成本，並進行火星殖民。2008年，SpaceX設計、製造並發射了世界首個由私人投資的軌道級液體燃料火箭獵鷹1號。2010年，首次成功的將貨運天龍號太空船送入低地球軌道並回收。2012年開始使用貨運天龍號太空船為國際太空站運送貨物，這也是歷史上第一艘商業營運的貨運飛船。2015年12月，獵鷹9號一級推進器成功著陸回收，並在次年成功的在海上著船回收。2017年3月，SpaceX第一次重複使用獵鷹9號運載火箭推進器，並再次成功著陸回收，獵鷹9號成為第一枚可以多次重複使用的液體燃料火箭。2019年，SpaceX開始建造龐大的低軌網絡衛星系統「星鏈」，並在2020年1月成為世界上最大的商業衛星營運商。2020年5月，SpaceX成為歷史上第一家實現軌道級載人太空飛行的公司，11月SpaceX載人1號將首批的四名乘客成功的運往國際太空站，此舉標誌著商務航太的開端。如今，SpaceX已具備製造、發射、回收、復用運載火箭的能力，並且能夠發射載人飛船以及衛星系統進入各種軌道，可以算是世界上首屈一指的私營航太企業。（維基百科，2021）

問題與討論

一、請試著走出戶外，對於面對的景觀提出你的感官與感受。

二、請進入臺灣地質公園的網站中，瞭解臺灣地質公園的分布與特色。

三、請說出面對森林與海洋你心中的感受為何？你喜歡哪一處，為什麼？

四、請試著說明在火山噴發的過程中將會面臨或遭受的衝擊與影響。

五、若人類可以移往外太空，你認為哪個星球最適宜，請收集相關資料予以分析。

Chapter 9

生態導覽技巧

☆ 本章綱要
  1.動物資源
  2.植物資源
  3.鳥類資源
  4.臺灣生物多樣性資料庫與保育實例

☆ 本章重點
  1.介紹動物資源
  2.說明對於野生動物的觀察可藉由其所留下來的痕跡加以研判，
    並對觀察的重點予以說明
  3.介紹植物資源
  4.介紹鳥類資源
  5.介紹臺灣生物多樣性資料庫及其資訊平台
  6.介紹三例臺灣物種保育實例

☆ 問題與討論

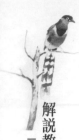

地球上所有物種彼此依賴，無論是動物、植物甚至於菌類，或是共生共存，或是依存於食物鏈的關係；無論是赤道，或是極地等各種不同的生態系，均在相互的作用下為地球造就了繽紛的生態世界。每一種物種在地球生態環境中均扮演重要的角色。魚類供應了全球相當重要的蛋白質食物來源，也營造了海中龐大複雜的食物鏈；昆蟲類雖然體積小，但如果缺少了昆蟲，世界恐將面臨毀滅。生態世界複雜多樣，蜜蜂傳授花粉我們才有豐富的糧食來源，但蝗蟲卻可能引起全世界的糧食危機。由於篇幅有限，本章僅針對可見度較高的動物、植物、鳥類做介紹，並以臺灣的生物多樣性資料庫與保育案例進行說明。

 第一節　動物資源

動物生態的種類繁多，一般可分為陸域與水域。陸域可分哺乳類、兩棲類、爬蟲類、昆蟲類、鳥類；水域則以魚類為主。對於所看到的動物，基本上在解說導覽的重點包括：外型特徵、棲地、覓食、繁衍，以及在自然環境中所扮演的角色與地位、食物鏈及其與人類的關係等等。每個地方均有其代表性的物種。

解說涵蓋的範疇極廣，隨時可見相關的資訊。因為每種生物均有其特殊習性，且牠們對人類極為敏感，故對於野生動物可藉由其所留下來的痕跡加以觀察、判別。

一、觀察時的注意事項

進行野生動物的觀察困難度較高，因此事前的準備及進行觀察時的重點皆著重在如何減少或避免對其造成干擾。注意事項如下：

狐猴為樹棲動物，鼻子短，耳朵大而尖，尾巴外觀類似浣熊的尾
巴，長且呈弧形，屬雜食性動物，主要分布於非洲的馬達加斯加島

1. 觀察人數的限制：人員名額的限制須視觀察之對象及地點而
　定，若動物較不具威脅性，習慣人類的存在，或所在地區視野
　良好，動物與人有明顯區隔，或僅只是觀察動物的痕跡時，則
　較不受名額的限制。反之，則應訂有人數的限制，或採用分組
　進行觀察。

2. 參與人員行為的規範：人員的行走、進食、交談及發問等，皆
　需將可能產生的影響及氣味等因子降至最低，以免影響擬觀察
　動物的正常行為。

3. 服裝及裝備的要求：服裝應儘量與環境之色調相融合，減少並
　避免不必要之裝扮或裝備，以使顏色、形狀及氣味等可能之干
　擾降至最低。個人裝備包括鑑定手冊、圖鑑、望遠鏡、手電
　筒、照相機等，要顧及對時空的掌握，減少對動物的影響，以
　利於觀察，也有助於對動物所留痕跡的保存及檢視。

二、觀察的時機

在實地觀察時，除視覺外，聽覺、嗅覺及味覺亦對判別動物的存在和鑑定有相當的幫助。尤其有關痕跡的鑑定，有時需綜合現場各種不同的資訊或感官訊息來判斷。觀察的時機，包括時間、天候、季節及地點之選擇，對觀察的成果常有重大的影響。

1. 就觀察的時間而言：瞭解動物的活動性，例如晝夜或晨昏活動的習性，適時的安排有助於觀察到的機會。
2. 就天候的條件而言：不同的天氣，例如晴雨及其持續的時間會影響動物的作息及其痕跡的保存，選擇適當的天候方有較佳的成果。
3. 季節的影響條件：不同的季節常會影響動物的行為及植被的生長，選擇特定的季節有助於觀察其特殊的行為，如繁殖季及遷移季。
4. 地點的選擇條件：水源、礦鹽等特殊的地點往往是吸引動物聚集的地方。各項條件適切的組合，可減少觀察時的困難。

解說的內容可以以動物與環境互動的關係為主題，另包括物種在生態系的地位、扮演的角色、生態循環中的關鍵性，與人類的經濟和非經濟關係等等。以山豬為例的解說，可就其拱痕與植物萌發的再生關係，其糞便形成土壤肥料的來源，以及山豬對於人類的關係等，均可加以深入探究。一旦建立起解說的模式，其牠動物亦可比照進行解說。

三、觀察時的重點

動物遺留的痕跡往往是觀察時的重點，簡述如下：

1. 足跡：動物足跡的完整性受土質及天候的影響很大，亦與動物
   當時行走及著力狀況有關，如豬為偶蹄類，平時在一般的土質
   上所留痕跡為二半月形所組成的蹄印，在鬆土中其蹄痕較深。
   至於其牠動物的蹄印可由其形狀、大小、間距來分辨；然往往
   需輔以相關資料加以辨識。

2. 路徑：野外有時可以發現不同種動物行走的路徑，這些路徑可
   以用來判斷動物體型的高度。此外，路徑的陡峭亦與動物的攀
   爬能力有關，一般有關路徑的辨識，多以其上的足跡或其他特
   性綜合後來辨識。

3. 掘痕：包括山豬覓食時造成的拱痕、穿山甲掘洞時所留的孔
   穴、貓獾覓食所留的挖痕等，可由其挖掘的程度、範圍及形
   狀，輔以其他所留的痕跡來判斷。

4. 爬痕：部分種類具有攀爬的能力，有時會在樹上留下足印，例
   如飛鼠、熊等，可由其爪痕的深度、大小及間距綜合判斷之。

5. 食痕：部分草食獸對於植物取食的喜好程度及覓食方式、高度
   等之差異；而雜食動物對於果食或種子等取食後所留之痕跡，
   也可判斷取食者種類。

6. 食餘：部分動物所取食的種類，例如食用堅果類食物時，殼會
   於進食時吐出或留下，可以利用這些食餘所出現的環境齒痕、
   食物殘留之形狀等來加以判定可能的動物種類。

7. 排遺：動物依其食性的差異可分為草食、雜食及肉食三種。草
   食性動物之排遺多呈粒狀，有時可由其形狀、色澤、大小、排
   放位置、聚積程度等來判定；雜食性如熊、山豬等，亦可由形
   狀、大小及出現位置，輔以痕跡來判斷；肉食性者有時可由形
   狀、成份、出現地來判別。

8. 臥痕：動物之休息處，有時可由其位置、大小及其所留下之痕
   跡，如留下來的毛來判斷。

9.磨痕：包括磨牙、磨角及擦痕等，其長度、深度及在樹幹上所留下的高度，皆有助於判斷動物的種類。

10.氣味：有時可藉由動物所遺留之氣味來分辨其為草食性或是肉食性動物。

11.巢穴：部分動物在休息或繁殖時會築巢，亦有動物長期利用洞穴棲身，如松鼠會在樹上築巢、飛鼠利用樹洞、穿山甲掘洞等，皆可根據其大小、位置、當地環境等輔助資料加以研判動物的種類。

四、臺灣動物現況

臺灣原先由文化資產保存法公告的珍貴稀有動物有二十三種，包括鳥類中的帝雉、林鵰、朱鷺、藍腹鷴、褐林鴞、灰林鴞、黃魚

動物留下的磨牙、磨角及擦痕等痕跡，可由其在樹幹上所留下的長度、深度及高度來加以判斷其種類（東南亞紅毛猩猩的森林家園面積日漸縮減，生態豐富的原始雨林變成油棕樹種植園，牠們生存的家園被用來生產棕櫚油，紅毛猩猩正以每天可見的數量在減少中，圖為臺北市立動物園紅毛猩猩）

鴞、蘭嶼角鴞、赫氏角鷹；魚類的櫻花鉤吻鮭、高身鏟頜魚；哺乳類的雲豹、水獺、臺灣狐蝠、臺灣黑熊；爬蟲類的百步蛇、玳瑁、革龜、綠蠵龜、赤蠵龜；昆蟲類的寬尾鳳蝶、大紫蛺蝶、珠光鳳蝶；在民國90年解除其公告。但是隨著環境的改變，需要保育的物種並未隨之減少反而更多。

野生動物棲息地遭受嚴重破壞及改變是目前所面臨的最大問題，但仍有許多的開發計畫包括開路、築壩、採礦、觀光棲息用地、工業用地、伐木等未經評估其開發案對野生動物之影響，進行工程時並未將生態因素考慮在內，因而造成不必要及無法挽回的傷害。同時，由於食補觀念的盛行，到處仍可見山產店陳列販賣、宰食野生動物；山區之獸鋏、陷阱，及海邊、河川之鳥網處處可見；秋冬紅尾伯勞及灰面鷲過境，以鳥仔踏、獵槍等狩獵之風氣仍盛，亟待有效遏阻。大量的野生動物被賣入國內作為各種不同的用途，例如利用象牙製作裝飾品及圖章、利用犀牛角做中藥材……，這些商業行為均間接加速大象及犀牛的瀕臨絕種。此外，輸入娃娃魚、各種毒蛇、熊掌以貪口腹之欲，飼養鸚鵡、鷹、猿猴、蟋蜴等作為寵物，重點是所飼養的種類還絕大多數有絕種之虞，這些行為對生態系產生了許多未可知的衝擊與影響。（林務局自然保育網）許多在之前都市中可以看到的生物漸漸消失了蹤跡，需要利用人工復育棲地的方式加以保育，其中螢火蟲就是最明顯的日子，像是新北市的準休閒農場裡面就有螢火蟲復育棲地。

國家公園的設立原本就是以保育為最主要目標，所以目前在國家公園範圍內經數十年的保育努力，許多物種數量均有大幅度的增加。例如墾丁國家公園的梅花鹿，由原先在臺灣幾乎看不到，目前在墾丁特定區域已經大量出現，而且成為生態旅遊的焦點。雪霸國家公園的櫻花鉤吻鮭也在保育努力下，從原先僅在七家灣溪被發現，到目前可以在有勝溪和鄰近溪流中看到蹤跡。不過，國家公園

紅耳龜，又稱紅耳巴西龜（Trachemys Scripta Elegans）是特殊的淡水海龜，因其特徵為頭部兩側眼後有明顯的紅色縱紋而稱之。原本為最受歡迎的寵物龜，因為棄養氾濫，對原生自然棲息地與生態系統產生不少的負面衝擊，現已成為世界百大外來入侵種

在目前仍有許多物種需要積極進行保育，例如玉山國家公園內的臺灣黑熊、金門國家公園的歐亞水獺、鱟……等，此外還有許多鳥類與魚類更需要積極的加以保護，因為這兩種物種除了棲地之外，尚面臨到更嚴重的外來種入侵問題。農委會所畫設的野生動物保護區二十處和野生動物重要棲息環境三十八處，是臺灣在物種保護上重要的政策。

 第二節　植物資源

　　植物除了行使光合作用，維持大氣中氧氣的平衡外，更重要的還包括提供人們在建築上對於林木建材的供應，以及森林中對於水土保持的涵養外，各類植物還提供人類食物的來源與營養，甚至許多醫藥也都是由植物來提供。同時，早期的人類無論是由樹皮製衣，或是由植物提煉染劑，養蠶餵食桑葉（可以食用，也可以用來製作藥物）等，都可發現植物與人類的關係密不可分。目前也有用

植物作為園藝治療的用途。

　　早期的學者將自然界的物體概分為「生物」與「無生物」兩類。「生物」即指有生命的動物、植物，由於數量繁多，個體間相互類似的程度與親緣關係均有所差別，為了便於識別，可將相類似且親緣關係接近的種類集合在一起，分成程度不同的「分類群」。如果分類群的個體可相互交配、逐代繁殖，且將其特性遺傳下去，此分類群就稱之為種，為生物分類的基本單位。

　　目前針對廣義植物界之整體分類系統，以1945年匹爾格（R. Pilger）及梅爾雪（H. Melchier）修訂的《恩格勒氏植物分類學綱要》較為完整。恩格勒系統將植物界分為十七門。目前全世界已知的植物約有六十萬種，按其親緣及演化關係，井然有序的排成分類系統。

　　長期以來，由於植物學家不斷的進行植物分類科學的研究，揭開了植物界各類間世代之微妙關係。植物界在經過長期演化後，各類植物間皆存有或多或少的親緣關係，為求獲得較精確的鑑定結果，植物學家乃根據植物外部的根、莖、葉、花、果等形態和內部的組織結構、細胞染色體及化學成分之異同，發展出一種可以共同參用的鑑識方法，將植物予以系統化歸類分級。以下根據樹木、葉、花的外形分類加以略述：

一、樹木

　　樹木為木本植物，大都具有多年生生長之莖幹。在植物界中，其形大而顯著，對於人類的生活亦具有密切的關係，非但供給日常所用的木材，且供可食用的果實，以及其他油脂、纖維、橡膠、香料等產物。樹木聚集而成的森林，除具經濟價值外，也提供了水土涵養的效能。其習性及生長發育的形態因樹種而異，普通樹種之習

性，可依下述之方法加以分類：

(一)依樹葉之外形而分

1. 針葉樹：大部分為裸子植物，葉多呈線形、針形、鱗葉形，特殊者為銀杏，其葉雖非為上述各形，但因其為裸子植物，於分類時亦將之歸為本類。樹形多美麗壯觀，生長於寒冷地帶，木材富利用價值，種類不多。

2. 闊葉樹：概屬被子植物。葉寬闊，呈卵形、橢圓形、披針形等。樹型多不整，木材利用價值低，種類繁多。

(二)依落葉與否而分

1. 常綠樹：樹木在年中生長，終年可見綠葉者，大部分的針葉樹

變葉木又稱灑金榕，屬被子植物，為灌木或小喬木，高可達二米，喜高溫、濕潤和陽光充足的環境，不耐寒且喜濕怕乾，園藝品種多達十多種（圖為蘇州虎丘充滿變葉木色彩的秋天。變葉木頗具風物與人情，民國畫家溥心畬便曾於1959年繪製一《變葉木賦圖》）

及熱帶樹木屬之。

2.落葉樹：樹木於生長中止期間，呈落葉狀態者。普通於秋季落葉，溫帶及熱帶之闊葉樹屬之。

(三)依樹幹之高低及分歧性而分

1.喬木：由一根株抽出一莖幹，直立、高大：

(1)依枝條之分歧情形可分為：

①莖幹直立而枝條為有秩序分歧者，如針葉樹。

②莖幹自中部分歧，枝條擴張廣大者，如闊葉樹。

③莖幹直立高聳，不分歧，單子葉植物，如椰子等屬之。

(2)依莖幹之高度可分為：

①大喬木：樹高在十八公尺以上者。

②中喬木：樹高在九至十八公尺者。

③小喬木：樹高在三至九公尺者。

2.灌木：樹無主幹，分枝多，且近地表，樹高在五公尺以下：

(1)普通灌木：直立狀、叢立狀、分歧狀。

(2)蔓性灌木：蔓藤纏繞他種植物，形成蔓狀。

(四)依木材利用而分

依木材利用價值來加以分類時，可分為硬材樹及軟材樹兩種。硬材樹指材質較硬之樹木，大都指闊葉樹而言；軟材樹指材質較軟之樹木，以針葉樹為主。

二、葉

葉為植物體上最重要的營養器官，醣類為植物體中所需之基本養料。醣類係在綠色植物葉部細胞的葉綠體中經光合作用而製成。

每種植物的葉各具固定的形態，故而植物分類學上，於記載各種植物的性狀時，每用較多的文字來描述其外形——包括葉形、長寬度、質地、葉緣、葉基、葉尖、葉的裂刻、葉脈形狀、光滑度、葉柄、托葉等。要識別植物首先便須學會分辨、認識葉部的形狀，茲說明如下：

(一)葉的部分

1.葉片：注意葉片色澤、氣味、形狀、厚薄、光滑度等。

2.葉柄：注意與葉基連接狀態、色澤、形狀及附屬物等。

3.托葉：注意托葉之有無，如有則進而觀察其形狀、色澤及著生位置等。

(二)葉的排序

1.對生葉：二葉在同一節上，左右相對而生。其與次節所生之對生葉，常成直角，交互著生，如石竹、紫蘇等。

2.互生葉：每節僅生一葉，其上節之葉與下節之葉，各生於反對之位置上，或圍生莖上作螺旋式排列，如柳、梅等。

3.輪生葉：三葉以上輪生於一節之周圍，如夾竹桃、黑板松等。

4.叢生葉：在極短之莖或枝上，有二支以上之葉互相集接者，如蒲公英。

5.散生葉：每節生一葉，散亂著生於莖枝之周圍。

(三)葉的種類

1.單葉：一葉柄上僅一片葉，且葉柄直入為中肋，如榕樹。

2.複葉：葉具總柄及小柄，一總柄分為多數小葉柄，各小柄生一小葉。像是：

(1)羽狀複葉：小葉在總柄之兩側，成對著生，其中：

①奇數羽狀複葉：小葉數為奇數。

②偶數羽狀複葉：小葉數為偶數。

③二回羽狀複葉：總柄之兩側為羽狀複葉對生者。

④三回羽狀複葉：羽狀複葉呈三次著生於總柄者。

(2)掌狀複葉：小葉在總柄上，自一端開始發生而呈放射狀射出者，如木棉。

(3)單身複葉：葉柄上雖僅葉片一枚，但葉柄和葉片之間有節，將之分為二部分，如柚。

(四)葉脈的分部

1.平行脈：葉脈互相平行，單子葉植物之葉脈屬之。

(1)直出平行脈：自葉之基部伸出，直走向尖端。各脈與中肋平行，僅葉尖與葉基處，葉脈相集於一點，如禾本科植物之葉。

(2)橫出平行脈：自中肋橫出至葉緣，如芭蕉之葉。

(3)射出平行脈：葉脈自葉柄頂端輻射而山，如棕櫚。

2.網狀脈：葉脈分枝後再相連作網狀者，雙子葉植物之葉屬之。

(1)羽狀網脈：有一顯著之主脈，其兩側生多數之側脈，狀如羽毛者，如柳樹、山毛櫸、橡樹、紫丁香花等之葉屬之。

(2)掌狀網脈：自葉柄頂端射出數條主脈者，如槭樹、南瓜、葡萄等。

三、花

花為植物繁殖器官之一，其與果實和種子，在形質上均可受環境之影響而發生變化，故為種子植物門分類上之重要依據。在作野外植物觀察時，辨識花的形態，對於植物的分類、鑑別相當重要。

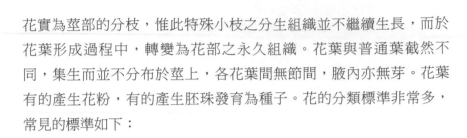

花實為莖部的分枝，惟此特殊小枝之分生組織並不繼續生長，而於花葉形成過程中，轉變為花部之永久組織。花葉與普通葉截然不同，集生而並不分布於莖上，各花葉間無節間，腋內亦無芽。花葉有的產生花粉，有的產生胚珠發育為種子。花的分類標準非常多，常見的標準如下：

1. 花被的有無：無被花、單被花和雙被花。
2. 花蕊的存在與否：單性花、完全花、兩性花、中性花、雌雄同株、雌雄異株、單性花與兩性花共存等。
3. 萼片、花瓣、雄蕊組合數字：三出花或二數合花、三出花或三數合花，依此類推或多出花。
4. 子房的位置：子房上位花、子房周位花及子房下位花。
5. 萼的形狀：離萼、合萼、瓣狀萼、散萼、落萼、宿萼或副萼。
6. 花序的分布：無限花序、有限花序、密繖花序和團繖花序等。

四、臺灣植物現況

農委會林務局肩負森林的保護與經營，在此前提下林務局依據「文化資產保存法」於民國75年6月27日起，先後指定公告了淡水河紅樹林、關渡、坪林臺灣油杉、哈盆、插天山、鴛鴦湖、南澳闊葉樹林、苗栗三義火炎山、澎湖玄武岩、阿里山臺灣一葉蘭、出雲山、臺東紅葉村、臺東蘇鐵、高雄烏山頂泥火山、大武山、大武事業區臺灣穗花杉、挖子尾、烏石鼻海岸、墾丁高位珊瑚礁、九九峰等十九處自然保留區，並指定管理機關管理，以維護及管理臺灣具有代表性的生態體系、或具有獨特地形地質意義、或具有基因保存永久觀察、教育研究價值之區域。澎湖縣政府、屏東縣政府及臺北市政府亦分別依法指定「澎湖南海玄武岩自然保留區」、「旭海—觀音鼻自然保留區」及「北投石自然保留區」等三處自然保留區。

同時，「森林法」於民國93年增訂第十七之一條「為維護森林生態環境，保存生物多樣性，森林區域內，得設置自然保護區，並依其資源特性，管制人員及交通工具出入；其設置與廢止條件、管理經營方式及許可、管制事項之辦法由中央主管機關定之。」農委會據以訂定自然保護區設置管理辦法，並依法重新公告雪霸、甲仙四德化石、十八羅漢山、海岸山脈臺灣蘇鐵、關山臺灣海棗、大武臺灣油杉等六處自然保護區。各自然保護區現仍持續野外之調查工作，除實施經常性的生態資源調查及巡邏保護工作外，並收集各項基本生態資料等，同時針對瀕臨絕種或珍貴稀有種或具代表性之生物種實施監測計畫，設立有管理站及監測站；另應自然生態知識推廣之需求，亦於幾個自然保護區內或周邊區域設立教育解說展示館，更於其外圍辦理自然生態教育解說服務，以加強推廣生態保育之知識。（林務局自然保育網）

 ## 第三節　鳥類資源

鳥類是世界上最神奇的物種，許多種鳥類年復一年日復一日進行著周而復始的旅程，無論是跨越高山峻嶺，還是橫越深海大洋，數千公里的旅程不眠不休，耗費精力，就只為了追尋先人的足跡達到遷徙的目的。經歷艱辛的旅程，大自然的考驗，或人類所製造的危機，鳥類的許多行為至今仍有許多是人類無法理解或解釋的謎題。當然，也有更多的鳥類是生活在我們周遭，例如鴿子、麻雀等，吵雜喧鬧的鳴叫豐富了都會的聲音；而以鳥類作為寵物飼養的更是許多人休閒生活的一部分。

全世界已知的鳥類共有八千六百種，隸屬於二八目一三三科。而臺灣地區自從1856年開始研究鳥類迄今已有一百四十餘年之久，

目前臺灣鳥類的紀錄，若連亞種計算在內，共有四百三十種，在分類學上分別隸屬於一八目六八科，目前行政院農委會所列保育類鳥類計有八十四種。而金門地區的鳥類，有許多都是臺灣難以見到的鳥種，包括栗喉蜂虎、戴勝、鸕鷀、翡翠等。以下僅以臺灣鳥類的分布情形、遷徙的分類、鳥類的觀察，以及臺灣特有鳥類等四個部分加以描述：

一、臺灣鳥類的分布情形

鳥類的分布情形可依地理分布與生態分布來區分。地理分布常因高山、海洋及鳥類本身飛翔能力的影響，形成分布上的差異。最明顯的例子為白頭翁和烏頭翁這兩種鳥的形態、習性、活動、食性等均極相似，但卻各自侷限一方，從東部花蓮到南部楓港一線以東僅能發現烏頭翁，西部只能看到白頭翁。而生態分布方面，則以氣候、棲息環境及垂直分布來細分。就氣候而言，南部墾丁國家公園為典型熱帶氣候區，每年冬季北部地區有些鳥類集結於南部過冬，另有大批候鳥及過境鳥由此而過；臺灣中北部地區為亞熱帶地區，氣候比較溫暖，鳥的種類變化較少。就棲息環境而言，棲息環境的不同，鳥類的分布也受其影響。以山鳥為例，森林為其共同棲所，但其生態職位（Niche）、活動層次、覓食方式卻不盡相同，如啄花鳥科、山雀科及山椒鳥科等主要在森林上層部位覓食；白耳畫眉、繡眼畫眉等在森林的中層活動；藪鳥、小翼鶇等則在下層部位活動。由於層次的不同，每一種鳥都在森林的某區域，而不致產生衝突。

二、鳥類遷徙的分類

鳥類的遷徙自古以來即為鳥類學家深入研究，其原因如同美國生物學家庫爾所指出：鳥類的遷徙行為，不僅因食物的缺乏而遷

移，有時氣候之激變及光週期之變化亦為一大主因。鳥類對氣候之改變有所預知，而遷徙行為乃氣候轉變所驅策的鳥類行為。除上述所提溫度、氣候、食物或其他內外在環境因素的直接影響之外，專家們也一致認為此等習性乃長遠蓄積的遺傳背景所驅使。

　　鳥類的遷徙時期因種類而異，形態大的鳥類如雁、鴨、鶴及飛翔速度快的燕科，或強力的鷲鷹類皆在白天遷徙，其他大部分的鳥類，都在夜間才進行移棲，白天牠們會在安全的地帶休息或覓食。夜間移棲的鳥類，白天可以攝取充分的食物以增補體力，然而在濃霧之暗夜或降雨之夜裡，卻極容易迷路。從遷徙移動的情形及範圍來區別，大致可分為下列五種：

1. 留鳥：大部分的留鳥常因季節的變化，產生垂直高度分布之遷移行為，例如冬季時遷移至較低處，夏季時遷移至較高海拔的山區，即冬夏二季時替換棲息分布地區。

2. 夏候鳥：所謂夏候鳥，即夏季期間在臺灣繁殖或定期前來，秋季時即遷移到氣候較溫暖的南方並在該地過冬，翌年之春天又回歸臺灣。屬於這種常見的鳥類有大慈悲心鳥、褐鷹鴞及八色鳥等。這些鳥中大部分都喜歡飛渡到溫暖的地方，但也有少部分整年滯留臺灣。

3. 冬候鳥：此種鳥在大陸東北、西伯利亞等地繁殖，秋季時前來臺灣，並在此過冬，翌年春天再飛回原棲息地。此種鳥約占候鳥的三分之二。最長見的有虎鶇、黃鶺鴒、赤腹鶇、小水鴨及澤鳧等。

4. 過境鳥：此種鳥既不在臺灣繁殖也不在此過冬，而是鳥類在南遷北歸的旅途中，在臺灣借地暫歇，略作短暫停留而被發現的鳥類。這種情形常在春秋二季發生，以鷸科最多，另外常見的有大葦鶯、白腰雨燕、赤翡翠、灰面鷲和紅尾伯勞等。

5. 迷鳥：鳥類在遷徙的途中，常因暴風雨或其他原因而迷失了途

徑或方向。有些鳥依附在海中航行的船隻而運送到陸地。如前所述的冬候鳥、夏候鳥及過境鳥等，在不應該來的季節卻在臺灣發現，皆稱之為迷鳥。

三、鳥類的觀察

在野外對於鳥類的辨識，除了要有敏銳的視覺及聽覺外，更需注意到其他賞鳥設備的充實，包括望遠鏡、衣著、圖鑑、筆記、指南針等。如同從事動物的野外觀察一樣，人數、活動、衣著等都需要特別注意。關於鳥類的辨識方法如下：

1.大小及形狀：
  (1)發現一隻未看過的鳥類時，先以熟悉的鳥類大小，如麻雀、鴿子等鳥類的大小作比較。
  (2)鳥的體型為修長或圓胖。
  (3)鳥喙大小形狀為短粗或細長，為彎曲或下鉤。
  (4)尾羽長度為長或短，形狀為分叉、內凹、楔形、圓形或寬形。
  (5)翼形翅膀短粗或細長，飛行時平直或彎曲。

2.色彩及花樣：
  (1)鳥類頭部及臉，是否有線條穿過眼睛、頭冠；眼圈周圍是否有不同花色。
  (2)身體上部，如胸部的顏色是淡色或深色、斑點或條紋狀、一般花樣或其他特殊花樣。
  (3)體側的翼上是否有明顯花色、線條或其他圖案。
  (4)尾部顏色為淡色或深色，尾羽兩側是否有淡或深色條紋。
  (5)翅膀是否有明顯條紋或帶狀，翼羽顏色是否和背部有明顯差異。

金剛鸚鵡（macaw）是大型、色彩斑斕的美洲鸚鵡，為鸚鵡科當中的六個屬。其原生地位於森林，特別是墨西哥、中南美洲的雨林，因森林砍伐及鳥類貿易引起的非法捕捉活動正危害金剛鸚鵡的數目，大部分的野生金剛鸚鵡正瀕臨絕種。金剛鸚鵡為群體行動的鳥類，一群可高達三十隻，喜食果仁與果實，會用爪子抓食物吃，也會用鳥喙咬開堅硬的果殼，有高度的智力。野生金剛鸚鵡一般可活三、四十年，人工飼養更高壽，其性格相當忠誠，作寵物飼養者應將之視為終生承諾

3.行為：

(1)休憩的姿態為挺直、斜立或其他。

(2)尾部搖擺為圓形旋轉、上下或左右搖擺。

(3)攀樹行為如何，是如啄木鳥直行而上，或蠕行、或螺旋、或向下行走。

(4)飛行是直線飛行或波浪狀飛行，為邊發出聲音邊翱翔、或螺旋狀飛上空、或是否為盤旋。

(5)鳴聲：每一種鳥類皆有其特有的鳴聲，可依自己的記憶方式模仿並複習。

4.周圍環境如何：

(1)出現的地點是森林、草原、溪流或海邊。

(2)出現的時間是早晨、正午或傍晚。

(3)氣候的狀況如何。

四、特有種鳥類

臺灣的特有種鳥類計有十六種，其名稱如下：

1.雉科：帝雉、藍腹鷴、深山竹雞等。

2.鴉科：臺灣藍鵲。

3.山雀科：黃山雀。

4.畫眉科：紋翼畫眉、藪鳥、金翼白眉、白耳畫眉、冠羽畫眉等。

5.鶇科：小翼鶇、紫嘯鶇、白頭鶇、阿里山鴝等。

6.鶯科：火冠戴菊鳥。

7.鵯科：烏頭翁。

臺灣目前所劃設的野生動物保護區和野生動物重要棲息環境中，有許多是專門劃設為鳥類的保護區，例如曾文溪口北岸黑面琵鷺保護區、馬祖列島燕鷗保護區、蘭陽溪口水鳥保護區、臺北市雁鴨保護區、無尾港水鳥保護區、澎湖縣貓嶼海鳥保護區、雲林湖本八色鳥野生動物重要棲息環境等。其中最具代表性的為黑面琵鷺，臺灣曾是其由南北韓交界處往南飛過程中非常重要的棲地，然而由於早期並未特別保護，之前發生過黑面琵鷺被網子纏繞受傷，或是覓食到有毒的魚類而中毒死亡的案例，近年來在台江國家公園的努力下，推動當地漁民推動友善的漁法，保留黑面琵鷺友善的覓食環境，目前已得到一定的成效。

另外一個案例，是萬丹地區所推廣的老鷹紅豆。2012年10月，

屏科大鳥類生態研究室接獲通知有兩隻黑鳶死亡，經檢驗這兩隻老鷹的體內含有劇毒農藥「加保扶」。2013年進行田野調查時，發現在稻子收成轉種植紅豆播種之際，大量鳥類暴斃在紅豆田之中，究其原因是少數農民為了避免鳥害造成的農損，而使用加保扶拌稻穀製作毒餌，造成小型鳥類的大量死亡，這些小鳥的屍體被腐食性的老鷹撿食，導致老鷹也跟著中毒。後來在縣府、屏科大和臺灣猛禽研究會的努力，加上全聯福利中心企業的支持下，與當地農民以合作的方式，推動不用農藥的生產，推廣保育的概念。這個案例也帶動了許多國內友善耕作的做法。

其實臺灣的鳥類目前面臨最大的問題是外來種的衝擊，無論是食物來源、棲地環境都被外來種大量的占據；臺灣外來鳥種監測網即提供民眾相關的資訊以及遞送回報資料。根據該網站的資料顯示：目前以顏色來區分共有四十二種，其中有不少在都會中可以常見，例如家八哥、林八哥、野鴿、喜鵲、黑領椋鳥、葡萄胸椋鳥、白鳳頭鸚鵡，以及具最大危害性的埃及聖䴉。

第四節　臺灣生物多樣性資料庫與保育實例

一、生物多樣性資料庫

臺灣已經建置臺灣生物多樣性資訊網（TaiBIF）、臺灣物種名錄（TaiCOL）及臺灣生命大百科（TaiEOL），其中臺灣生物多樣性資訊網由科技部支持維運，各資料庫皆定期增修補充內容，推動跨部會生物多樣性資料的蒐集與整合，分別配合GBIF、Catalogue of Life及EOL進行國際交流與實質合作。

(一)臺灣物種名錄資料庫

物種數代表一個國家或地區生物多樣性豐富度的量化資料，建置物種名錄為推動生物多樣性保育工作的基礎。臺灣物種名錄（Catalogue of Life in Taiwan, TaiCOL）自2003年起正式對外公開，現由林務局與中央研究院共同支持，並由中央研究院數位文化中心營運管理。網站內容以物種名錄及專家名錄為主，包含分類階層、命名者及年代、引用文獻或標本紀錄，並標記CITES保育種、IUCN瀕危種、我國保育種、特有種、外來種及化石種等資訊。網站亦提供完整的網路查詢服務功能，如由學名、俗名或同物異名之字串查詢，或由分類樹狀名錄查詢；亦提供學名核對工具、名錄下載並支援合作網站之學名連結，以相互擷取物種相關資料。在本地分類學家的通力合作下，目前累計物種數已超過五萬九千種。相關資料亦同步公開於科技部建置之「臺灣生物多樣性入口網」TaiBIF（http://taibif.org.tw/），以達到推廣及資料庫整合運用目的。

(二)臺灣生命大百科資料庫

有鑑於國際對於生物多樣性保育意識的重視及鼓勵公民科學家的參與，「臺灣生命大百科」（Taiwan Encyclopedia of Life, TaiEOL）是自2012年起由林務局與中央研究院共同支持的公開網站，目前由中央研究院數位文化中心營運管理。透過專家學者與民間廣大的自然觀察愛好者一同努力，建立臺灣地區的生物圖文資訊整合平台。目的在將臺灣已知的生物以一物種一網頁的方式，將該物種的名錄、標本、照片、分布及中文解說資料等整合，免費並開放授權條款供各界使用，增進社會大眾對於臺灣生物多樣性的認知，促進生物多樣性研究、教育、保育及永續利用。臺灣生命大百科亦於2012年9月正式與生命大百科（EOL）簽訂合作備忘錄，正式成為EOL的全球合作夥伴之一。

　　臺灣生命大百科資料庫採用的是「臺灣物種名錄」之名錄，針對目前臺灣已知的物種，持續收錄物種解說資料及照（圖）片，以魚類、兩棲爬蟲類、鳥類、哺乳類、維管束植物資料的完整性較高。另為使社會大眾瞭解臺灣生命大百科之使用，鼓勵並推廣國內專家學者與民間愛好者共同協作分享生物多樣性相關資訊，每年不定期舉辦「臺灣生命大百科教育推廣暨交流工作坊」，介紹臺灣生命大百科計畫，以及利用公眾授權方式進行相關說明。同時邀請專家學者前來分享野外觀察心得、生態攝影與生物多樣性資料之建置經驗、大眾參與的協作案例，鼓勵更多公民科學家參與資料建置和共享資料庫。（林務局自然保育網）

二、臺灣物種保育實例

(一)臺南官田水雉復育，推動綠色保育標章

　　臺灣的水雉族群曾廣泛分布於全島平原濕地及水田，因環境開發、農藥毒害及獵捕等影響，水雉數量急遽下降，僅存於嘉南平原局部地區，民國78年公告為第二級保育類野生動物—珍貴稀有野生動物。惜於民國98年底爆發水雉誤食摻有農藥的稻穀死亡百餘隻事件，重挫了復育計畫。後續林務局特別邀請慈心有機農業發展基金會、水雉生態教育園區共商發展出兼顧生產和生態保育的行動方案——「農田生態保育營造—綠色保育標章認證」。由長期推動有機農業的慈心基金會和有心投入友善農法的官田農友簽訂「官田區水雉棲息合作協議」，輔導農民以不使用農藥和化肥，環境友善的農法耕作，並在每年的12至1月保留適當的水域，確保水雉冬季覓食的安全。如今，在水雉生態教育園區及臺南市野鳥學會的協力下，臺南地區的水雉族群已由民國98年的二百多隻成長六倍以上，達一千二百多隻。綠色保育標章認證制度目前已從臺南官田地區擴展

到全臺灣，民國106年通過認證的友善農地達三百八十五公頃，保育了超過三十八種保育類、指標性或紀念性的野生動物，參與友善農業的農友現陸續增加中，持續營造友善且多樣化的農業生產環境。

(二)鯨豚救援與保育

臺灣海域洋流交會資源豐沛，全球鯨豚約有八十種，超過三分之一的鯨豚都可以在臺灣海域見到，瑞氏海豚、長吻飛旋原海豚、熱帶斑海豚是最常見種類，偶有虎鯨、大翅鯨等大型鯨豚，也會洄游經過東部海域。然而鯨豚擱淺事件時有所聞，為保育鯨豚，林務局於民國85年成立「中華鯨豚擱淺處理組織網」，結合地方政府、海岸巡防署、消防局、中華民國搜救總隊、民間保育團體、學術研究單位、博物館及熱心志工等，有組織規劃地辦理鯨豚救援訓練，適時救助處理擱淺鯨豚，雖救援鯨豚多為已死亡個體，但仍成功協助少數鯨豚重返大海。

為改善鯨豚受到的壓力，中華鯨豚協會將與國外團隊合作研發低成本、有效避免鯨豚靠近的網具，未來可大幅降低鯨豚的誤捕率，同時推廣友善賞鯨概念。有鑑於鯨豚擱淺地點遍布全臺，為提升鯨豚擱淺搶救及處理的效率，林務局與中華鯨豚協會合作推出「鯨豚擱淺處理通報App」，只要發現鯨豚擱淺，便可即時的通報聯絡鯨豚擱淺處理小組，並提供初步判別的照片與精確的地理資訊，以利把握關鍵時間加速搶救及處理。

(三)海龜救援、放生與保育

全球有七種海龜，臺灣四面環海，海岸線約一千六百公里，有珊瑚礁、岩石與砂質海岸、河口、紅樹林等多樣性棲地，沿海近岸的大陸棚為重要漁場，更是海龜的重要棲息環境。臺灣常見的海龜有五種，分別為綠蠵龜、赤蠵龜、玳瑁、欖蠵龜及革龜，均為「野

生動物保育法」公告之瀕臨絕種保育類野生動物，其中僅綠蠵龜會上岸產卵。然而沿海也是人類與漁業活動最頻繁的地區，人為產生的廢棄物日益增加，加上漁船作業過程斷裂的網具、魚鉤等，皆容易讓海龜被網具纏繞、混獲（Bycatch）或誤食廢棄物，甚至被船隻撞擊受傷，生存遭受威脅。

　　林務局於民國102年與縣市政府、國立海洋生物博物館及國立臺灣海洋大學組成「海龜通報救援平台」，以南北分工方式進行海龜擱淺救傷處理及收容。近年更為提升海龜救援的存活率，與臺大動物醫院合作，提供X光、CT斷層掃描儀器與獸醫師專業協助，現活體擱淺或混獲海龜存活率已達大幅成長。

　　依照規定，當擱淺獲救的海龜復原後，須在獲救的縣市進行野放。近年來，研究單位協助政府，輔導宗教團體參與救傷復原後的動物放生，以落實生態智慧護生觀念，更在環境及經費許可下，進行人造衛星追蹤，瞭解海龜野放後的動態。（林務局自然保育網）

問題與討論

一、世界各地均有其當地特有的物種，請找出五大洲特殊的物種以及其棲地環境關係。

二、請觀賞國家地理頻道、動物星球頻道等任一相關生態主題，並提出心得感想。

三、臺灣近年對於公園綠地的改善已相對重視，請提出公園綠化所面臨的課題與解決之道。

四、請進入臺灣物種名錄網，說明臺灣物種的分布與現況。

五、請收集臺灣動物保育組織的相關資訊，並瞭解其宗旨與現況。

Chapter 10

東西方建築導覽技巧

☆ 本章綱要
  1.建築概論
  2.東方建築導覽
  3.西方建築導覽

☆ 本章重點
  1.概略介紹世界建築的發展
  2.探討影響聚落發展的因子
  3.概略介紹中國與日本的建築特色
  4.概略介紹西方建築文化資產及其特殊的建築特色

☆ 問題與討論

建築藝術是旅遊過程中，第一個對遊客造成視覺衝擊的文明產物。透過建築三度空間的展現，人們可以瞭解千年來人類文明的演進，而透過建築的結構與型式，也可以去發現或探討不同民族對於建築思考的模式。建築除受地理自然環境影響外，社會經濟條件、宗教傳統思想、殖民文化衝擊等，均決定了建築的發展與獨特性。本章分別探討建築概論、東方建築、西方建築；至於臺灣的建築等則於次章專章介紹。

 第一節　建築概論

人類的發展，從游牧、採摘一直到農業的興起，開始了定居的生活型態。為了要遮風避雨、躲避野獸的侵擾，開始有建築的樣式形成。當然最容易取得的材料就利用來建造遮蔽物，所以早期當然以樹木、大片的樹葉來構築，漸漸地開始會利用泥土、石頭或是樹木等，同時也開始使用工具來構築；因此一棟家屋興建了，接著聚集發展成聚落，更多則形成都市。目前為止，建築的功能已經不再純粹是以居住展演為主，其所呈現出來的會是一個都會的象徵，藝術美感的風格，甚或近年來全球在倡議的綠色建築環保材質等。

一、世界建築的發展

建築發展始於文明之初，隨著地域、種族、氣候、信仰、生活方式不同，逐漸發展出屬於文明的脈絡，然後透過戰爭、交流、傳播，形成各種建築特色。原始社會是人類社會發展的第一階段，原始人在與自然抗爭的過程中選擇了巢居或住在天然洞穴，而隨著工具發明與農業起源，開始了定居與村落的形成。

埃及古文明的建築開後世建築先河，不論是方尖碑、金字塔或是神殿，都創造了瑰麗
不朽的智慧遺產（圖為埃及卡奈克神廟之方尖碑及羅馬廣場方尖碑）

　　埃及文明在公元前近三千年的歷史裡，創造出金字塔、方尖
碑、神殿等巨型建築，方石、圓柱、軸線式設計的神殿建築開啟世
界建築的先河，緊接著地中海另一端的古希臘文明興起。

　　愛琴海是歐洲文明的起源，接下來的兩千多年，歐洲建築領導
了世界潮流，從古希臘、古羅馬，到基督教興起之後，基督教文明
主宰整個歐洲建築、繪畫、音樂藝術的發展，世界各大文明中，唯
獨歐洲建築具有清楚的發展脈絡，古典時期、拜占庭時期、仿羅馬
式、哥德式、文藝復興式、巴洛克式、洛可可式、古典主義、歷史
主義、新藝術、當代建築……每個時期的風格形式都有一套清楚完
整的論述。16世紀之後，隨著地理大發現，帝國殖民主義興起，歐
洲文明所主導的風格傳遍全球，成為世界建築的主流。

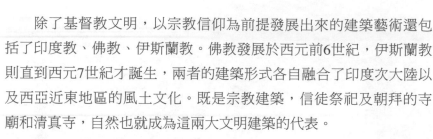

除了基督教文明，以宗教信仰為前提發展出來的建築藝術還包括了印度教、佛教、伊斯蘭教。佛教發展於西元前6世紀，伊斯蘭教則直到西元7世紀才誕生，兩者的建築形式各自融合了印度次大陸以及西亞近東地區的風土文化。既是宗教建築，信徒祭祀及朝拜的寺廟和清真寺，自然也就成為這兩大文明建築的代表。

中國建築在世界建築藝術中自成一格，以木構框架為主要承重體系，屋頂形式複雜多變，不強調突出單體，而以建築的排列組合、實體和空間相互搭配取勝，不求高聳，而是橫向層層向外開展。日本建築承襲自中國，同樣屬於整個東方建築藝術體系。

美洲建築也是獨自發展，和埃及不約而同都產生了金字塔形狀的建築，只是一個是皇室的陵墓，一個則主要作為宗教獻祭之用，金字塔頂端還蓋了神廟。

二、聚落發展的影響因素

聚落是人類生活表現的場所，聚落的位置是形成聚落分布現象的主因，亦即聚落位置所處條件的差異與變化，可以產生分布的各種特性。聚落地理位置的選擇深受地理條件影響，尤其是地形、氣候、水利等，例如早期聚落多喜歡挑選容易得到水，且少災害、風勢不強、日照較多等條件的地點，一般觀光旅遊時可以用小地形與微氣候的角度觀察。不過聚落的位置不僅包括自然的意義，也兼具了社會經濟背景的人文條件，茲將影響聚落之自然環境與社會環境分述於後。

(一)自然環境

人類生存於不同的空間，對自然環境的依賴與適應程度會因地制宜，因此各地的不同聚落也會因環境而異，主要包括：(1)氣候：

日射與日照、氣溫、降雨量、風等因素；(2)地形：會因交通是否便捷、取水是否方便及安全問題等，發展出不同形式的聚落。例如防禦性城寨聚落、丘陵地區聚落、平原聚落、谷口與山口聚落、宗教聚落、礦業聚落、河口聚落、沿岸聚落、綠洲聚落等。

(二)社會經濟環境

社會經濟環境受到經濟條件、交通路線、軍政需要、宗教活動等因素所影響，其中以宗教活動的影響最為明顯。

三、影響建築構建的環境因子

建築之始，產生於人類為求遮蔽風雨、寒冷、燠熱的棲息之所，因此古代各原始建築，不論埃及、巴比倫、美洲及中國各地，均依各自的環境條件築構房舍，以適應當時生活需要。一地之房屋構築與當地之氣候、物產材料之供給、該地之風俗、思想制度、政治經濟等有關，更隨其當代之藝文、技巧、知識發明而改變。

(一)建築材料

走入一個地區觀光，常可發現同一地區的房屋格式和內部構造皆相似，這可顯示出當地之特有風格，除緣於風土民情外，還受建築材料係就地取材，致建築樣式常隨各地域自然環境之不同而產生差異。如極地氣候區多冰屋、熱帶氣候區多草屋、溫帶氣候區多磚屋、高緯森林區多木屋、環地中海區多石屋、山地丘陵區多石屋、乾燥地區多獸皮屋。早期建物受上述原因影響較為顯著，近期因科技進步、交通發達，且近代建材以鋼筋、混凝土為材料，區域特徵較不明顯。

(二)房屋型態

房屋的形狀各地都不太一樣，針對土地的自然條件，設計出最適合居住的房子，因此房屋的形狀千變萬化，茲以雨量、溫度、建材之差異分別加以說明：

1. 雨量：房屋外表係由屋頂、牆壁、門窗所構成。一般而言，濕潤氣候區屋頂多採傾斜式，乾燥地區多用平頂。
2. 溫度：在氣溫高、濕度大，又有野獸侵襲的危險地帶，人們會把地板架高，蓋在樹上或水上；在寒冷地方的房子，通常窗戶會用兩層或三層以防風寒，也可見到大暖爐和壁爐。
3. 建材：房屋之建材亦影響房屋型式，如地中海東南部之圓屋頂，大多使用石材；尤其是義大利和希臘有許多大理石，所以自古即用石頭來建造房屋及神殿等；中國使用木材，大多為棟樑屋頂；方錐狀屋頂見於帳篷，至於磚土屋盛行於埃及與撒哈拉地區，因為高地無森林，僅能燒土成磚，且磚土房不怕雨又不怕熱，比木屋還堅固。

 ## 第二節　東方建築導覽

一、中國建築

中國（傳統）建築一般指漢式建築，以斗拱和屋簷為最大特點，再配以歷史人文風情濃厚的園林、庭院，展現文人雅士的品味。中國由於幅員遼闊，氣候、人文、地質等條件各不相同，形成了各具特色的建築風格，例如南方的干欄式建築、西北的窯洞建築、遊牧民族的氈包建築、北方的四合院建築等等。也由於具有悠

中國的木構建築

中國宮殿上的脊飾

中國宮殿上的簷飾有其數量的規定

久的歷史發展，再加上古代建築大多為土木結構建築，難以長時間保存，相當的可惜。本單元主要介紹中國各式建築的概述，至於各式建築型態的代表建築可以直接上網搜尋。

(一)中國的木構建築

中國的傳統建築以木結構為主，以特殊的框架，以及斗拱卡榫的接合方式構築出建築的特色，以早期作為祭典儀式之處的壇與廟最具代表性。壇與廟在建築的形式上不同，壇是露祭之所，儀式是在露天舉行，平地上建平面圓形或方形的平台，稱為壇；廟祭的場所在室內，有房屋建築，稱之為廟。

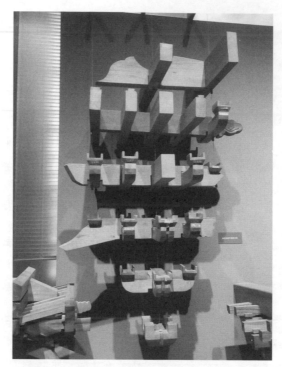

中國傳統木結構卡榫的方式構築

(二)中國的佛教建築——石窟

石窟寺是佛教建築的一種，在河畔山崖開鑿而成，許多石窟寺洞密集，而有千佛洞之稱。中國石窟的開鑿約始於西元3世紀，盛於第5至第8世紀，最晚則為16世紀。石窟所呈現的摩崖造像（以石刻為主要內容的佛教造像）、雕塑、壁畫等等，不僅可瞭解佛教東傳的歷史軌跡，更是建築藝術史上無價的瑰寶。

(三)中國的園林建築

中國園林大約可追溯到三千年以前，開始於封建社會經濟已相當發達的殷商時期，由於園林藝術是高度發展的藝術，所以只有當

社會發展到一定階段時，才會產生供人遊憩享受的園林。

　　基本上中國的園林大致可分北方園林（皇家園林）與江南園林
（私家園林）兩種。皇家園林面積較江南園林大，是以真山真水，
崇樓偉閣創造開闊和宏麗的景觀，且集中於北京，最具代表性的有
避暑山莊、頤和園等；江南私家園林則是在有限的土地上，用人工
營造出山水的真意，造園者每每掏空心思，含蓄地去創造園林藝術
的意境。

左圖為拙政園，始建於明朝正德年間，為蘇州園林的代表，1997年與其它數座園林一同被聯合國教科文組
織列為世界文化遺產。右圖為南園，是一場由建築名教授漢寶德建築師與園主人王惕吾的惜才之遇，造就
而成的一座結合江南庭園、傳統中國及在地閩式建築特色的獨特園林，幽谷隱匿，仿如仙台樓閣

(四)中國的特色建築

　　中國幅員廣大，建築的樣式除受自然環境因素及材料限制外，
許多地方的建築也因風土民情、傳統思想或宗教影響而呈現不同的
風貌，也由於部分城市在近代史上曾經淪為其他國家的殖民地，在
建築風格上融合有歐洲的風貌。

■黃土高原西北建築──窯洞

窯洞，也作窰洞，主要特點是頂上覆土，內部下面方型上面拱型（應「天圓地方」之說），多數後面比前面稍窄，呈喇叭形，是中國西北黃土高原上居民的古老居住形式，歷史可追溯到四千多年前。窯洞廣泛分布於黃土高原的山西、陝西、河南、河北、內蒙古、甘肅等等。

■徽派建築

徽派民居是指古徽州地區的民宅，主要位於皖南贛東北的山區、丘陵之中，由於地形高低不一，因此民居建築常沿著地面等高線排列在山腰、山腳、山麓，村鎮隨著地形和道路發展，形狀並不規則。徽派建築特色為民居四周均有高牆圍起，並加築防火牆。

■土樓

福建土樓包括閩南土樓和一部分客家土樓，主要分布地區以中國福建西南山區，客家人和閩南人聚居的福建、江西、廣東三省交界地帶，通常是閩西南獨有，以土、木、石、竹為主要建築材料，利用不加工的生土，夯築承重生土牆壁所構成的群居和防衛合一的大型樓房。福建土樓是世界大型民居形式，產生於宋、元，成熟於明末、清代和民國時期，被稱為中國傳統民居的瑰寶。

■哈爾濱建築

哈爾濱的地方文化以漢文化為基礎，融合了滿文化及俄羅斯文化、猶太文化，是較早國際化和多元化的城市，其城市建築尤其別具風韻，被譽為「東方小巴黎」，是中國最美麗的城市之一，以深受俄羅斯和歐洲風格影響的建築及街市景觀聞名遐邇。

(五)中國少數民族建築

中國有五十六個民族，除漢族外，分布以西南地區最多，尤其

雲南省即擁有將近一半的少數民族。少數民族的聚落或建築,主要係受到地形、氣候、水文、材料、生活方式等因素影響,以下為西南地區、蒙古、新疆、西藏等特色民族建築的介紹。

■ **西南地區建築**

1. 白族——大理古城:典型的白族民居一般為「三房一照壁」、「四合五天井」。

2. 傣族——傣家竹樓:雲南西雙版納地區的傣族,由於盛產竹子,日常生活皆與竹產生密切關係。傣家竹樓造型屬干欄式建築,高腳是為防止地面的潮氣。

3. 納西族——麗江古城:納西民居多為土木結構,常見的形式有三坊一照壁、四合五天井、前後院、一進兩院等幾種形式。

4. 貴州少數民族:

   (1) 苗族吊腳樓依山而建,前半邊以木柱支撐,後半邊靠岩著地,樓屋用當地盛產的木材建成。木樓一般分為三層,上層儲穀,中層住人,下層圍棚立圈,堆放雜物和關牲畜。

   (2) 侗家房族特有的建築物:侗寨的鼓樓、花橋都是公共建築。鼓樓是侗家房族的標誌,為杉木建造的塔形建築物,底為四方形,上面為多角形,樓層均為單數。(求真百科,2020)

■ **蒙古包**

蒙古人營造洞室,經常會沿洞壁用木頭、石頭砌到洞沿,上面搭一些橫木封頂就成了洞室,洞頂留口,供人出入及走煙、出氣、採光、通風之用,後來發展成了蒙古包的門和天窗。蒙古包適合蒙古高原的自然環境,頂上圓中有尖,沒有菱角,光滑溜圓,呈流線型形狀,中間寬大渾圓,下面可以算作「准圓」。這種形式的特點,使草原上的沙暴和風雪,受到蒙古包的緩衝後,會在後面適當

的距離，形成一個新月形的緩坡堆積下來。

■ 西藏建築

藏族居住在雪域高原，氣候寒冷、乾燥、風沙大，為了保暖避風沙，住宅地一般選擇在背風向陽處，藏族屋子一般選擇在離耕地較近且靠近水源、溫暖向陽、不易遭受洪水災害之地。建材利用雪域高原的土、木、石料，建造經濟堅固、實用美觀的住宅。藏族的住宅，根據各地的自然條件、地形氣候、建築用料、經濟財力、社會地位等種種因素，決定著各地住宅的不同種類。

二、日本建築

日本人非常專精於處理建築空間的不對稱性，以及建築物與自然之間的適當關係，這樣的建築特色，可在工整與自由的對照中發現。最古老的皇城因受中國的影響，形成工整的格子狀，但城堡內部或其周邊的小鎮，在外來的影響消退之後，卻呈現出有機的發展方式，在神社或住宅，當受到重視的主體部分完成後，日本人天性中不拘謹和刻意簡潔的偏好，會在其他部分展現出它的多種面貌。（廣雅堂編輯部，1992）

(一)日式建築的發展特色

日本建築有著十分久遠的歷史，最早大量受中國建築影響，隨後漸漸發展出日本的獨特風格。日本並沒有任何史前建築的實體遺跡存在，《古事記》、《日本書紀》等古老文獻也沒有與建築有關的明確記載。考古的挖掘和研究工作結果顯示，當時的房子有著樹葉或泥土製成的屋頂，由中國傳來的稻米耕作讓居住社群的規模增加，而統治者家族住宅、稻米倉庫等大型的建築也在青森縣三內丸山遺跡（2世紀前）或佐賀縣吉野里遺跡（3世紀前）被發現。

日本古代建築的發展，若以佛教建築傳入日本的飛鳥時代算起，已歷經一千多年的歷程，其間的發展和演變充滿生氣和特色，被劃分為三個階段（553至1183年）：

1. 飛鳥時代：是日本建築真正成體系發展的開始，這一時期的建築現今雖已不存在，但所謂的飛鳥樣式建築卻有留存，是世界上現存最古老的木構建築——法隆寺。

2. 平安時代：是日本建築史上最具特色的時期之一，在8世紀後期至12世紀的四個世紀中，日本建築發展經歷了一個重要的演變時期，由唐風轉向和風，或說是唐代建築的日本化。

3. 奈良時代：是日本古典建築的黃金時期，這一時期佛教寺院建築尤其興盛，其建築奠定了日本所謂和式建築體系的基礎。這一時期的寺院木構建築擁有相當數量，留存至今，著名的代表有東大寺、西大寺、藥師寺、元興寺、興福寺、大安寺及唐招提寺。

(二)日本庭園

日本庭園（にほんていえん）是指日本傳統的庭園，又稱「和風庭園」。早期的日本人極為崇拜環境的現象（陽光、雨、海、土地、石頭、山），後期則注重自然的過程和形態。基本上，日本庭園深受宗教思想（佛教、道教）、象徵主義及中國庭園的影響，隨後也發展出屬於日本民族個性的庭園特色。日本庭園的特色包括：融合中國庭園理念加以改造，具象徵意義與清新寧靜之特質，以寫意的手法造景或以迴遊式手法（利用遊湖的路線進行設計）造景等等，一般有三種形式：（賈子慶，2009）

1. 平庭：一般在平坦的園地上表現出一個山谷地帶或原野的風景，用各種岩石、植物、石燈和溪流配置在一起，組成各種自

然景色。

2.築山庭：需要有較大的規模表現開闊的河山，常利用自然地形加以人工美化，達到幽深豐富的景致。

3.茶庭：茶庭是15世紀出現的一種小庭，面積很小，可設在築山庭和平庭之中，四周由竹籬圍起，有庭門通入其中，最主要的是茶議室，庭中植以常綠樹，忌用花木。步石是茶庭的特色，其布局變化無窮。茶庭有如我國園中之園，但空間的變化不如中國園林那樣層次豐富。

日本的庭園，自古以來歷奈良、平安至鎌倉朝代，皆以池泉庭園為主流，室町末期出現劃時代的改革——枯山水庭園。枯山水的發源，早在平安朝時代，臻於圓熟之境則在室町末期的東山時代。當時足利氏深受禪宗文化的影響，每好蒐集趣味枯淡的北宗畫。因

枯山水依字面上的意思為「乾枯的景觀」、「乾枯的山與水」，指的是枯山水中並沒有水景。其中的「水」通常由砂石表現，在沙子的表面畫上紋路來表現水的流動，而「山」則用石塊表現

足利氏在政壇的地位及影響力之大，上行下效，當時的日本畫家如周文、雲舟、如拙等，莫不以北宗水墨為主，而風會所趨，這種枯淡雄勁的藝術嗜好，遂成為社會一般的風尚。以池泉構成為原則的庭園設計，自然也受到時代潮流的影響，而有枯山水庭園的產生。

三、東南亞建築

東南亞地區由於早期受到中國傳統文化的影響，後來又受到歐洲國家殖民的影響。東南亞的建築風格除受自然環境因子影響，宗教與殖民文化的影響也很大。早期傳統部落中，無論是中南半島或印尼等地，因處熱帶，氣候濕熱，傳統建築在風格上與中國西南民族有相似之處，均採干欄式高角樓建築。在現代的都市中，越南建築受法國影響、印尼建築受荷蘭影響，新加坡則因各式人種匯集，建築呈現多樣風貌。（戴月芳主編，1991）

 ## 第三節　西方建築導覽

西方文明除了源於希臘、羅馬文明外，由於地緣關係，埃及與波斯文化的發展通常也被歸納在一起。同時，西方文明的發展更受到宗教的影響。基督教文化呈現在生活的各個層面，尤其是建築藝術上。以公共建築而言，教堂、聚會所、博物館、廣場、劇院等，無論是外觀、雕飾或藝術創作等等，皆與宗教密不可分。

一、西方歷史瑰寶──古代經典建築

在人類文明化歷史中，建築本身對於文明的發展和社會形態的形成有著相當直接的反映與影響，不管是不是尋根探源，這些中古

世紀的歷史瑰寶（如古埃及、古希臘、古羅馬等時期的建築）一直是觀光活動中，引人注目之所在。

(一)古埃及建築

　　古埃及建築是指古埃及時期尼羅河一帶具有文明影響力，組織結構多元化的建築風格。古埃及的建築藝術在埃及文明中，稱得上是最具代表性的文化資產，不管是巍峨壯麗的金字塔或神廟，抑或是象徵帝王冥世的帝王之谷，三千餘年來，沒有任何一個文明可與之相比。

　　埃及的建築凝結了美與雄壯、氣魄兩種精神，其中有部分建築遺址被完整的保存了下來，較知名的有吉薩金字塔群、獅身人面像、阿布辛拜勒神廟和卡奈克神廟等。古埃及建築中莊嚴、凝重與簡潔的獨特藝術造型，對以後的希臘乃至全世界的建築，都產生了深遠的影響。（吳玉成譯，1996）

(二)古希臘建築

　　最早的希臘神殿是木造或磚造，原因是當時社會貧窮，而當大理石成為神殿的正統建築材料後，其建築形式仍和使用木材的時期無異，殿宇的長方形本體、圓形柱體、主桁之欐眉，桁端紋飾、人字屋頂，都遵守木造建築時之原始形式。希臘建築發展三種柱飾：多利克式、愛奧尼式，以及第4世紀的科林斯式，神殿的內部是保留給神及其輔佐者使用，所有的崇拜都在殿外實施，這三種柱式使得整體建築外觀更美觀動人。（見**圖**10-1）

1.多利克式：所謂多利克式，其名稱起源從希臘三大部族之一的多利亞式族而來。他們的建築呈現「柱粗頭扁，凝重厚穩」，與其英勇慓悍的民族性有關。多利克式的柱形分兩種：第一種形式的柱子細而高，輪廓線是直的，能給人輕快優雅之感；第

圖10-1　希臘建築的三種柱飾：多利克式、愛奧尼式與科林斯式

　　二種形式的柱子是短而下粗上細，能給人雄渾壯麗之感。

2.愛奧尼式：所謂愛奧尼式，其名稱的起源是從愛奧尼亞族而
　來。愛奧尼亞族性情高尚、文雅，富於藝術天才，以「雕琢繁
　縟，華美輕盈」為其特色。愛奧尼式建築的演變經過相當複
　雜，最初是模仿埃及等亞非古國的樣式，後逐漸改造成愛奧尼
　式。愛奧尼式的神殿建築台基比多利克式的略高，巍峨壯麗的
　石柱是最能代表愛奧尼式建築的特徵。

3.科林斯式：「幾何渦捲、纖巧華麗」。據一般西洋建築史家推
　測，可能是青銅雕刻家卡利馬可斯所發明，才被定名為「科林
　斯式」。科林斯式的建築跟愛奧尼式一樣，石柱也是建在特定
　基石上；所不同的是科林斯式石柱比愛奧尼式更華麗，柱高和
　柱身直徑的比例是十比一。科林斯式柱子最大的特徵是柱子上
　面的柱頭有一個鐘狀的四方形，下面有四個飛出的渦捲，每個
　渦捲各占一個角。

(三)古羅馬建築

　　羅馬對遺址進行的發掘和保護可說是不遺餘力，其建築表現出羅馬人堅實精神與帝國的雄偉氣魄。羅馬相傳遠在西元前1500年便有人定居，古城建在七個著名的山丘上，台伯河流經其間，西元前753年由羅慕洛建立古城，312年建築了埋在地底下的第一座水道，並闢建第一條連結義大利中部和南部的阿比亞古道，逐漸形成都市的雛形。羅馬建築普遍使用大理石，凸顯龐大和炫耀的建築結構，同時將對拱原理發揮得淋漓盡致，許許多多有名的教堂，利用一系列拱門承載耐震，並加大跨距和拉高樓高，宏偉流暢，令人歎為觀止，而曲線穹狀圓頂及瘦骨嶙峋、高聳入雲的飛扶壁，讓許多教堂內部莊嚴肅穆、外形崇高偉大，自然流露，突顯土木之美。羅馬式建築物都是拱門圓

圖為羅馬許願池噴池、巴黎聖母院及羅馬萬神殿，其中巴黎聖母院典型的飛扶壁現已不復再見

頂，宏偉堅固又很美觀，顯示帝國的力量與莊嚴。

　　古羅馬人對都市規劃的用心早現端倪，西元前144年便引進外地水源，供應羅馬城內的用水，由水道橋的遺跡尚留人間可見一斑；一系列的建設，實已完成都市的藍圖。而許多著名的建築，如西斯汀禮拜堂、梵蒂岡博物館、聖彼得大教堂及大廣場、千泉宮（紅衣主教別墅）、萬神殿、許願池及西班牙臺階、競技場、忠烈祠、君士坦丁堡、凱旋門、古羅馬市集等，可謂各具特色。

二、西方的建築風格

　　18世紀歐洲掀起考古熱潮，揭開西方建築古典主義源頭的奧秘，許多考古探險隊深入當時仍在陌生文化統治下的希臘，進行古蹟測繪，並將資料編印出版，提供西方世界重新認識希臘建築，也帶動當時歐洲的希臘建築樣式的復古風潮，甚至遠在大西洋彼岸的美國在獨立後大力興建華盛頓特區政府機關時，包括國會與白宮也都是運用希臘建築復古的樣式，象徵美國邁向民主時代的發展。（吳謹嫣譯，2000）關於希臘建築的特色請詳前述，以下僅就最具歷史意義的建築進行介紹。

(一)哥德式建築

　　哥德式建築是11世紀下半葉起源於法國，13至15世紀流行於歐洲的一種建築風格，融合了希臘、羅馬、拜占庭、基督教等藝術，配合各民族的特性為基礎演變而來的一種建築特色，是歐洲封建城市經濟為主導地位時期的建築。

　　哥德式建築主要的典型特色有尖拱門、稜筋的穹隆、飛扶壁及彩色玻璃窗。其結構體系由石頭的骨架券和飛扶壁組成，在外觀上呈現瘦高的骨架，通常可見高高的尖塔、頂部成尖形的拱門，以及

哥德式建築主要的特色是尖拱門、稜筋的穹窿、飛扶壁及彩色玻璃窗，圖為米蘭大教堂及聖母百花教堂

布滿繁複雕刻的牆面；為了保持高挑的身材，牆壁不能太厚，於是出現大片大片的玻璃窗，由於主體建築支撐的力量有限，於是在牆壁外側發展出扶壁（Buttress）和飛扶壁（Flying Buttress），以加強橫向支撐的力量，米蘭大教堂、義大利佛羅倫斯的聖母百花教堂便為典型的哥德式建築。

(二)巴洛克式建築

西方都市的建築發展由巴洛克時期開始，當時最醒目的建築物是教堂與宮殿。建築師認為建築物是根據許多要求塑造成型的一個獨立的總體，所以巴洛克建築通常看來就像一尊大型雕塑。文藝復興時期的建築，共同特點是正方形、圓形和十字形；而巴洛克建築的典型特徵是橢圓形、橄欖形，以及從複雜的幾何圖形中變化而來

的更為複雜的圖形。用規則的波浪狀曲線和反曲線的形式賦予建築元素以動感的理念，是所有巴洛克藝術中最重要的特徵。

　　文藝復興時期建築是以簡單的、基本的比例和相互關係為基礎，巴洛克建築則不再崇尚那種含蓄的邏輯性，而是追求令人感到意外的、如戲劇般的效果。如米開朗基羅助手維紐拉和戴拉‧伯達在1568至1584年間完成的羅馬耶穌教堂，它被公認為是從樣式主義轉向巴洛克的代表作。巴洛克式建築以華麗、動感打造戲劇般的效果，表見出絕對的高貴與權力；因此文藝復興時期過後，許多建築為表示其華麗與權力性，都採用巴洛克式建築方式，造成許多富豪望族、地方士紳及市府建築都爭相模仿巴洛克式建築。（蔡毓芬譯，2000）

(三)洛可可式建築

　　法國巴洛克建築的最後階段，被稱為洛可可式建築，發端於路易十四（1643-1715）時代晚期，流行於路易十五（1715-1774）時代，風格纖巧，又稱路易十五式。相較於前期的巴洛克與後期的新古典，洛可可反映出當時的社會享樂、奢華及愛慾交織的風氣。這種風格第一次出現在古典主義者孟沙為路易十四所進行的設計中，隨後1699年勒波特將阿拉伯圖飾，應用到國王在馬爾利住宅的鏡框和門框上，這種風格便正式形成。

三、世界其他地區的建築

(一)俄式建築

　　莫斯科之美，可以傳統的建築藝術為主，影響這些建築最為重要的莫過於兩件大事：一是希臘正教的傳入、一是共產黨的治國。融合希臘正教和傳統民間習俗的東正教，左右了俄羅斯人民的一

切，東正教教堂成為俄羅斯最重要的文化財產，最有名的便是各地的「聖母升天大教堂」。其中以位在札格爾斯克的教堂為最大，莫斯科克里姆林宮裡的教堂為次。

(二)愛斯基摩冰屋

愛斯基摩人的冰屋是利用暖空氣不下溢的原理來保持室溫，度過寒冬。常年住在雪屋的極地愛斯基摩人，由於沒有木材、泥土、草及板子，他們只能就地取材，用雪塊建造房屋。建造圓頂雪屋需要一定的技術，必須求力學上的穩定，外形要求也頗為嚴格。建造雪屋所用的雪塊質地要均勻、軟硬度要合適，先用工具探試雪層中有無冰層和空氣，最合適的是選用風吹積而成的雪塊。雪塊的大小視雪屋大小而定，屋子愈大雪塊切得愈大。（中國科普博覽，2009）

(三)美國著名建築

■自由女神

紐約市是美國的商業金融中心，也是美國最大的城市，更是每個來美國的觀光客心目中的主要地點。自由女神是法國於1886年贈送給美國，不僅是紐約的象徵，同時也是美國及自由世界的象徵。自由神像重四十五萬磅、高四十六公尺、底座高四十五公尺，是當時世界上最高的紀念性建築，全名為「自由女神銅像國家紀念碑」，正式名稱是「照耀世界的自由女神」，整座銅像以一百二十萬噸鋼鐵為骨架、八十萬噸銅片為外皮、三十萬尺鐵釘裝配固定在支架上，整體設計由建築師約維雷勃杜克，和以建造巴黎艾菲爾鐵塔聞名世界的法國工程師艾菲爾設計製作的。

■白宮

白宮是在1792年由美國第一任總統華盛頓決定地點，公開招募

設計，由出生愛爾蘭的詹姆士・霍班的設計圖獲得採納，名稱則來自1814年美國對英國戰爭時，將英軍燒焚的宮邸未燒毀的部分，在外壁上塗以白漆而得名。一般對參觀者公開的部分，唯有一樓的東側，觀光客由東側的East Ex-ecutive Ave.進入，西側的總統辦公室及二、三樓的總統家族住所均不能參觀。可供參觀的部分有：

1. 東房：白宮最大的房間，以白色及金色為基色調，為氣氛莊嚴的沙龍，是總統接見一般人及舞會的場所。
2. 綠房：依據壁紙的顏色而命名，是間氣氛高雅的房間，供招待賓客之用。
3. 藍房：白宮建築中最為珍奇的部分，是間呈橢圓形的優雅房間，供招待賓客之用，壁上則懸掛著建國初期八位總統的肖像畫。
4. 紅房：布置成19世紀的客廳，受歷代第一夫人所喜愛。
5. 餐室：白宮的第二大房間，供作正式的午餐及晚餐會之用，一次可坐一百四十人一起用餐，暖爐上有林肯總統的畫像。

■金門大橋

金門大橋坐落於舊金山的北邊，連接舊金山與馬林郡（Marin County）。在大霧、強風、岩石和巨浪包圍下，建造大橋曾被認為是不可能的任務，現在這座紅色大橋橫跨青山碧水間，不僅是舊金山的代表建築，也成為全球觀光客的觀光景點之一。舊金山是世界第二長單孔橋，是由Strauss Josephs B.所設計，於1870年建造，1937年完工，造價約三千三百萬美元，不僅能承受二十一英尺（水平）及十英尺（垂直）幅度的晃動，亦能在一口氣承載滿滿六線道車道的各式大小車輛，以及站滿行人步道的人群之後屹立於狂風而不搖。金門大橋主要為大眾交通運輸、渡口及公車等服務，以減少交通堵塞，除了是舊金山主要觀光景點外，亦是舊金山的主要幹道。

金門大橋除了是舊金山主要觀光景點外，亦是舊金山的主要幹道

(四)中南美洲文明遺址

三千年前，秘魯中部安地斯山區出現了查文文化（Chavin Culture），為前哥倫布時期秘魯高度發展的早期文化，也是秘魯日後其他文化的基礎，所衍生的文化均使用大石建築，製造精美的金器，亦不約而同崇拜美洲虎。在秘魯和玻利維亞邊境、的的喀喀湖（Lago Titicaca）的附近，約在公元5至10世紀出現了蒂瓦納庫帝國（Tiwanaku，舊寫Tiahuanaco），對以後的印加文明（Inca）有很大影響。同一時間，秘魯北部和南部分別出現了莫奇卡文明（Mochica）和納斯卡文明（Nazca）。莫奇卡人建有金字塔，陶器製造技術發達；納斯卡人則有擅長保存物品的技術，他們的印染紡織品很優秀，染料能保持千年不退，但更有名的是他們的祖先在地上遺下的巨型線條圖案（Nazca Lines）。

南美洲古印第安文明中的奇穆文化約存在於11至15世紀間，分布在秘魯北部廣大地區，擁有大規模的灌溉網，農業生產發達，奇

穆帝國的都城昌昌古城，遺址位於今秘魯的特魯希略城附近，在哥倫布之前時期堪稱美洲建築傑作，可惜是一座完完全全的土建築，大自然的侵蝕，再加上後世盜寶者的破壞，這座歷史名城的存在岌岌可危。昌昌古城遺址於1986年被列入世界遺產名錄。

　　昌昌（Chan Chan）古城是位於秘魯北部省份拉利伯塔德大區的一個考古遺址。昌昌為奇穆王國的首都，是前哥倫布時期南美洲最大的城市，覆蓋的面積約有二十平方公里，城堡內劃分為九個宮殿，顯示出政治和社會方面嚴格的等級制度。昌昌，奇穆語為「太陽」，城址分為十座自成一體的「城堡」，布局反映一種嚴謹的政治、社會觀念。昌昌城址占地廣闊，占地約三十六平方公里，中心地帶六‧五平方公里，包括十個長方形的城堡。每個城堡平均長約四百公尺、寬約二百公尺，四周有高九至十二公尺的圍牆，牆基厚約三公尺。城堡北面有一狹小入口，堡內以高牆分為北、中、南三部分：北部入口處為一略呈方形的大院，兩側是廚房和一些小院落，南側有許多土坏房屋，有的牆上有淺浮雕的鳥、魚、漩渦紋、格子紋等圖案；中部近入口處為一小院，周圍有些小院落和小房間，及一個巨大的陵墓；南部主要是蓄水池。這些城堡應為統治者及其隨從的生活區，一般居民住在城堡之外。（維基百科，2020）

　　墨西哥和中美洲古文明（大約三千至四千五百年前）有奧爾梅克（Olmec）文明以及後來出現的，奧爾梅克文明為目前已知的最古老的美洲文明之一，另外尚有最為人所熟悉的馬雅（Maya）文明。馬雅文明約在公元前500年開始出現，公元100至900年間為馬雅文明的黃金期，文明版圖含括今日的墨西哥東部和中美洲地區。馬雅人在天文、曆法、數學、藝術等多方面都有著高度的文明，後來被歐洲人譽為「美洲的希臘」。墨西哥中部則在與馬雅文明同期出現了薩波特克（Zapotec）文明，之後則在公元前100年左右於墨西哥城北面出現了迪奧狄華肯（Teotihuacan）文明，惜在公元7世紀前後他們

卻不知何故突然消失了，留下今日宏偉的城市建築遺跡。在521年西班牙人征服墨西哥前約三百年間，阿茲特克（Aztec）帝國統治著墨西哥中部和北部地區，他們自稱為Mexica，即今日墨西哥的前身。

問題與討論

一、試著以影響建築的因素探討臺灣各地建築型態與風格。

二、請比較中國南方與北方庭園建築的差異性。

三、埃及與中南美洲都有金字塔建築，請比較兩者間的不同。

四、在西方的世界文化遺產中有各式建築型態，請各找出三例代表性的建築。

五、寒帶地區、熱帶雨林地區或是島嶼地區各有哪些特殊的建築，請上網找尋相關資料。

Chapter 11

臺灣古蹟導覽技巧

☆ 本章綱要
1.宗教建築
2.臺灣的民間信仰
3.臺灣的傳統民俗節慶
4.臺灣的傳統建築

☆ 本章重點
1.概略介紹四大宗教建築的文化特色
2.介紹臺灣耳熟能詳的民間信仰
3.概略介紹臺灣傳統的民俗節慶
4.對聚落、古宅、日式官廳和寺廟等四個臺灣傳統建築加以介紹

☆ 問題與討論

世界各國的建築除了受到自然與人文因素影響外，另外也會受到當地宗教發展的部分影響，或者是說宗教的建築往往是一個國家或地區居民最重要的聚集會所與精神凝聚的象徵；因此在此略作概要性的介紹。本章的重點在於臺灣傳統民俗節慶以及古蹟的導覽，第一節則概略敘述四大宗教建築的大致特色。臺灣的發展歷經了不同的階段，雖然隨著時代的演進，許多古建築已成為遺跡，但是仍有不少留下來的歷史建築見證了臺灣的演變。這些散落在臺灣各地的城門、庭園、官衙、廟宇各種型態……，所呈現出來不僅是先人在建築構築工法的精髓，更象徵臺灣多元文化的傳承。

第一節　宗教建築

一、佛教廟宇建築

佛教建築起源於佛世時，應眾生之需要而有竹林精舍、祇園精舍、鹿母講堂等寺院之興建。到了中國，伴隨佛教的傳入，因為迦葉摩騰、竺法蘭至中原譯經弘法，啟發東漢明帝的信心，創設洛陽白馬寺，開啟了中國佛教寺院的建築。（釋慈惠，1998）寺院也是集建築、雕塑、繪畫、書法於一身的綜合藝術。中國現存的早期宮室、住宅極為稀少，宮殿式佛殿卻反映出當時結構、裝修、構造等方面的發展狀況。

在佛教建築中，塔是有著特定形式和風格的東方傳統建築，是供奉或收藏佛舍利（佛骨）、佛像、佛經、僧人遺體等的高聳型點式建築，又稱「佛塔」、「寶塔」。現存的塔可分二類：一是印度式的，但也帶有中國特色；二是採取中國原有樓閣形式，以平面正方形和八角形居多，一般為七至九層，結構有木塔、磚塔、磚木

中台禪寺是臺灣佛教四大名山之一，結合中西建築元素，樓高達一百三十六公尺、三十七層樓，佛塔造型的建築規模龐大，採用中西工法將藝術、學術、宗教和文化融為一體

塔、石塔、銅塔、鐵塔和琉璃磚塔等。中國佛塔建築，起源甚早，現存的上海龍華塔和蘇州報恩寺塔，相傳都是三國時代創建，經後人重修。原來印度的佛塔是覆缽狀的圓墳形，上飾竿和傘，後發展成相輪（在塔頂豎一根金屬剎，用七重或九重鐵環套在剎身）。

二、印度教建築

　　19世紀之前，印度的建築寺廟通常是由王室或是富人主持，或經由贊助興建。贊助人捐贈寺廟金錢、珠寶、物品和土地等，所以香火鼎盛的寺廟永遠都擁有充裕的財源，而較差的地區就沒有寺廟。直到現代寺廟的獻金被用於支持慈善機構，所以部分印度境內的寺廟都出錢為南亞以外的印度教徒建築寺廟。

　　印度教寺廟建築充滿地方色彩，分為南、北兩種型式。在兩種建築風格中，印度教寺廟的格局均與宇宙和神的軀體有關。南印度寺廟建築的風格，是主廟設在寬闊的庭院中間，四面有牆壁與外界區隔開，並有四個門，上有塔樓。塔樓通常為階梯狀，每一層均以神像裝飾，這些塔樓有的非常宏偉。較大型的印度寺廟有如一座小城，信徒穿過大門，走進內院即可在中央神壇祭祀主神或女神，四周則可見到數個祭祀諸神的小祠（神龕）。北印度教寺廟建築的風格，最普遍的特色就是圓錐形屋頂，早期的寺廟僅有一圓頂，突起於中央神像之上。後來，整個寺廟為圓頂所覆蓋，寺廟再擴大讓祭壇前有區域供信徒聚集。

　　南印度與北印度寺院的共通點，是寺院內壁的裝飾，均以印度教諸神的雕刻代替壁畫。根據記載，自公元4世紀末第一座木造廟宇

圖為印度宗教建築濕婆神廟（Pashupatinath，帕斯帕提那寺）與坎達里雅默赫代奧神廟

建成開始，經歷代帝王不斷修葺或加建，九百年間廟宇和塔式建築數目已增至超過七十座。受印度北部的笈多王朝影響，美山廟宇群引入了印度教建築特色，加上其獨有的文化色彩，活現了當年的文化融和盛況。（楊玫寧譯，1999）

三、伊斯蘭教建築──清真寺

公元7世紀初，穆罕默德在阿拉伯創立了伊斯蘭教，伊斯蘭教由阿拉伯的民族宗教發展成為世界三大宗教之一。在國外絕大多數伊斯蘭教的寺廟建築和新疆的某些清真寺建築，均採取阿拉伯或中亞的風格，大殿上均有圓頂建築，有的還單獨建有尖塔，中國內地大部分著名的清真寺則不同，伊斯教和中國封建制度相結合，在宗教建築方面，大量吸收了中國的建築特色，大多採納以中國傳統的殿宇式四合院為主的建築樣式。

伊斯蘭教建築以穹隆狀屋頂為其主特色，屋頂上通常有一彎新

圖為馬來西亞伊斯蘭教清真寺

月，以下為中世紀的回教建築特徵：(1)建築物上裝飾抽象圖案、葉狀花紋、可蘭經文字、鐘乳石式柱；(2)回教清真寺：祈禱廳——供信眾集體祈禱的圓蓋頂場所；(3)封閉式且有拱頂圍繞的中庭，是一大特徵；(4)壁龕：在寺內，裝飾華麗，稱為米哈拉布（Mihrab），用途是指示聖城麥加的方向；(5)宣禮塔：蓋在寺旁的塔形建築，是宣禮員告知信徒禱告時刻的地方。

新疆維吾爾等民族的清真寺及中國內地都有很大的不同。那裡的清真寺，無論其大小都非常注意門樓的裝飾，大門周圍或用油彩寫滿阿拉伯經文，或用磚砌成尖拱壁龕狀圖案，極為華麗。門樓高大，兩側各建一座圓形尖塔，與大門相連，顯得雄偉壯觀，是召喚教民來寺禮拜的理想建築。尖塔一般平面為圓形，塔身下部大，逐層縮小，頂建一磚砌圓亭，亭頂作穹隆式，頂尖為一彎新月，阿拉伯風味極濃。（新疆哲學社會科學網，2008）

四、教會建築

基督教與天主教是西方主要的宗教，對其他宗教的信徒來說，往往較無法明顯區別這二個宗教，在建築的呈現上亦是如此。整體而言，基督教以尖頂建築為主，屋頂有十字架標誌，羅馬式教堂是基督教成為羅馬帝國的國教以後，一些大教堂普遍採用的建築式樣，它是仿照古羅馬長方形會堂式樣及早期基督教「巴西利卡」（Basilica）教堂形式的建築。巴西利卡原意為大教堂、王者之廳，全名為Basilica Domus（拉丁文），為長方形的大廳，內有兩排柱子分隔的長廊，中廊較寬稱為中廳，兩側窄稱為側廊。大廳東西向，西端有一半圓形拱頂，下有半圓形聖壇，前為祭壇，是傳教士主持儀式的地方。後來，拱頂建在東端，教堂門開在西端。高聳的聖壇代表耶穌被釘十字架的骷髏地的山丘，放在東邊以免每次禱念耶穌

受難時要重新改換方向。隨著宗教儀式日趨複雜，在祭壇前擴大南北的橫向空間，其高度與寬度都與正廳對應，因此形成一個十字形平面，橫向短、豎向長，交點靠近東端。這叫做拉丁十字架，以象徵耶穌釘死的十字架，加強宗教的意義。

天主教建築之代表十字架常常在上下左右四端都有花邊，基督教的十字架比較多是正正的十字架；天主教建築常見歌德式建築（屋頂高高尖尖），基督教有些也是；天主教常有彩繪玻璃，基督教比較少；天主教的彩繪玻璃上頭有聖母馬利亞，基督教比較少；天主教常有雕像在園子裡，基督教幾乎沒有，而哥德式建築被公認是天主教建築之代表，鑲嵌的彩繪玻璃及尖拱是最常見到的裝飾。

第二節　臺灣的民間信仰

民間信仰通常就是民間宗教。臺灣民間信仰的族群屬於臺灣社會基層人口的泉州系、漳州系與客家系的傳統宗教。以文化性而論，他是臺灣社會主要的文化現象，更是臺灣人賴以安身立命的文化宗教。臺灣社會雖然是各種宗教薈集之地，但還是以閩粵族群的儒教、道教、佛教，以及融合上列三教的民間信仰等傳統宗教最為凸顯。其中儘管儒、道、佛三教均具社會影響力，然而能深入民間基層人口又影響他們的風俗習慣及人生觀、價值觀者，仍舊是傳統的民間信仰。

一、　民間信仰的特色

臺灣民間信仰通常不包含：創教者（教主）、經典（文獻）、入會儀式（洗禮、割禮、歸依三寶等）、教團組織、宣教行為及

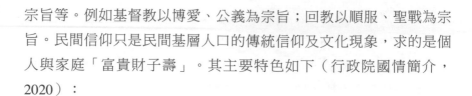

宗旨等。例如基督教以博愛、公義為宗旨；回教以順服、聖戰為宗旨。民間信仰只是民間基層人口的傳統信仰及文化現象，求的是個人與家庭「富貴財子壽」。其主要特色如下（行政院國情簡介，2020）：

1. 具有高度的融合性：由於臺灣人文化與性格上的包容性，不論是古代的自然崇拜、儒家的倫理、釋家的慈悲、道家的儀式，都能巧妙地融為一爐，並沒有一定的界線；有時同一神祇可能在不同的教派領域中，各以不同的名稱出現，就連儀式上也會出現佛、道並容的場面。

2. 具有強烈的地方色彩：許多源自大陸的神明，在先民遠渡重洋，來到臺灣定居後，逐漸展現臺灣特有的宗教特色，如對媽祖的崇拜，源自移民祈求航海平安的庇佑；又如早期移民衛生條件差，醫療普遍缺乏，經常瘟疫橫行，人們為祛禍祈福，普遍祀奉瘟王，至今臺灣各地王爺廟即為明證。神明特質因需要而改變，以媽祖為例，原本只在漁民之間信奉，日後逐漸演變為人民的守護神；客家人祀奉的三山國王，原本只是地方神祇，卻因客家人墾荒過程中，須山神庇佑開山順利而成為客家人的重要神祇。此外，臺灣民眾對宗教的熱忱，更可由每年各地規模龐大的迎神賽會略窺一二，其中最為著名的有農曆三月的「媽祖生」，遶境活動往往造成萬人空巷的景象。

3. 人、神、靈三界相通：臺灣的民間信仰普遍相信人、神、靈雖分屬不同領域，卻可以藉助道士、乩童進行溝通。例如靈媒為了證明自己刀槍不入的法力，常以過刀橋、睡釘床、貫口針等方式來顯示神明附身的真實性。

二、臺灣民間信仰的眾神

1. 自然神格：天公（玉皇大帝）、土地公（福德正神），北極玄天上帝（上帝公）、四海龍王、雷公、電母、七娘媽（七星娘娘）、風神、雨師、五方天帝、三山國王等天神、地祇、百物之神。

2. 人鬼神格：祖先公媽、媽祖、開漳聖王、孔明先師、清水祖師、保生大帝等先王、先公、先祖、先師、功臣及其他歷史人物等。

3. 傳說神格：神農大帝、太子爺（中壇元帥）、齊天大聖、孚佑帝君（呂洞賓）等。

4. 動物神格：虎爺、猴將軍等。

5. 植物神格：大樹公，有榕樹、茄苳、龍眼、樟樹、鳳凰木、芒果樹等。

6. 枯骨神格：有應公（萬姓公媽、大眾爺、大墓公、萬姓爺、水流公、普度公、金斗公，萬善同歸）、義勇爺、義民爺，十八王公則是屬孤魂野鬼的低級神類。

7. 族群神格：
   (1) 泉州人：清水祖師、廣澤尊王、靈安尊王、觀音菩薩、保儀大夫、保儀尊王、各姓土爺。
   (2) 漳州人：開漳聖王、輔順將軍（馬公爺）、敵天大帝（又稱德天大帝，俗名林放，孔子七十二弟子之一，所有林姓家族，都尊他為祖先）。
   (3) 客家人：三山國王、五穀先帝（神農）、義民爺。

8. 清代官廟：社稷壇、山川壇、文廟（孔子廟）、武廟（關帝廟）、城隍廟、文昌祠、龍王祠、天後宮、忠義孝悌祠、火神廟、先農壇、烈女節婦祠。

三、臺灣眾神淵源解說

由於臺灣人文化與性格上的包容性，不管是道教、佛教、儒教或民間信仰，臺灣的眾神都具有強烈的地方色彩，以下針對臺灣民間信仰上的眾神淵源進行概略的說明：（教育大市集）

1. 土地公：先民開墾土地的守護神，是時下各行各業不能忽略的財神，其造型也改變成右手持（如意），左手捧（金元寶）的神明。

2. 媽祖：臺灣人稱祂為天后、天上聖母，俗名「林默娘」。西元960年生，福建莆田縣湄洲島人，987年二十八歲時得道升天，原係先民唐山過臺灣的守護神，但過海到臺灣的媽祖已不同於中國湄州媽祖，已具本土性格。例如臺灣媽祖較豐腴，雍容華貴；湄州媽祖則較年輕苗條，宛若少女。四百年來媽祖已成為臺灣信仰的重心，正如俗語常言：「湄州媽祖蔭外鄉」、「北港媽祖興外莊」。臺灣的媽祖廟以澎湖馬公天后宮最古老，臺南大天后宮為臺灣最早的官設媽祖廟，其他雲林北港朝天宮香火鼎盛，而「大甲媽祖返外家」是指臺中縣大甲鎮「鎮瀾宮」每年農曆三月上旬都會啟程遶境到新港奉天宮進香，全程三百公里，分八天七夜以徒步走完，故有「三月瘋媽祖」之稱。臺灣有名的還有苗栗白沙屯的媽祖廟。

3. 王爺（千歲爺）：一百多姓氏的厲鬼，原係居無定所「遊縣吃縣，遊府吃府，代天巡狩，血食四方」的瘟神。這個瘟神隨著「王船」漂來臺灣後，「瘟神」性格搖身一變成為賜福的神明。南部地區三年一次的「王船祭」更是熱鬧異常。其中以屏東東港「東隆宮」和臺南西港「慶安宮」的祭典最為著名。「李、池、吳、朱、范」為臺灣最常見的五府千歲組合，多數五府千歲皆是此組合，相傳其名諱為李大亮、池夢彪、吳孝

寬、朱叔裕、范承業。

4. 保生大帝：即大道公，名「吳本」（本，音滔），西元979年生，是宋代福建同安的名醫，相傳醫術高明，救人無數，死後被鄉民奉祀成神。昔日臺灣沒有西式醫療設備，時疫流行不斷，所以必須有醫療級的神格鎮守。其廟宇至今尚有漢醫藥籤供人求討。

5. 有應公：閩南人與客家人因為語言及風俗習慣之不同，往往因涉及利害關係而引起集體械鬥。甚至在泉州人與漳州人之間亦然，就連同為泉州人的頂郊與下郊人之間也曾經拼過生死。這類因械鬥而戰死的人經集體埋葬後，又成為臺灣民間新神格，即「大墓公」、「大眾爺」、「萬姓公」、「萬善同歸」一類之有求必應神類。

6. 清水祖師：福建安溪人信奉的神明，閩南人都稱之為「烏面祖師」，臺灣民間通稱為祖師公，又稱清水真人。清水祖師名陳（昭）應，西元1044年生，安溪縣誌稱祂是宋代人，幼年事明松禪師，學成後為貧困者施醫濟藥，救人無數，鄉人乃集資建造精舍，名「清水巖」，死後升天成神，玉皇敕封為「清水祖師」。臺灣以「三峽長福巖祖師廟」最有名，其殿堂是畫家李梅樹教授領導雕刻師，經數十年歲月雕刻而成，有東方藝術殿堂之稱。

7. 開漳聖王：為唐朝武進士，開闢漳州有功，是漳州人普遍信仰的神明，一般尊之為「聖王公」。開漳聖王名陳元光，西元657年生，因為是陳姓祖先，所以也稱為「陳聖王」、「陳府將軍」。

8. 三山國王：臺灣客家人信仰的三個山神，位於潮州府揭陽縣阿婆墟的獨山、明山和巾山（或謂中山或福山）；另有一說是饒平縣。傳說三山國王為結拜兄弟，大哥連傑、二哥趙

軒、三弟喬俊，在一千三百多年前的隋代曾幫助隋煬帝楊堅完成霸業，被封為開國駕前三將軍，後隱居三山，修成正果，而後神靈顯赫。

9.太子爺：童身成神的太子爺，又稱為玉皇太子爺、哪吒太子、太子元帥、中壇元帥等。在臺灣民間信仰中，占有相當重要的地位。除被奉為主神外，更是諸多神祇的先鋒官，也是王爺信仰系統中五營元帥的中營元帥。是典型封神演義的神類，擁有風火輪等法器。臺灣供奉太子爺為主神的廟宇以高雄市的「三鳳宮」及新營的「太子廟」最具代表性。

10.玄天上帝：民間俗稱為上帝公、北極大帝，神像腳踏龜與蛇，傳說是屠夫立地成佛，上山修行，乃自剖臟腑投海以示決心，死後終升天成神。但所棄臟腑化為龜蛇為害人間，後來才被玄天上帝收服。現今臺灣的玄天上帝廟，最重要的首推南投松柏嶺的「受天宮」及玉井的「北極殿」。從每年二月底起，多數的玄天上帝都要到這兩座廟進香，香期長達一星期左右。

11.七娘媽：相傳是七星娘娘或說織女星，為兒童的保護神。孩子出生週歲後，向七娘媽許願，可保佑順利長大成人。

12.阿立祖（阿立母）：為臺灣平埔族原住民西拉雅族的祖靈信仰，其意為太祖，為西拉雅族對祖靈的稱呼。西拉雅族屬於泛靈信仰，對他們心目中最高敬仰的神靈有的地方稱為「阿立祖」，有的地方稱太祖或老君，地位相當於漢人的天公，不但保護族人平安，並可懾服孤魂野鬼的「向」收入壺甕中，不為害民間。西拉雅族主要有四大社，新港社、蕭壟社、目加溜灣社及麻豆社等四大社。日治時期學者伊能嘉矩將臺灣原住民族分成「高山族」及「平埔族」兩大族群，「平埔」兩字，就字面意思而言，就是「平地草埔」。所以

平埔族並非專指原住民特定的一族，而是具有「複數」族群的泛稱。（希拉雅國家風景區管理處，2021）

臺灣原住民族約有五十三萬人，約占總人口數的2%，目前經政府認定的原住民族共有十六族，現今由於族群間彼此普遍通婚，族群差異隨著時間演變也就愈來愈淡，但他們的祖靈信仰與信仰上的眾神仍具有文化傳承的意義，且各具差異，相當具有民俗風情與人文意義。由於風俗民情上不一而足，僅就平埔族的信仰阿立祖做說明。據傳臺南縣的佳里鎮為最初平埔族人的登陸地，這個臺南沿海一帶的重要鄉鎮，目前仍保有兩處平埔族的公廨，北投洋的立長宮正是其中之一，是蕭壠本社保有最完整「阿立祖」祭祀儀式的寺廟。立長宮奉祀的阿立祖，俗稱蕃太祖，為平埔族人的祖靈，主要象徵物是祀壺、瓶子、卵石等，後來由於漢化的關係，才立了一塊「阿立祖」的石碑。位於佳里市街西北方二里處的北頭洋，原為北頭洋地區平埔族的公廨，往年均會在三月二十九日阿立祖生日時舉行祭典，早年東河地區的平埔子弟於祭典日凌晨會到立長宮前「牽曲」，80年代中葉以後此俗漸絕，僅餘附近居民準備米酒、檳榔、粽子等前往祭祀。阿立祖的祭典除了一般民眾的祭祀外，也有收契子的習俗，父母若認為孩子們不好養育，只要抱到立長宮中，讓孩子頭戴圓仔花環（圓仔花為平埔族子弟的象徵），再用卵石撫擦頭部，以祈「頭殼硬，好育飼」，如此便成為阿立祖的契子。（佳里區農會，2015）

第三節　臺灣的傳統民俗節慶

臺灣人的日常生活基本上是以農曆為年節的依據；雖然二十四節氣影響著農民春耕、夏耘、秋收、冬藏的時機，作物的種植、漁

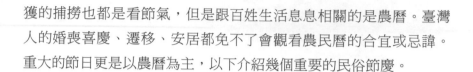

獲的捕撈也都是看節氣，但是跟百姓生活息息相關的是農曆。臺灣人的婚喪喜慶、遷移、安居都免不了會觀看農民曆的合宜或忌諱。重大的節日更是以農曆為主，以下介紹幾個重要的民俗節慶。

一、春節

　　春節，又稱元旦、元日、新正、新年，現在習稱為「過新年」。過新年雖然不像早期有年獸的傳說，但大多數的人仍有守歲的觀念或作為，也會放鞭炮，相傳過年時鳴放爆竹，是為了嚇走吃人的年獸，保護全家人的安全；也代表舊的一年過去了。初一是到廟裡去祈求全年平安的日子，這一天也是準備伴手禮去探訪親友的日子。臺灣由於有部分族群是來自大陸各省，許多眷村或新住民也都有各自的習俗。目前臺灣每年都有辦理的有各寺廟在12：00過後的搶頭香或者是寺廟敲鐘祈求來年平安；除此之外，春節的習俗還包括大年初一拜年、初二已出嫁的女兒回娘家、初四接財神、初五開市、初九拜天公（玉皇大帝）等（旅遊情報，2020/10/29）。

　　臺灣諺語中耳熟能詳《新年童謠》為春節這個民俗節慶下了最好的註解：

> 「初一早、初二早（巧）、初三睏到飽、初四接財神、初五隔開、初六是挹肥（工作）、初七七元、初八完全、初九天公生、初十有食實、十一請子婿、十二查某子轉來食泔糜仔配芥菜、十三關老爺生、十四搭燈棚、十五上元暝。」

　　這個俗諺說明了臺灣人民傳統乃至現今的民俗風情與大致的生活軌跡，其意思是：大年初一迎新春，一早就要擇吉時放鞭炮；初二女婿陪妻子回娘家拜年；初三俗稱「赤狗日」，不宜外出，正好在家睡到自然醒；另一說法初三是老鼠迎親日，在家要早睡晚

起，免得吵到老鼠娶新娘！初四是眾神重降凡間的日子，要舉行迎神祭禮；初五，要準備回歸日常，商家恢復營業，開張大吉；初六人們開始清運糞肥，下田工作；初七俗稱「七元日」，要在這天吃麵線，象徵延年益壽；初八，年俗活動告一段落，完全回歸正常生活；初九是「初九天公生」，為玉皇上帝的千秋聖誕，古稱「祝天誕」而俗稱「天公生」，要準備豐盛供品祭拜；初十，因為前一日供拜天公的食物還剩很多，全家大小都有好料可吃；十一日也稱「子婿日」，岳丈要宴請女婿，交流感情；十二日女兒再次回娘家，娘家為女兒一家準備芥菜吃稀飯清清腸胃；十三是關公誕辰，各地武廟都是來祭拜關老爺的民眾；十四日已接近月圓，月亮特別明亮可以準備塔燈棚；十五元宵夜，到處燈棚林立，大夥兒可以出門熱鬧賞花燈。正月十五日為元宵節、上元節，道教的三元日醮祭天、地、水三官，上元日為天官賜福的佳節，民間通稱「上元暝」、「元夕」，節日行事為燃燈，故也稱作「燈節」。新年活動一直到元宵節，所以元宵節也被視為「小過年」，按照舊俗，這是一家團聚吃元宵的日子，一起賞燈、猜燈謎，過了元宵，年節就真正結束，開始努力工作。（行政院國情簡介，2021）

二、元宵節

1月15日是「元宵節」，又叫「上元節」。《歲時雜記》載上元節係沿自道教陳規。道教稱1月15日為「上元節」、7月15日為「中元節」、10月15日為「下元節」合稱「三元」。

上元節是新的一年中第一個月圓之夜，古代把夜稱宵，所以「上元節」又叫「元宵節」。到了正月十五夜裡，天邊一輪明月高懸，地上萬點燈火通明，人們乘著新年後的餘興，披著早春稍帶寒意的輕柔晚風，踏月觀燈，猜起燈謎，正是最好的時節，而有了

「一年明月打頭圓」之諺。因此，「元宵節」是中國人相當獨具風采的一個傳統節日，所以只要有華人的地方都會有元宵節的節慶活動舉辦，大部分地區的習俗也都差不多。

魏晉時，元宵又增添了燈節祭門戶、祀蠶神、迎紫姑的風俗。到了隋唐，中國社會結束了四百年來的大動亂，天下統一，社會經濟恢復，相繼出現了「貞觀之治」、「開元盛世」，使漢代形成的元宵節大放異彩。唐代的宵禁雖嚴，但是元宵節前後幾日內，卻特許解禁，放三夜花燈，而有了「放夜」這個名稱。

臺灣元宵節又稱觀光節，全省各地都有許許多多熱鬧的活動。除了中央與地方有燈會或燈節舉辦外，平溪的天燈、鹽水的蜂炮、苗栗的㷫龍（苗栗行銷客家元宵節慶採取迎龍的在地獨特民俗，也是臺灣舞龍文化的代表之一）、臺東的炸寒單、各地的夜鬧土地公，以及近幾年臺南的月津港藝術節等等，都增添了元宵節的熱鬧。

三、端午節

端午節是春秋戰國時代秦國的國君想要以通婚的名義，陷害楚國的大王，當時的大臣屈原極力反對，不敵一些大臣進獻讒言，致楚王將屈原流放到邊境。後來楚王在秦國被殺，屈原聽到這個消息後十分難過，跳入汨羅江自殺，當地的百姓感念屈原的忠義，就用竹葉包著糯米，也就是後來演變而成的粽子，百姓將飯糰投進江中給魚吃，希望魚不要去吃屈原的軀體。

端午節另一重要的活動就是「划龍舟」，也就是龍舟競賽，是端午節最具民俗意義的活動。原為一祭水神的儀式，在遠古時期，靠水邊居住的部落（濱水部落）對圖騰神物舉行祭儀的活動（時間就在農曆五月五日，為祈求平安而舉行），並模擬神物遨遊江上的動作主要是為了消災祈福（臺北市五常國小，2021），後有鄉民撐

船尋找屈原的身軀。時至今日，龍舟競賽已成為端午節最受歡迎的民俗活動。（陳金田譯，1994）

　　臺灣的龍舟競賽傳自閩、粵兩省，據說是在乾隆29年，早期的龍舟並無龍頭、龍尾的造型。（臺北市五常國小，2021）龍舟是把木舟雕刻成龍的形狀再塗上顏色所製成，需經過「開光」儀式才可使用，因此每年農曆5月1日，都會請地方首長祭拜水仙尊王，並提筆在龍舟的龍眼上點眼睛，此即稱為「開光」。5月5日龍舟下水前，還要敲鑼打鼓，抬龍舟到河岸，沿路都有民眾燒香禮拜及放鞭炮，巡行後龍舟便入水比賽。（黃金財，1998）時至今日，划龍舟已是一項遍及海內外的觀光活動，全臺的北、中、南各地（如臺北新店碧潭及基隆河、宜蘭縣冬山河及礁溪鄉二龍村、彰化鹿港鎮、高雄市愛河等），每年均有大型龍舟競賽，近年還擴大舉辦國際邀請賽，邀請國外朋友共襄盛舉。

四、中元節

　　農曆7月俗稱「鬼月」，在傳統習俗中，從農曆7月1日凌晨起地府鬼門開到農曆7月29日鬼門關的這段期間，民間為祈求消災解厄、諸事順利平安，各地均舉辦大大小小的祭典，尤以7月15日中元節這一天達到祭典的最高潮。其中如基隆市政府舉辦的「雞籠中元祭」、宜蘭縣頭城及屏東縣恆春的搶孤，都是中元節重要的傳統習俗。

　　在民間傳統中，每到中元節這一天，家家戶戶都會準備牲禮、果品、鮮花等到廟前或自家門前祭拜，並請道士念經以超渡各方孤魂，即所謂的「中元祭」，又稱「中元普渡」。中元節放水燈由來已久，其主要用意在替水府孤魂照路，招引鬼魂上路來享用祭品，以祈求亡魂早日投胎轉世，水路兩界相安無事。搶孤也是中元節重大的慶典之一，臺灣目前只剩下宜蘭縣頭城鎮及屏東縣恆春鎮兩地

有在舉辦，其中又以頭城搶孤規模最大也最熱鬧。早年在閩粵先民入墾宜蘭的過程中，許多人受到天災、人禍、疾病而命喪異域，因恐祭祀無人，魂魄無所歸依，便於每年中元普渡時舉行搶孤儀式悼念先人。頭城由於是開墾宜蘭之首，因此附近八大庄居民便聯合舉辦超渡法會，並選定農曆7月29日關鬼門的這一天，盛大舉行搶孤活動。由於搶孤活動的危險性高，目前不定期舉辦。在搶孤慶典當天，會以十二根塗滿牛油的孤柱架成一座孤棚，頂端還有一個倒翻棚，上面豎以十三根孤棧（含旗竿），並將祭品掛於其上以祭告天神。整個活動在子夜子時掀起最高潮，凡參加搶孤的勇漢以五人為一組，每組以一根繩索為工具，待鑼聲響起，各組以疊羅漢的方式向上攀爬並刮去牛油以利爬行，最後由率先奪得孤棧上的金牌及順風旗者取得優勝。（旅遊情報，2020/10/29）

五、中秋節

中秋節又稱「月節」，在所有節慶中，它是最富浪漫氣息的節日。由於中秋正值秋季之中，為農作收穫的時節，早年人們總會在這一天祭拜土地感謝豐收，由於隱含闔家團圓之意，因此，一般人常以「花好月圓人團圓」來點出中秋節的內涵。

由於中秋節的活動大都與月亮有關，因此自古以來被視為拜月亮的節日，主要活動包含拜月、祭土地、走月亮、吃月餅等，都是從月亮衍生而來的習俗。其中「走月亮」是指中秋夜當著明月清風到郊外散步賞月；「吃月餅」則意味著團圓美滿；此外，還有「吃柚子」的習俗，取「柚」與「佑」諧音，代表受月亮護佑之意；至於「烤肉」，則是近來中秋節興起的活動，在月光下與家人朋友齊聚一堂，也是一種團圓的象徵。（旅遊情報，2020/10/29）

六、重陽節

相傳古代有一位名叫桓景的人，他跟著費長房學習修仙之術，有一天費長房警告桓景：「9月9日，你家會有大災難，你要趕緊告訴家人，請他們縫製布囊袋，裡面裝著茱萸，繫在手臂上，並且爬到高山上，在山上飲菊花酒，才可避開這場大災難。」桓景聽從費長房的話，在農曆9月9日舉家登山，到了傍晚回到家裡的時候，發現所飼養的雞、狗、羊等家禽家畜，皆已暴斃而亡。費長房知道後說：「這些都是替死鬼呀！」後來人們於重九日登高，飲菊花酒，配掛茱萸等習俗，就是因此而來。（殷登國，1993）

傳統的重陽節習俗包括有：(1)登高：除了登高以外，有的人也會同時進行掃墓；(2)配掛茱萸：據說茱萸的葉子有治霍亂的功效，而根則可以殺蟲；(3)飲菊花酒：據說菊花有除熱、解毒的功效，更有人認為飲菊花酒可以延年益壽。這些都是重陽節時民間的風俗民情。（陳亞南編著，1991）。

 ## 第四節　臺灣的傳統建築

古建築一般被視為是土木磚石的組合，喻示人的生存與生活之道，而且牽動著社會、藝術、人文與傳統的情感。一棟好的建築應該是可以與人對話、可以令人感動而有所感受。面對北門，可以想像當時最熱鬧的市集就在城內；看到孔廟，可以瞭解儒家思想傳來臺灣時所帶來的祭典儀式，而在古炮台前，則可見證臺灣歷史發展中對抗外國軍事侵犯的一頁。在古蹟現場受到的啟發會更實在，體會也會更深。

臺灣自明鄭開臺以來，歷經漢人渡海來臺，西、荷等歐洲國家

短時間占據，以及馬關條約後的日據時代，再加上臺灣原住民各族文化所形塑的多樣建築，臺灣的建築是多元且豐富的。根據李乾朗教授在《直探匠心：李乾朗剖繪臺灣經典古建築》（2019）一書在〈臺灣古建築導論〉中，對臺灣的建築加以綜合探討，提出臺灣的建築具有以下的特質：（李乾朗，2019）

　　1.順應風土氣候，耐震避風降溫。

　　2.承接大陸傳統，匠派風格多元。

　　3.植基儒道思想，融合民間信仰。

　　4.泉漳名匠來臺，本土大師展技。

　　5.兼融古今智慧，創造永續傳承。

李乾朗教授在《古蹟入門》一書中，依照古蹟的類別加以區分並進行介紹，整體而言，臺灣的傳統建築仍是以中國閩南式的建築為主，而現存的許多官廳或公共建築，則為特殊的日式官廳歐式風格。本節以聚落、臺灣古宅、日式官廳和臺灣寺廟加以概略介紹。

一、聚落的分布

以濁水溪為界檢視平原面的臺灣農村聚落型態，可以看出南北兩地有極為顯著的差異。北部方面雖免不了有少數例外，但大致上是屬於散居型，南部則以集居型（Compact Villages Type）為多。

臺北盆地的農村聚落雖因臺北市具商業性機能而明顯的傾向都會化，但盆地的東部仍留存著散居型聚落型態；桃園臺地就地形的類別而言，屬於最普通的平原，有無數的灌溉用埤散布及散居的聚落型態；臺中盆地則是明顯的農村聚落散居型；而由大肚溪以南到濁水溪之間，也就是分散在彰化、鹿港、員林、北斗各街之間的農村聚落，密度稍高，以散居型的型態分布在集居型之間，尤其以員

林街為中心的聚落更呈現出線狀排列（Linear Arrangement），與臺北盆地西部的蘆洲庄及新莊街東部的排列類似。這些聚落型應該是南部集合型與北部散居型的混合型，或是遷移型。

越過濁水溪南行，這些散居型的聚落逐漸在混合型中消失，各聚落十分集中，由斗六、嘉義、臺南到高雄的一大片平原，呈現著集居型聚落，這種集居型聚落的農家，村街的特徵並不多見，而由於只是數十間農家聚集一處，彼此之間沒有固定的通路，因而稱之為「團村」。不管是住家的周圍，還是每一個部落的周圍，除了那些為了防止瘧疾而撤除的牆垣外，一定都有竹籬笆，不過其中也有不具牆垣的功用，只不過是散布在各處的竹叢。（陳惠卿譯，1933）

二、臺灣古宅

臺灣的開發始於南部，所以清初的古宅都出現於臺南一帶。中期之後以彰化、鹿港、新竹為盛，精美的廟宇及大宅都出現於中北部一帶。到了清末，臺北府躍為省之重鎮，商人文士亦群集北部，帶動北部的建築活動。鴉片戰爭以後的臺灣漸受外人注意，清廷乃加強鞏固防務，這時南北各出現了數座炮台。歷史的發展、社會的變遷都與建築息息相關，不論是當時的文化面貌、藝術風格、科技水準，或是社會內部的組織等等，都可藉由建築物顯現出來。以下僅就傳統宅第（古厝）及庭園進行介紹。

(一)宅第

現存的臺灣古宅已經不多了，尤其日據時期以後，合院的水準已大不如前，其中比較具代表性的有霧峰林家官保第園區及景薰樓（林家頂厝建築中重要樓群之名）、潭子林宅摘星山莊、豐原呂

林安泰古厝，又稱榮泰厝，於1984年重建，現列為臺北市歷史建築，作民俗文物館之用

宅。當然，在其他縣市也有一些代表作，如臺北濱江公園四合院的
林安泰古厝、新北市板橋林宅三落舊大厝、桃園大溪月眉李宅、彰
化永靖陳宅「餘三館」、彰化秀水陳宅益源大厝、彰化鹿港元昌
行、南投竹山的林宅敦本堂、新竹關西客家古宅等；其中，潭子的
摘星山莊和竹山的敦本堂是一般公認清代臺灣宅地建築的雙絕。

(二)庭園

　　臺灣的庭園建造依文獻記載，早在荷蘭人據臺時期就有庭園。
清代中期各地詩社興起與園林之盛有很大的關聯，最出名的就屬霧
峰的萊園（霧峰林家宅園由頂厝、下厝及萊園等三大部分組成）。
其他如臺南的吳園、新竹的北郭園及潛園、板橋的林本源庭園也都
是代表作。通常，大的庭園稱為「園林」，文人雅士尤尚園林生活
之趣，可以在其中吟風弄月，不但提供了休憩、養性、讀書、會友
的功能，也是宴客及聽戲等活動的場所。

　　臺灣的庭園還有一個很有趣的特色，就是在建造假山時經常會
模仿故鄉漳泉的景色，藉以表明不忘本的情懷。潭子的摘星山莊建
材都是由福建運來，並聘請泉州師父建造，是一棟江南式的複合建
築。摘星山莊，坐北朝南，為一四合院式大宅，東南邊有門樓，前

院則有竹林和照鏡（水池），曾被譽為全省最具古樸之美的古蹟。無處不雕、無處不書、無處不畫是山莊的最大特色，精雕細琢，圖案繁複美麗。北部板橋的林家花園昔稱「林本源邸園」，創建於清咸豐年間，工匠建材多來自大陸，稱全臺之冠，雖然是古式庭園，但與大陸的名園有許多的不同，反而受到南洋建築的影響，園內的建築為臺灣數一數二的建築。（國定古蹟林本源園邸，2016）

三、日式官廳

日式官廳式的建築大都分布在臺北市，像總統府、臺灣大學校舍（1929）、臺北火車站（1941）等建築。1919年落成的臺灣總督府（今總統府）是巔峰時期的代表作品。日制時期將現代化的情形反映在建築風格上，長長五十年間，建築風格也隨著世界建築潮流有所轉變，大致可分為三個時期：式樣建築、過渡期建築和現代建築。目前現存於臺北的建築則以式樣建築的數量最多。

日據時代的建築在接受各種外來文化方面採取的是一種完全開放的態度，因此常可看見在同一棟建築物中，交錯出現各種不同建築風格的特色，也因為這樣，可以依據各建築的部分特色作為基礎

總統府為日治時期的總督府

在中正區有許多日治時期留下來的公署建物

283

進行分類：

1. 屋頂特色：屋頂的特色其實是多樣的，而且殖民地政府常常有意無意將他們的威權心態反映其上，或是為凸顯建築正立面的位置拉高成尖塔或圓頂，例如國立臺灣博物館。

2. 牆面特色：在牆面的外觀上常利用各種不同建材交錯使用，利用他們的特色及色彩，製造出各式各樣的花紋與裝飾。

3. 窗戶特色：窗戶的最初功用在於增加室內採光及空氣流通作用，但在日據建築中，這些窗戶卻大大發揮了另外的作用，使單調牆面變化出炫麗的光彩。

4. 建材特色：使用建材的考量除了科技進步等考量因素外，不少設計師也會借助建材的不同性質來表達他們所想要的感覺。

5. 雕飾特色：雕飾主要應用在建築的正面，用來裝飾以及表達華麗風格等等作用。日據建築除了引用歐洲的實例外，有時也會

國立臺灣博物館為日治時期留下的建築，興建時正是日本努力吸收西方文明的階段，因此整座博物館的風格是走當時正流行的新古典主義。博物館內可以看到四根仿希臘神殿多立克柱式的石柱，也有仿羅馬圓頂的屋頂及柯林斯式柱式環繞，與圓頂鑲著透光的彩色玻璃天花板

臺中火車站為日治時期重要的公共建築

出現臺灣本土及南洋等地區風味的雕飾。

在臺北市大部分的日式官廳多仍保留原樣並繼續作為政府的官廳，但是許多火車站，例如：臺中火車站和高雄火車站則因為交通運輸的能量擴充，目前雖已經有蓋新的火車站，但仍保留原有的火車站作為古蹟。

四、臺灣寺廟

臺灣目前的廟宇多屬於大陸南方系統，在這系統之中裝飾藝術所展現的重點即在於精雕細琢的功夫。它是廟宇建築之中最精華的部分，能充分反映出廟宇本身所獨有的特色，寺廟的格局與主祀神的神格有很大的關聯，從最小的路邊土地公祠到鹿港龍山寺或北港朝天宮，都可以看到受風水、地形與經費多寡的影響而成為格局大小的主要因素。寺廟的空間是依照信徒祭拜的過程，以主祀神的位置為主軸，左右對稱配置，以實體的殿宇與虛體的廟埕相間。廟埕為各殿前鋪設石板的空地，在此處可以看到完整廟貌，是香客要

入廟參拜前集合的場所，也是民眾活動的場所。一般寺廟主體空間安排有前殿、正殿、後殿；另外附屬的空間則包括拜亭、金爐、鐘鼓樓等。（李乾朗，1989）以臺北艋舺龍山寺為例，主殿以供奉觀世音菩薩為主，後殿的部分則有供奉文昌帝君、大魁星君、天上聖母、關聖帝君、註生娘娘、十二婆者、月老神君、福德正神、地藏菩薩、三官大帝等等。（艋舺龍山寺，2014）

　　建築藝術上的展現主要包括脊飾（剪粘），顧名思義就是經過適當的剪裁再黏貼的作品，是中國南方特有的鑲嵌藝術工藝，同時也是非常重要的廟宇屋脊裝飾。剪粘的樣式有山巒樹林、花鳥蟲魚等；或是取材自中國神話或傳說，像是八仙過海、封神榜等人物，又或是民間傳說或歷史演義故事中的人物；而龍、鳳是廟宇內最常見的剪粘裝飾，又可以表現中國人趨吉避凶、祈望教化的價值觀。傳說中青龍有壓制火神祝融的功能，因此一般廟宇都會放置青龍的剪粘作品。（李乾朗，1989）臺灣廟宇的交趾陶和剪黏藝術最具代表性的是臺南學甲的慈濟宮，其被指定為臺灣宗教文化資產最主要的原因即是該廟擁有交趾陶名匠葉王（1826-1887）和剪黏名匠何金龍（1878-1945）之作品，學甲慈濟宮於清朝咸豐10年時，在鄉紳竭力募捐之下，大興土木，並禮聘交趾陶匠師葉麟趾（葉王，1826-1887）作壁堵、屋頂裝飾，創作數百件，為鎮殿之寶。工程於同治元年（1862）竣工，當時鄰近各地諸多士宦鄉紳題名獻匾並書楹聯共襄盛舉。日治時期分別在明治35年（1902）及大正12年（1923）有過修繕，至昭和4年（1929）再次重修時，廟方聘請當時負盛名的汕頭剪黏匠師何金龍（1878-1945）師兄弟主持壁堵裝飾，改以立體剪黏代替部分交趾陶雕塑，故慈濟宮的立體裝飾部分同時有近代匠藝兩位大師之作品。

　　另外，門神繪於前殿的門板上，作為寺廟的守護者，具有趨吉避凶及威嚇的作用，而不同的主祀神祇搭配有不同的門神。臺灣

寺廟的門神通常為：神荼、鬱壘、韋馱、伽藍、秦叔寶、尉遲恭、
哼哈二將、四大天王，文臣（手持冠、鹿、牡丹、爵）象徵加冠進
祿，富貴晉爵。有些廟宇則是在門板上彩繪太監或是宮女。

　　臺灣寺廟的木雕常令人眼花撩亂，其實所有的木雕（吊筒、豎
材、托木、斗拱、門簪、藻井、獅座、員光等）在結構上都是有功
能的，也是匠師展現高度技巧的地方。斗拱位於屋頂與支柱之間，
作用於建材的聯繫與樑身負荷力的分擔，廟宇的斗拱在藝匠們將雕
刻精美的人物、花鳥、走獸、巧妙的安插上去後，它就同時有了斗
拱的機能與裝飾作用。廟宇正殿裡多有藻井，共有四角井、八角
井、圓井及橢圓井四種。其構造原理是由許多小斗拱向中心逐層挑
出，然後匯聚於最高點的複雜裝飾。龍柱亦為重要的藝術展現，早
期的龍柱柱徑較小，雕工較樸拙，近期則比較繁麗，龍柱的圖案則
會因時代而有所不同。（李乾朗、俞怡萍，2018）

　　李乾朗教授在《直探匠心：李乾朗剖繪臺灣經典古建築》
（2019）一書中列舉了臺灣經典的古建築共六類三十五件，茲列舉
如下：

　　1.原住民建築：泰雅族萬大社住屋、魯凱族大南社青年會所。
　　2.宅第：蘆洲李宅、林本源園邸三落大厝、林本源園邸來青閣、

圖為鹿港龍山寺木雕結構

林安泰古厝、筱雲山莊、摘星山莊、霧峰林家大花廳戲台、馬興陳益源大厝、永靖餘三館。

3.寺廟：淡水鄞山寺、大龍峒保安宮、臺北孔廟、陳德星堂、艋舺龍山寺、新竹都城隍廟、彰化節孝祠、鹿港天后宮、鹿港龍山寺、臺南三山國王廟、祀典武廟、臺南大天后宮、臺南孔廟。

4.城塞：淡水紅毛城、臺北府城承恩門、新竹迎曦門、赤崁樓、臺南府城大南門、鳳山縣舊城、旗後炮台。

5.書院：理學堂書院、鳳儀書院。

6.牌坊：臺南接官亭石坊。

問題與討論

一、請依據第一節所介紹的四種主要宗教建築，找出具代表性的建築各二處。

二、臺灣的民間信仰中有所謂的職業神祇，請舉出五種職業會供俸的神明。

三、臺灣許多地方都有迎神賽會的舉辦，成為當地的重要節慶，請舉出五例。

四、臺灣歷史發展進程中，曾經歷過荷蘭、西班牙及日治時期，請針對這些時期找出具特色的建築。

五、請說明臺灣古蹟的分類，並舉出各縣市具代表性的古蹟。

Chapter 12

臺灣藝術導覽技巧

☆ 本章綱要
1.音樂
2.戲劇
3.繪畫

☆ 本章重點
1.介紹國樂中經常使用的樂器與臺灣流行音樂的發展
2.介紹中國與臺灣的傳統戲曲
3.介紹中國歷代繪畫的發展及其著名人物
4.介紹臺灣知名的畫家

☆ 問題與討論

　　文化的呈現除了可見到的建築與古蹟外，其實也有許多是非物質呈現的精神層面或文化層面。因此在聯合國世界遺產中，除了有文化遺產、自然遺產和複合遺產外，也有精神文化層面的非物質文化遺產，其所涵蓋的類型非常多，包括戲劇表演、音樂傳承、宗教信仰、人文發明、飲食文化、節慶活動及宗教信仰等等。例如日本的和食與韓國泡菜的製作、媽祖信仰、大陸的崑曲、越南的水上木偶戲等等都是。而臺灣在藝術文化的傳承，部分源自於先民從大陸隨移民帶進臺灣，而在臺灣這塊土地上也孕育出許多獨特的藝術展現，這樣的發展呈現在各個層面。本章僅分別就臺灣的音樂、戲劇與繪畫等極具歷史價值意義的部分加以概述。

第一節　音樂

　　廣義而言，音樂是指任何可以聲音組合起來的藝術。對於音樂的定義目前仍存在著爭議，但通常可以解釋為一系列對於有聲、無聲且具有時間性的組成，這些音樂含有不同音階的節奏、旋律及和聲。在所有的藝術類型中，音樂是最抽象的藝術，為一種聲音符號，表達人的所思所想，是人們思想的表現。音樂是有目的的、有內涵的，其中隱含了著作者的生活體驗、思想情懷，可以帶給人美的享受和表達人的情感；同時，音樂也是社會行為的一種形式，透過音樂人們可以互相交流情感與生活體驗。在此，以臺灣在音樂藝術上的樂器以及樂曲二部分加以介紹。

一、國樂中經常使用的樂器

　　《周禮・春官》中把樂器分為金、石、土、革、絲、木、匏、

竹八類，稱「八音」，也是最早的樂器分類法之一。到漢朝和唐朝以後，中國透過與西域和國外的頻繁交流，西方伊斯蘭教世界和印度的音樂、樂器等大量流入，笛子、篳篥（一種管樂器）、琵琶、胡琴等樂器大量為中國音樂採納，並加以改良發展，逐漸取代中國原有的本土樂器。除了古琴一直被文人寵愛，得以流傳，且被列為聯合國口述及無形人類遺產外，中國目前國樂中常使用的樂器均為源自國外而加以改良。樂器依其發音的方式，可分為吹管、彈撥、擦弦和敲擊四種。以下介紹各類常見者：

(一)吹管樂器

笛子源自中國的吹管樂器，由笛管的側面吹奏。笛子最大的特徵之一就是它的笛膜，最早期的笛子是沒有笛膜的，後演變為在吹孔與左手食指按孔中間（演奏者將笛子擺右邊），有一笛膜孔，演奏前只需以阿膠（一種固體的動物膠）或白芨（一種中草藥，可作糊料之用）等將膜貼於笛膜孔上，即可進行演奏。笛子可作為獨奏或樂團合奏時的重要樂器，也常常在國樂團中扮演重要角色，例如：

1. 曲笛：主要用在崑曲伴奏，技巧多顫、疊、打、贈，曲子也較優揚婉約。
2. 梆笛：主要用在梆子戲伴奏，技巧多吐、滑、歷、剁，曲子較高亢激昂。梆笛通常以竹子和象牙製成。
3. 笙：古老的簧管樂器，笙有十七根竹管參差相對排列於笙座，持笙又名捧笙，由於外觀形狀像鳳翼，故有曰鳳笙，也有說其聲似鳳，故也稱鳳鳴。
4. 簫：吹奏樂器，也叫洞簫、單管、豎吹；現代為竹製，管長約長八十公釐，下端利用竹節封口，在封口處開半橢圓形狀，管身開六個按音孔（前五後一），下端背面有出音孔，其音量較小，常用於獨奏、琴簫合奏或傳統絲竹演奏。

5.嗩吶：嗩吶據考證至少存在一千七百多年的歷史，最早的文獻記載於新疆千佛山的壁畫，相當於兩晉時期。嗩吶桿下端喇叭形狀的叫做銅碗，用以擴音和美化音色。嗩吶在中國流行很廣，民間稱謂不一，有的以嗩吶桿用材不同，將銅桿嗩吶稱為銅笛，錫桿嗩吶稱為錫笛；另外還有梨花、海笛、吉子等名稱。

(二)彈撥樂器

1.琵琶：初名批把，到漢代定型為四弦十二品位，為用手指彈撥的樂器。唐、宋以來不斷改進，發展成今天的形制，現代的琵琶由絲弦改為尼龍纏鋼絲弦，品位增加到二十三至二十五個，可奏十二個半音，可轉十二個調，使樂器的音域、音量大大擴展，音色更加清脆明亮，從而提高琵琶的表現力。

2.柳琴：流行於江蘇、山東、安徽一帶的民間彈弦樂器，因其形

琵琶為傳統國樂中常見的樂器

狀似柳葉，故而得名，又名「柳葉琴」、「金剛腿」、「土琵琶」，用拔子彈奏，可演奏和音或和弦。

3. 阮咸：一種撥奏弦鳴樂器，由漢代琵琶演變而來，阮咸造型屬唐代，故極具漢族色彩，其聲雅亮，清淳宏厚，可以指彈也可以撥彈，古稱「秦琵琶」。阮咸適用於各種形式的民族管弦樂團，用之獨奏、協奏、伴奏、重奏皆能勝任，在戲曲或曲藝的小樂隊中使用更顯其鮮明的民族特色。

4. 揚琴：俗名蝴蝶琴。堅木為箱，上覆桐板，板上有四或五長橋，橋上架以金屬弦，每音二弦或三弦不等，以竹片敲之發聲，其音鏗鏘猶如鋼琴，此樂器約於明朝由中東傳入，在現代國樂團裡亦占極重要地位。揚琴的音色變化，主要是透過技術動作的各種層次對比來表現。

5. 琴竹：是揚琴的主要附件，揚琴之能發音，全靠琴竹擊弦振動。揚琴聲音的大小除了本身的共鳴之外，琴竹擊弦之輕重也有關係。揚琴音色柔美、圓潤，而琴竹的好壞，對演奏揚琴的音色，有決定性的關鍵。

6. 古箏：是一種古老的樂器，現經改良，由十三、十六弦不等，發展到二十一至二十五弦，性能大為提高，深受人們喜歡。被用來作為獨奏、重奏、合奏，以及用於多種戲曲、曲藝和舞蹈等的伴奏。

(三) 擦弦樂器

擦弦類樂器包括二胡、高胡、中胡、大胡、低胡等，其他還有為配合地方戲曲或一些較獨特風格的曲子，尚有京胡、板胡、梆胡、墜胡、大廣弦、馬頭琴等。南胡即二胡，如西洋樂的小提琴，也是中國音樂推廣中最易接受並歡迎的樂器：

1. 二胡：又名南胡，為最普遍的中國擦弦樂器，也是國樂器中最困難、表現力也最強的樂器。大量被用在戲曲伴奏，像京劇、越劇、淮劇、崑曲、湖南花鼓戲、黃梅戲等等。

2. 中胡：較二胡低四到五度，琴筒比二胡大些，音色渾厚低沉，多用於樂團的中音部分，或作為伴奏用，其構造和二胡幾乎沒什麼差別，中胡的獨奏曲很少。

3. 板胡：和其他的胡琴有很大的不同，板胡沒有琴筒，音箱是由椰子作成，正面以桐木板蒙面，分為高音板胡、中音板胡和低音板胡。板胡的聲音尖而高，音量奇大，指距很小，拉的時候手指全都擠在一起，尤其到了高音部分，指距更小，故音高便不容易抓準。

4. 革胡：革胡曾經是國樂團裡唯一的低音樂器，但現已漸漸淘汰。

5. 高胡：又名粵胡，是為了粵劇伴奏由二胡改造而成的高音胡琴，是廣東音樂的主要樂器。高胡聲音高亢清亮，傳統的高胡在琴馬底下沒有墊布，也沒有琴托，現代的高胡經過改良之後，已經有了琴托，演奏的方法也和二胡一樣，可以做出比二胡更細膩的效果。

6. 京胡：乾隆末年，京胡隨著京戲的形成，從胡琴的基礎上改良而成，可以說是京劇伴奏音樂的靈魂，音量非常大，一般京劇伴奏樂團通常會有兩把京胡；京胡的琴筒由竹筒製成，聲音清脆響亮，既尖又高，也因為京胡音色奇特，除了京劇伴奏以外，並沒有什麼獨奏曲。

7. 馬頭琴：是深受蒙古族喜愛的古老樂器，馬頭琴是因琴桿上端雕刻馬頭而得名。具有深沉悠揚的音律，寬廣優美的音色。2003年11月7日，「馬頭琴」被列入聯合國第一批非物質文化遺產名錄。

圖為馬頭琴

(四)敲擊樂器

鼓類樂器種類繁多，各具特色，演奏方法也不盡相同，有豐富的表現力，除用以合奏或伴奏外，某些樂器中還作為獨奏樂器使用。大致分為：

1. 大鼓：也叫大堂鼓，為較大型的鼓，一般鼓面直徑在一尺半以上。由木製的圓桶上下蒙以兩塊面積相等的牛皮而成。一般擺在四腳的木架上演奏，演變時用兩根木槌敲擊鼓面發音，音色低沉而厚實。

2. 小鼓：又名小堂鼓、戰鼓、高音鼓等，形制與大鼓相似，鼓面直徑約六、七寸，發音堅實而有彈性。

3. 定音缸鼓：為可定音大鼓，係依據缸鼓（花盆鼓）改良而成。樂隊中經常以兩個或三個為一組，兩個一組多為主音及屬音，三個一組的則增加下屬音、上屬音或下中音等其他音。

4.排鼓：將數個（一般為四個或更多）大小不同的定音鼓組合起來，一起進行演奏。

5.鈸：又名銅鈸或鐃，鈸是體振樂器，鈸身為一塊圓形的響板，以中央突出的半圓形為固定點，向四邊振動發音，其種類有十多種，樂隊中常用的為小鈸、中鈸、水鈸、大鈸等。鈸與小鑼配合使用，可表現喜悅輕巧的情緒。

6.鑼：是中國使用最廣泛的打擊樂器之一，隨著長期的流傳和改進，使鑼成為具有豐富表現力的樂器。鑼是體振樂器，結構簡單，鑼身呈圓形弧面，通常四周有邊框，用鎚敲擊中央部分的振動發聲。分為京鑼、小京鑼、大鑼、雲鑼。（臺北市立成功高級中學國樂社，2009；2021）

二、臺灣樂曲的發展

臺灣樂曲的發展，除了音樂的創作與發展外，早期各時期的風格也與政治或是社會環境有關。例如在早期有許多歌曲因為不符合時代環境或背景而被列為禁歌；流行音樂中早期都以國語為主，不如現在閩南語、客語、原住民語等百花齊放。臺灣流行音樂樂曲的發展大約可分為下列七個階段：（臺灣流行音樂維基館，2015）

(一)日本時期到戰後

臺灣歌謠最早是歌仔戲，當時上海電影《桃花泣血記》來臺，為了宣傳，寫下了第一首流行歌謠，其格式就是歌仔戲格式。1935年臺灣歌謠創作達到顛峰，詞曲大多悲傷淒涼，反映了殖民時代文化心靈底層的某種失落，後因為戰爭的關係而結束。《雨夜花》、《望春風》、《月夜愁》等傳唱流傳至今，創作人有李臨秋、鄧雨賢、陳君玉、周添旺等。

二戰之後，當時最流行的四首歌曲《望你早歸》、《補破網》、《燒肉粽》、《杯底毋通飼金魚》被稱為是戰後四大名曲。當時的臺語創作歌謠產生了大量的「混血歌曲」。所謂的「混血歌曲」指的是將日本曲調填上中文歌詞的歌曲，比如文夏的《黃昏的故鄉》、《媽媽請你也保重》。而後，「南文夏，北洪一峰」的盛名響徹全臺。

(二)國民政府時期

國民政府成立「國語推行委員會」，大力推行國語運動，強力封殺閩南語，而在此階段，大部分作家為求自保而封筆，也使得臺灣歌謠陷入空窗期。這個時期，臺灣尚無屬於自己的流行音樂風格，詞曲主要是延續了上海、香港的風格，比如《蘇州河畔》、《綠島小夜曲》。1965年，由於美國全面介入越戰，駐臺美軍驟增，西洋流行歌曲蔚為風行。國內知識分子傾向於聽、唱西洋歌曲，排斥本土流行音樂。一直到70年代後期，國內的流行音樂經常被批評為靡靡之音。1966、1967年時，臺視由慎芝製作的「群星會」節目開播，成為國內流行音樂濫觴，培育出無數華人音樂巨星及膾炙人口的歌曲，比如謝雷與張琪的《傻瓜與野丫頭》，青山與婉曲的《杏花溪之戀》，尤雅的《往事只能回味》等。此時，臺灣流行樂壇開始走向巨星風格主導的時期，比如紅遍兩岸三地的鄧麗君、劉文正，以及最早產生粉絲集團的鳳飛飛。在當年的時空下很多主題都是禁忌，唯有愛國歌曲盛行。

(三)校園民歌時期

1976年，李雙澤在淡江大學一場演唱會造成了一連串校園內自覺反省的強大思潮。這是70年代後期民歌發聲的初始，李雙澤當場率先提出「唱自己的歌」，開始將「大聲說話，用力敲鐘」的精

神用在音樂上，也引發當時大學生風起雲湧的創作風氣，影響後來擁有更多的校園民歌作品。李雙澤畢生創作九首歌曲，《美麗島》與《少年中國》仍流傳至今。當時由新格（金韻獎）及海山（民謠風）兩家唱片公司所舉行的創作比賽，更是促進了民歌運動的普及與深耕。當時的名曲，比如《月琴》、《恰似你的溫柔》、《橄欖樹》、《如果》、《捉泥鰍》、《龍的傳人》、《光陰的故事》、《童年》……至今仍不斷翻新重唱，當時的明星蔡琴、鄭怡、齊豫、羅大佑、李宗盛、陳淑樺等仍令人懷念不已。

(四)解嚴後時期

臺灣解除戒嚴，社會在長期壓抑下突然解放，產生了「另類音樂」及「新臺語歌運動」。專門進口英美另類音樂的水晶唱片公司，以《搖滾客》雜誌，舉辦「臺北新音樂節」，具體鼓吹本地化的另類音樂創作，主張要「開創音樂新元素」，更要「傳達人文意涵」，主要是以臺式的藍調搖滾，對臺北都市叢林冷嘲熱諷，也有重拾臺灣鄉土民俗曲風，由月琴伴奏加上素人歌手的歌聲，唱出有如人文電影的庶民街景，比如《向前行》的林強、伍佰和China Blue，以及製作《流浪到淡水》的陳明章。

此外，流行音樂商業化顯著，產生了王牌製作人兼歌手的羅大佑、李宗盛、周治平、小蟲、童安格、陳昇、張宇等，他們的詞曲創作成了80年代的主流風潮，也締造了華人流行樂壇的領先地位。值得注意的是仿日的第一個偶像團體「小虎隊」出現，影響青少年文化相當深遠。年輕學子受到伍佰現場演出的爆發力影響，一時間組地下樂團使青少年趨之若鶩。

(五)獨立樂團發展時期

90年代，受到音樂產業全球化的洗禮，跨國唱片公司在臺灣帶

進併購風，飛碟走入歷史，本土的大型唱片公司獨剩滾石及其衍生出的真言社和魔岩。創作音樂進入樂團世代與獨立音樂的發展新階段。創作歌手伍佰在第一張專輯未成功後，於1992至1994年間與其樂團China Blue隱入臺北地下pub圈，創造出現場演唱文化，連文化界人士都蔚為風潮。除伍佰外，在1994至2001年間，陸續出現了張震嶽、順子、楊乃文、陳綺貞、糯米團等性格鮮明的非主流音樂，這是90年代後期臺灣創作音樂重要的一頁歷史。

(六)臺灣音樂引領華語樂壇

受到網路科技，P2P、MP3等新技術下載的影響，包括華語流行音樂在內的各種音樂工業在2000年代既獲得了新的發展良機，同時又不同程度地面臨著極大的挑戰。世界宏觀經濟形勢的變遷也影響了各地華語流行音樂工業。2000年代開始，為流行偶像的爆炸時代，2000至2010年是臺灣流行音樂輝煌的十年，從2000年的周杰倫以新人之姿拿下金曲獎最佳專輯爆紅，到之後的臺灣歌手包括王力宏、陶喆、蔡依林、蕭亞軒、楊丞琳、王心凌、張韶涵、羅志祥等新興天王天后崛起，馬來西亞及新加坡歌手亦選擇來臺灣出道及發展，如蔡健雅、梁靜茹、戴佩妮、孫燕姿、林俊傑等亦成為華語樂壇具有影響力的天王天后，無論在獎項和銷量皆取得巨大的成功。合唱團體包含五月天、S.H.E、5566、Energy、F.I.R、蘇打綠等亦於此期崛起，在流行樂壇占據一席之地。此時為臺灣音樂蓬勃發展時期，影響力遍及大中華地區。

(七)中國大陸流行音樂崛起

2010年以後，隨著中國經濟崛起，中國大陸的流行音樂開始崛起，特別是隨著中國網路數位音樂平台的繁榮，如網易雲音樂、酷狗音樂、QQ音樂、蝦米音樂及抖音短視頻，各類電影、電視劇主題

曲，綜藝音樂節目如「中國好聲音」、「我是歌手」等，其中「中國好聲音」挖掘不少新的歌手，而歌唱事業重心轉往中國大陸的歌手如楊宗緯、彭佳慧、林志炫、A-Lin、鄧紫棋等歌手更因「我是歌手」這類節目獲得大量關注。

原創歌手、民謠歌手相繼出現，如薛之謙、李健、宋冬野、陳粒、毛不易、胡夏等；此外，網路上也出現了很多歌紅人不紅的局面。很多歌曲不再透過發行實體專輯，而是透過數位專輯的形式在網路上發售，形成了新的華語音樂創作與傳播形態。

至於臺灣樂壇的狀況雖然盛況不再，但蕭敬騰、林宥嘉、徐佳瑩、A-Lin等中生代天王天后依然發光發熱，後起之秀如周興哲等亦有不俗的成績。值得一提的是，這時期臺灣嘻哈界人才輩出，開始攻占流行歌曲排行榜，諸如Leo王、葛仲珊、J.Sheon、吳卓源、ØZI、9m88等人。

 ## 第二節　戲劇

在戲劇的發展上，由於中國各地的民俗不同，產生了許多饒富地方特色的風格，而代表中國傳統的國劇（又稱平劇或京劇）經歷了一段時間，融合了各地方戲曲的音樂、歌唱、舞蹈、武術、特技、美術等藝術的精華部分，成為能充分表現中華傳統文化的綜合表演藝術，展演生動活潑，以歷史典故傳說等教人明辨是非善惡，除藝術展現外也有教育的意涵。

一、中國傳統戲曲

(一)京劇

　　國劇，最早名為京戲，北伐成功後民國統一，臨時政府將北京復稱為北平，因此又將京戲改稱為平劇。京劇是中國的「國粹」，已有二百年歷史，經歷了一段很久的時間，融合了各地地方戲曲的音樂、歌唱、舞蹈、武術、特技、美術等藝術的精華部分，戲劇主題明朗，表現生動活潑，是相當值得欣賞的精緻藝術。

　　國劇的特色在於「寫意」、「誇張」及其故事的自由性和片段性，不靠道具、不依賴布景的寫意表演，用顯著的誇張手法，劇情自由發展，有完整的一面也可片段的單獨演出。這種特色的形成，最大的原因就是國劇的編排不僅是在表演故事和歷史，也是唱作歌舞的綜合表演藝術。京劇劇目以中國歷代的神話故事、歷史大事件、帝王將相、才子佳人為主。京劇服飾雍容華貴、富麗堂皇、高貴典雅、色彩鮮明，大多為手工刺繡，採用中華民族的傳統圖案，有獨立的審美價值，有很高的實用性和可觀賞性，堪稱一絕。京劇人物臉譜，多姿多采，性格鮮明、形象突出，為世人所稱道。

　　演員在舞臺上的表現，不論舉手投足、張口談話，都得依下列四項規矩：「唱」（唱腔）、「念」（念白）、「作」（做工）、「打」（武打）。國劇除了演員的唱腔表現之外，樂器對於調節舞臺節奏、渲染氣氛，也扮演著十分重要的角色。國劇中伴奏部分俗稱「場面」，分為文場和武場：(1)文場使用的樂器有京胡、月琴、三弦、阮弦、笛、嗩吶等，主要是擔任唱腔的伴奏和過場音樂的演奏；(2)武場通常使用不同類型的鼓、板、大鑼、小鑼、鐃鈸等敲擊樂器構成主體，主要在配合身段表演與表現人物的情緒和烘托戲劇的氣氛。

國劇的角色可分為生（男人）、旦（女人）、淨（男人）、丑（男、女人皆有）四大行當。人物有忠奸之分、美醜之分、善惡之分，各個形象鮮明、栩栩如生：

1. 生：分為老生、小生、武生三類。老生分為唱工老生、做工老生、文武老生；小生分為官士、窮士、巾生、雉尾生；武生分為長靠和短打兩門。

2. 旦：分為老旦、青衣、花旦、武旦、刀馬旦等。

3. 淨：又稱花臉，分為銅錘、架子兩類。銅錘重唱工，架子重做表。

4. 丑：又稱小花臉，分為文丑與武丑。

(二)地方戲曲

中國戲曲的起源可以上溯到原始時代的歌舞，原始時代沒有戲曲，但是卻已存在歌舞，除了帶有相當濃厚的儀式性和宗教色彩外，也表現了當時群眾的思想、感情與願望，衍生出來的就是中國民間歌舞和民間表演藝術。表演藝術還有一種發展趨勢，就是表演故事的趨勢，這對於後來戲曲的形成也提供了便利的條件。還有一種值得注意的就是各種藝術走向結合的趨勢，這在促使戲曲發展為綜合性的藝術劇方面起了很大的作用。而後隨著生活水準文明化，戲曲不再依靠宮廷貴族謀生，開始直接向普通觀眾賣藝，慢慢演變成地方戲曲。

■ 黃梅戲

黃梅戲早期叫黃梅調，已有二百多年歷史。源於湖北黃梅一帶的採茶歌，形成於安徽、湖北、江西相鄰地區的民間歌舞，吸收古老戲曲戈陽腔等特色，以安徽安慶地區為中心發展而成。黃梅戲長於抒情，善於刻畫人物性格，富有濃郁的民間鄉土風味，不僅在

國內家喻戶曉，也深受國際友人的歡迎，被譽為「中國的鄉村音樂」，早期由凌波所主演的《梁山伯與祝英台》的劇目更是轟動全臺，使全臺人民為之瘋狂。

■高甲戲

高甲戲為福建省地方戲曲劇種，分布於閩南閩中地區、臺灣和東南亞華僑集居地，始於明末清初。初時每逢迎神賽會，因常演宋江故事而被稱為「宋江戲」，後又與和興戲搭班，被統稱為高甲戲。音樂來自南音和民歌，曲調古樸繚繞。在中國眾多戲曲中，高甲戲以丑角稱絕，風格明快奔放、幽默詼諧，被盛讚為「以丑為美」的藝術。

二、臺灣傳統戲曲

臺灣傳統戲曲主要分為地方大戲與偶戲兩大類：(1)地方大戲：包括南管戲、北管戲、歌仔戲與客家戲；(2)偶戲：包括皮影戲、傀儡戲與布袋戲。

(一)大戲方面

■南管戲

南管戲即梨園戲（或稱七子戲），基本上是演奏南管音樂扮演的戲劇，是清代中葉之前臺灣最流行的戲，其紀錄最早見於康熙36年浙江人郁永河在他的〈竹枝詞〉中提到：「肩披鬖髮耳垂璫，粉面紅唇似女郎，馬祖宮前鑼鼓鬧，侏離唱出下南腔。」描寫臺南梨園戲演出的情形。當時七子戲流行於臺南、鹿港，此兩地分別為泉州人所建立的移民，隨著環境的改變，現今臺灣多以演奏南管音樂的子弟團為主，其樂器分為上四管（即琵琶、洞簫、三弦、二弦）及下四管（響盞、四塊、叫鑼、雙鐘），參加的子弟多以「御前清

客」自居。

■北管戲

北管戲是臺灣民間最廣為流行的戲曲，其內容十分豐富。主要可分為西皮與福路兩大系統，兩者的差異在於：(1)福路系統（又稱舊路）是以椰胡（或稱殼子弦）為主奏樂器，其社團以「社」為團名，信奉西秦王爺；(2)西皮系統（又稱新路）以京胡（或稱吊鬼子）為主奏樂器，社團以「堂」為團名，信奉田都元帥。在口白方面，除了丑角道白以方言表演外，其餘皆以「官話」做演唱及唸白。而曲調上則是使用板腔體，以七字句或十字句為主，演唱時小旦、小生會用「咿」，老生會用「啊」做襯字或襯音，增加音樂性。此兩大系統壁壘分明，在早期還發生過大規模的分類械鬥。

■歌仔戲

歌仔戲約於1920年流行於臺灣各地，其發展與亂彈、京劇等劇種關係十分密切，如1923年閩班及上海京班的留臺，其班底就曾指導歌仔戲班的武戲；1925年向福州京班學習機關效果、布景，吸收平劇鑼鼓、身段與服裝，及學亂彈戲的鑼鼓點與音樂。爾後的日治時期日本政府進行所謂的「皇民化運動」，亦使歌仔戲為了適應當時情況而發展出新劇或日本武士劇。臺灣光復後，歌仔戲經歷了最燦爛的階段，光全臺登記有案的就有四百餘團，而歌仔戲也在此時為了順應不同觀眾的要求，發展出不同表演型態的表演，如歌仔戲電影、廣播歌仔戲、落地掃的賣藥仔團等。隨著時代的改變，歌仔戲開始結合現代劇場的技術與設備，產生另一種風格的「劇場歌仔戲」。

■客家戲

客家戲源自於傳統的三腳採茶戲，其劇情以「張三郎賣茶」，或稱「賣茶郎故事」為主，即以一個賣茶郎的故事為主線，衍生

出其他相關的情節。而三腳採茶戲的特色在於「三腳」，即三個演員，主要是一丑、二旦。在臺灣，客家戲流行的範圍主要在北部桃、竹、苗客族聚集的聚落，現今看到的客家戲已非往常的三角採茶戲，所見的客家大戲，大都為新編的劇目，用客家語言演唱傳統客家曲調，如「老山歌」、「山歌子」、「平板」等所呈現的戲劇。（曾永義著，1996）

(二)偶戲方面

■傀儡戲

傀儡戲是中國歷史上最早出現具有表演娛樂價值的劇種，根據文獻考證和出土文物資料顯示，至遲在春秋戰國時代就已經出現偶戲的表演。古代葬禮中用以殉葬的「俑」與傀儡戲有直接而深遠的關係，至東漢時代，傀儡戲已經是宮廷中重要的娛樂表演項目。經過魏晉、隋、唐的發展，宋代傀儡戲已經發展到了極興盛的階段，在表演內容、型式上都極精湛，不但出現了各種不同類型的傀儡戲，如懸絲傀儡戲、水傀儡、杖頭傀儡、肉傀儡等，也演出了具有故事情節的傀儡戲，更出現許多聞名的傀儡戲藝人和有著專門的音樂。

■皮影戲

皮影戲是中國傳統的古老藝術，與布袋戲和傀儡戲並稱為三大偶戲，也是結合戲劇、音樂（伴奏及演唱）、文學（劇本）、工藝（雕刻）、美術（造型及敷彩）等各種技藝的綜合藝術。皮影戲的淵源，根據記載可追溯至二千多年前漢武帝與李夫人的故事，然而它的興盛卻是在宋朝以後，從北宋至今至少已經存在有一千多年的歷史。皮影戲從中國北方向外傳播，不僅遍布大陸各地，也曾經隨著蒙古西征傳到中亞各國，甚至歐洲的德、法等地，普遍受到大眾歡迎。臺灣的皮影戲主要是從閩南的漳州及粵東的潮州傳來，但兩者形式相同，屬同一個系統，都用潮調音樂及唱腔。若從現存的文

皮影戲為傳統偶戲型態之一，又稱影子戲或燈影戲，是一種使用平面的、關節可動的、鏤空的人形，並將其置於光源與半透明屏幕或布簾間，用以敘說故事及娛樂的傳統表演藝術。東華皮影戲就是臺灣現存歷史最悠久的皮影戲團，至今已傳承一百多年。在民國40-50年代東華皮影戲是唯一能走遍全臺各戲院的戲團，也曾前往日本、菲律賓、美國等地演出，榮獲國內外獎項肯定

物加以推測，大約是在明末清初時，先從廣東潮州傳到福建南部，再經由當時的移民傳入臺灣的南部。

■ 布袋戲

布袋戲又稱掌中戲，因形狀如同布袋，且以手掌操弄而名之。布袋戲據研判可能源自於傀儡戲，形成於明末清初，是臺灣民間最普遍的偶戲劇種。根據民間傳說，布袋戲創始於明末落第書生梁炳麟或孫巧仁，據傳落第秀才因懷才不遇，遂編演戲劇嘲諷朝政，為避免惹禍上身，而以木偶代言。另一說為落第書生流落街頭以說書為生，因顧及顏面不願拋頭露面，故而隔著布簾講古，又以垂簾說

故事過於單調，於是操弄木偶敘事。其中最普遍的傳說則為明末泉
州書生梁炳麟，因屢試不中，有一年於應試之前與友人至九鯉湖，
祈求仙祖托夢預卜吉凶，夜裡夢見一白髮老翁於其手掌題「功名歸
掌上」，梁生自喜今科必中而欣然赴試，不料依舊是名落孫山，梁
生落寞返鄉途中夜宿客棧，見隔壁房客以懸絲操控傀儡戲偶，但
以線操作不夠生動，梁生靈機一動，乃以手掌撐偶操弄，往後巡迴
演出並漸受歡迎而揚名各地，至此梁生才瞭解仙祖題示「功名歸掌
上」之意。

　　臺灣布袋戲傳自福建漳州、泉州與廣東潮州。早期布袋戲依後
場音樂，分為南管、北管及潮調布袋戲三種，而後也應用京戲、歌
仔戲、日本、西洋音樂。（施合鄭民俗文化基金會，1987）

 第三節　繪畫

一、中國繪畫

　　國畫主要是用毛筆、軟筆或手指用墨在帛或宣紙上作畫的傳統
繪畫形式。宋朝以前繪圖在絹帛上，因材料昂貴，題材多以王宮貴
族肖像或生活紀錄為主，直至宋元後，紙材改良，推廣及士大夫，
文人畫興起，讓國畫題材技法更多元，在畫作上題詩，為書畫同源
之始。明朝之後，繪畫推廣到大眾，成為百姓生活的一部分，風俗
畫因此產生。清末，西風東漸，繪畫材料多元，加入了西畫元素，
朝多元方向發展。國畫重在神似不重形似，強調觀察總結，不強調
現場臨摹，重視意境不重視場景。傳統的中國畫，依南朝謝赫的
《古畫品錄》評論：

1. 講究「氣韻生動」，不拘泥物體外表相似，強調抒發創作者的主觀情趣。

2. 講究筆墨神韻，筆法要求平、圓、留、重、變；墨法要求墨分七色，即濃、淡、破、潑、漬、焦、宿。

3. 不講究焦點透視，講究「骨法用筆」，不強調環境對於物體光色變化的影響。

4. 講究空白的布置和物體的「氣勢」。

(一)中國繪畫的發展

■ 史前時代──漢朝時期

在新石器時代仰韶文化中，可以找到中國美術的早期形式，這種形式一直延續到西元前6世紀。紅山文化時期（史前時期，距今6500至5000年），就已經有玉雕的龍形及其他配飾作品出土，從半坡遺址中可以發現，仰韶時期已經有陶藝存在。早期陶瓷製品沒有圖案，但是有滾花，很多畫是以對稱形式展開的魚或者人的面部圖案。新石器時代的彩陶，從幾何紋飾進展到動植物圖紋，其中以仰韶文化和馬家窯文化（西元前3300至2050年）的彩陶紋樣最為豐富生動。除彩陶之外，具有獨立審美價值的人像、動物陶塑也同時出現。

■ 魏晉南北朝時期

佛教西元1世紀進入中國，到8世紀，在藝術領域已經展現了卓著的效應，尤其在大型宗教塑像方面。魏晉南北朝，佛教藝術興起，敦煌石窟、雲崗石窟、龍門石窟等相繼開鑿，大量的壁畫和泥塑，在描繪宗教內容的同時，反映著現實的生活；民間畫工大量湧現。東晉顧愷之的《女史箴圖》（現存摹本）是早期人物畫的代表作，該畫用筆緊勁連綿，形神兼備，內容是宣傳女性德行修養。

■ 隋唐時期

　　隋唐「君子之於學，百工之於藝，自三代歷漢，至唐而備矣」，尤以繪畫、雕塑成就輝煌。唐代周昉、張萱的仕女畫標誌著人物畫的進一步成熟，山水畫則擺脫作為人物畫背景的附屬地位，而成為一個獨立的主題；隋代展子虔的設色山水「遊春圖」，是迄今為止世界上第一幅以風景為主題的繪畫；李思訓的金碧山水、王維的水墨山水、王洽的潑墨山水，已經形成了中國畫山水畫的北派和南派的雛形。唐代薛稷的鶴、邊鸞的孔雀、刁光胤的花竹，也說明花鳥畫開始興起。

■ 五代兩宋時期

　　《清明上河圖》局部描繪了清明時節，北宋京城汴梁及汴河兩岸繁華熱鬧的景象和自然風光。五代、兩宋是中國繪畫藝術的鼎盛期。隨著畫院的設立，宮廷繪畫呈現興旺活躍的景象，後世文人畫通常將繪畫傳統回溯至此時。新的繪畫內容，如民俗畫也開始出現，如北宋張擇端的《清明上河圖》，以長卷式構圖，生動地描繪汴京（今開封）的繁華景象，如實地展示了當時的社會生活風貌。北宋李成的平遠畫風、范寬的崇山峻嶺、郭熙的巨嶂高壁、米芾、米友仁父子的雲山墨戲，使北宋山水畫呈現高度成熟的狀態。到了南宋，取而代之的是大量留白的繪畫方式，在畫面上注重剪裁、大片留白渲染，呈現空氣感，被稱作是詩意山水，反映了山水畫的不斷變革和發展。

■ 遼金西夏

　　遼金西夏是中國北方民族所建立的國家，在藝術表現上傳世的藝術品不多，然而透過近年不斷出土的重要墓葬，如遼慶陵、陳國公主墓、葉茂台遼墓等，幫助我們對遼代美術有更多瞭解。遼代美術在某種程度上，比宋代美術繼承更多唐代美術的風格，兼具契

丹北方古樸渾厚的氣質。金代遼而起，接收北宋首都汴京，改為南京，故推測大量北宋內府收藏品進入了金的宮廷，大幅提高金代皇室的文化與藝術素養。最為著名的皇帝為金章宗，不僅其書法刻意模仿宋徽宗的瘦金體，甚至學習宣和年間的內府收藏機制，其收藏印是後代鑑別古畫的一個重要根據。

■ 元代

　　元代雖未逾百年，但在中國繪畫發展史上有舉足輕重的地位。山水畫方面，由於蒙古朝廷輕視漢人，多所貶抑，漢人不願出仕異族朝廷者，多避居山林，其中不乏有以書畫交誼者，此時的繪畫脫離宮廷氣氛，文人畫獲得了突出的發展。文人畫多取材山水、花鳥，藉以抒發「性靈」和個人抱負。此類畫家以「元四家」，即黃公望、吳鎮、倪瓚、王蒙為代表，並開啟後來中國山水畫的主流。

■ 明代

　　明代初期，宮廷畫家師承南宋院體風格，稱之為「浙派」（代表畫家為戴進和吳偉），雖然被晚明董其昌等人貶抑，但是影響範圍擴及日本、朝鮮等地，並透過民間畫師傳承下來，今日臺灣地區廟宇壁畫仍是浙派的延續。另一方面，文人官僚以元四大家為學習對象，出現後來成為文人畫傳統的「吳派」（代表畫家是沈周、文徵明、唐寅、仇英）與浙派，為明代畫壇的兩大主要派別。由於晚明崇尚吳派而貶低浙派，致吳派在中國傳統繪畫中成為山水畫的主流，影響力一直持續到民國初年。

■ 清代

　　清代延續晚明尊崇吳派的傳統，稱其畫風為「正統畫派」，惟民間出現一種嶄新的畫風，構圖大膽，別開生面，以前朝遺民八大山人及石濤最為人所知。清代中葉江南地區富裕，揚州一帶出現以賣畫為生計的文人畫家，書畫不落俗套，奇特新穎，後來學者將其

中重要的八位稱之為揚州八怪。清代亦為西方繪畫進入的時期，最著名的就是乾隆時期任職於宮廷的郎世寧，中國當時唯一對外口岸廣州，出現專門替歐洲商人以油畫作畫的畫工，此為西方繪畫進入中國民間之始。晚清時上海開闢為通商口岸，由於地處輻輳，成為重要港口，也帶動油畫的需求與發展，中國畫家逐漸學會透視法等西洋繪畫方式，並使用進口顏料作畫，影響傳統繪畫的風貌。

■民國以後

民國以後美術大體延續清末發展，但是西化潮流因政治變動而加速，中國開始有畫家留學西方，與歐洲繪畫直接接觸，如徐悲鴻、林風眠等人。新式繪畫學校的建立也帶動中國繪畫西化的發展。相較之下，傳統中國繪畫因為知識分子的抨擊而趨於衰微，如康有為對中國繪畫的強烈批評。不過，相較於歐洲已經開始從印象派之後有新一波的繪畫革命，中國對於西洋繪畫的理解，仍強調古典寫實的訓練。

(二)中國近代著名畫家

■張大千

張大千（1899-1983），本名張正權，後改名張爰、張蝯，小名季，號季爰，別署大千居士，下里巴人，齋名大風堂，中國、臺灣著名畫家，祖籍廣東省番禺縣，生於清朝四川省內江，逝世於臺北。因其詩、書、畫與溥心畬齊名，兩人並稱為「南張北溥」。二十多歲便蓄著一把大鬍子，成為張大千日後的特有標誌。曾與齊白石、徐悲鴻、黃賓虹、溥心畬等國內各名家及外國大師畢卡索交遊切磋。父張懷忠，早年從事教育後從政，再改鹽業。母曾友貞，是當時知名的女畫家。

■溥心畬

溥心畬（1896-1963），愛新覺羅氏，譜序溥，光緒皇帝賜名儒，字心畬，出生於中國北京市恭王府，是清道光六子恭親王奕訢之子載瀅的次子，因其詩、書、畫與張大千齊名，故後人將兩人並稱為「南張北溥」。溥心畬幼年於恭王府學文，在大內培養「琴棋書畫詩酒花」的美學造詣，性格內向而好學。長大後進入政治學堂，再留學德國，前後有八年；於柏林大學，研究天文和生物，取得博士學位。學成歸國，以學者身分治理經學，閒暇則從事藝術創作，為一全能書畫家。多幅精品典藏於國立臺北故宮博物院與國立歷史博物館。

■齊白石

齊白石於同治三年（1864-1957）出生於湖南省長沙府湘潭縣（今湖南省長沙市湘潭縣），二十五歲起拜名士胡沁園、陳少蕃等為師，由胡沁園替之取名為璜，號瀕生，因家中靠近白石鋪，取別號為白石山人，學習詩、書、畫、篆刻，並開始兼以賣畫為生。三十二歲時因對刻印產生濃厚興趣，開始向名家學習刻印，三十五歲時拜學者王湘綺為師。1917年起決定於北京發展，以賣畫刻印為生，並結識了名家陳師曾，受陳師曾影響，創造出自成一家的畫畫風格，亦即紅花墨葉的大膽風格，以原本不協調的純紅色和深墨黑色運用在一起，形成畫面鮮明的對比，表現畫面上清新、樸實的感覺，實現了「衰年變法」。

■徐悲鴻

徐悲鴻（1895-1953），為中國美術家、美術教育家，也是中國現代美術的奠基者，江蘇宜興屺亭鎮人。徐悲鴻自幼隨父徐達章習詩文書畫，1912年在宜興女子初級師範等學校任圖畫教員，1917年留學日本學習美術。回國後任北京大學畫法研究會導師。1919年

赴法國留學，1923年入巴黎國立美術學校，學習油畫、素描，並遊歷西歐諸國觀摩研究西方美術，1933年起在世界各地舉辦中國美術展覽和個人畫展，之後重返南京，擔任中央大學藝術系教授兼系主任。徐悲鴻受西畫訓練，最擅長畫馬，栩栩如生。

■ 郎世寧

　　郎世寧出生於義大利米蘭的聖馬塞蘭諾（San Marcellino），青年時期隨卡洛科納拉（Carlo Conara）學習繪畫與建築，並在1707年左右加入了熱那亞耶穌會。1715年前往中國，期間曾於澳門學習中文，並以「郎世寧」作為漢名。

　　郎世寧一生大半待在中國，歷侍康熙、雍正、乾隆三朝，計約有五十餘年。到中國時，被康熙帝以藝術家身分召進宮中，曾協助圓明園的規劃設計，引進西方文藝復興時期開創的明暗寫實畫法，並改用膠狀顏料在宣紙上作畫，也就是今日的膠彩畫作法，後來與中國學者年希堯一起出版了一本《視學》，是中國第一部透視學專著。

■ 林風眠

　　林風眠十八歲時赴上海，後留學法國，畢業於法國國立高等美術學院，1925年冬回國，任北平藝術專門學校校長。1928年創辦杭州國立藝術學院（中國美術學院前身），出任校長兼教授。後因其現代自由繪畫觀點和當時政治形勢相悖，漸漸退出中國近代美術教育主流，影響式微。此後更名「風眠」，據傳取「風中長眠」之意。回歸畫家本位，開始創作屬於自己獨立意識的繪畫。靜物、風景、仕女、戲曲人物成了他的風格中的著名作品。

二、臺灣近代著名畫家

　　1934年（昭和9年），臺灣畫家廖繼春、顏水龍、陳澄波、陳清

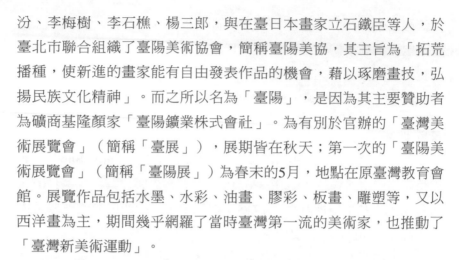

汾、李梅樹、李石樵、楊三郎，與在臺日本畫家立石鐵臣等人，於臺北市聯合組織了臺陽美術協會，簡稱臺陽美協，其主旨為「拓荒播種，使新進的畫家能有自由發表作品的機會，藉以琢磨畫技，弘揚民族文化精神」。而之所以名為「臺陽」，是因為其主要贊助者為礦商基隆顏家「臺陽鑛業株式會社」。為有別於官辦的「臺灣美術展覽會」（簡稱「臺展」），展期皆在秋天；第一次的「臺陽美術展覽會」（簡稱「臺陽展」）為春末的5月，地點在原臺灣教育會館。展覽作品包括水墨、水彩、油畫、膠彩、板畫、雕塑等，又以西洋畫為主，期間幾乎網羅了當時臺灣第一流的美術家，也推動了「臺灣新美術運動」。

臺陽美協的創立，在臺灣美術史上意義重大，當時畫評家王白淵曾言道：「以臺陽美術協會為中心的藝術運動，亦即是臺灣民族主義運動在藝術上的表現。」臺陽美協成立後，即受到文化協會負責人蔡培火和臺灣地方自治聯盟的要角楊肇嘉等人的大力聲援，而被視為知識分子在反殖民上的文化表現。臺灣近代著名的畫家有很多，許多畫家都曾前往日本學習西方的繪畫方式或是曾經參加過臺陽美展。

■郭柏川

郭柏川，臺南人，臺北師範大學畢後留日。1982年三度應考進入東京美術學校西洋畫科，跟從岡田三郎助習畫。三十三歲畢業後繼續留日創作與研究。1937年由東京赴北平任教於北平師範大學和北平藝專。郭柏川自我要求嚴謹，繪畫風格著重構圖、色彩渾厚、飽和，筆觸精準，喜歡以靜物、蔬果、人物女體、風景等作為創作題材。

■廖繼春

廖繼春，豐原人，臺北師範大學畢業。早年受野獸派畫家馬

諦斯色彩影響，1933至1935年間，與梅原三郎於臺南寫生，深受色彩變化啟示，充分表現臺灣南國色彩。萃取歐美抽象繪畫精華，參融東方傳統色彩，成功開創繪畫風格之另一高峰，堪稱臺灣第一代西洋畫家中最具現代畫繪畫觀念者。作品有《芭蕉之庭》、《自畫像》、《林中夜息》等。

■ 李梅樹

李梅樹，師範大學畢業。一生創作寫實風格，尤擅群像人物畫，表現寫實清麗之古典風格，晚年並結合西方照相寫實，在日據時期的畫家中風格獨特，作品《麗日》、《黃昏》均可見其實體描繪與空間處理之功力，同時也反映臺灣早期清苦生活至經濟繁榮的不同風情。

■ 郭雪湖

郭雪湖，本名郭金火，是臺灣日治時期中重要的畫家之一，也是臺灣膠彩畫的先鋒。出生於臺北市大稻埕，十六歲時，由母親帶引至蔡雪溪之「雪溪畫館」門下學畫習藝。「雪湖」之名即為蔡雪溪所命。他並為郭氏教授其描繪觀音、帝君等神像及裱褙的技藝，開啟了郭雪湖走向藝術之路的大門。戰後初期，受聘為長官公署諮議，與楊三郎等人籌組「臺灣省全省美術展覽會」，擔任「臺灣全省學生美術展覽會」審查委員及「臺灣全省教員美術展覽會」顧問等；曾創辦全臺第一所經由教育局正式立案通過的「雪湖美術教室」，培育兒童繪畫創作。最著名的畫作為1930年所繪製的大道城街景《南街殷賑》。

■ 藍蔭鼎

藍蔭鼎，宜蘭羅東人，六歲進入私塾習畫，公學畢業，受教於石川欽一郎門下，致力推廣臺灣文化藝術，自修英、法語，勤於吸收新知，作品風格係水墨畫與水彩畫之中西融合表現，描寫臺灣鄉

村景物，深具時空動態特色。1971年獲歐洲藝術討論學會與美國藝術討論學會合選為世界十大水彩畫家，作品有《養鴨人家》、《綠蔭》等。

■ 洪瑞麟

洪瑞麟，臺北大稻埕人，關注中下層民眾生活，以礦工勞動者的表現最為感動，將人生苦難昇華為藝術的悲憫情懷，以數千計的形式出現，有助西方素描的簡易和東方中國水墨的流動，同時也嘗試以油畫將這些勞動者留下莊嚴不朽的形象。1980年赴美定居並至歐洲各地旅遊寫生，於美國加州創作一系列高明度大塊面海油畫，主要作品有《日本平民窟》、《礦工宅內》等。

■ 陳進

陳進，新竹香山人，十九歲考進東京女子美術學院，是臺灣第一位赴日學習美術的女性畫家，作品入選臺展、府展、日本第賞，為國內膠彩畫界的指標性人物，時與林玉山、郭雪湖被譽為「臺展三少年」，其膠彩畫一舉震驚畫壇。1974年後畫風優雅細緻、洋溢女性清秀氣質畫面的技術特質，能自然掌握時代性，繪畫題材以人物、風景及花卉為主，作品除表現優雅、寧靜的細膩特質外，更見深蘊的觀察與描寫功夫，作品有《合奏》、《閒》等。

■ 楊三郎

楊三郎，臺北人，十七歲離家赴日，崇尚自然之美，堅持華麗之外的寧靜。在日本習得外光派畫風（自然寫實的描繪），後又結合其留法所學的西洋美術（後印象主義），受柯洛（Corot）、莫內（Monet）的影響，逐漸發展出自我的風格。歸國後致力於戶外寫生，體驗自然，筆觸漸趨豪邁而色彩日益洗鍊，作品充滿律動之氣勢，畫風呈現樂觀進取的明朗特質，作品有《婦人像》、《卡門》等。

■顏水龍

　　顏水龍，臺南人，除了繪畫本身的造詣之外，對於臺灣的美術教育、工藝美術的推動，都有相當程度的貢獻。顏水龍一生勤奮、執著，早年留學日本、法國。回臺後，於1933年與陳澄波、廖繼春、李梅樹、楊三郎、李石樵等人創立了「臺陽美術協會」。1936年起，顏水龍在藝術方面的興趣開始轉向工藝美術，直到七十四歲時，才見到他再度舉行油畫個展。1950年起，以臺灣原住民為題材的創作是他的一大特色，其後又以一系列臺灣風景為主，反應出他對人文關懷的深層面。關於原住民繪畫他多半用多層次平塗的筆觸、概念性的畫法來畫出皮膚部分，而衣飾則鮮麗多變化，而從他的畫作中，可以見到質樸與堅毅的原住民特質與臺灣文化的純淨。

問題與討論

一、請說明非物質文化遺產中的分類與亞洲代表性的項目。

二、請說明敲擊樂器中各種鼓的類型，以及各地區或國家擊鼓意義。

三、請舉出你最喜歡的歌手及其代表歌曲，並提出來與大家分享。

四、偶戲所呈現的方式有許多種，請收集世界各地著名的偶戲表演並加以比較。

五、請舉出一位臺灣著名的近代畫家，並瞭解他的生平、畫作特色和象徵意義。

參考書目

一、中文部分

內政部營建署譯（1984）。《世界自然保育方略》（*World Conservation Strategy*）。臺北：內政部營建署。

王小龍、史嵩宇、周珂（2006）。〈我國環境教育立法芻議〉，《法學家》。97（4）：458-64。

王勝平等（2019）。《上課了！生物多樣性5愛知目標全球行動》。臺北：行政院農業委員會林務局，頁22-25。

王懋雯（1995）。〈環境傳播研究之初探〉，《環境教育季刊》。24：39-46。

王鑫（1991）。〈景觀欣賞與保護教育〉（下），《環境教育季刊》。9：26-33。

王鑫（1999）。〈永續發展專論：邁向永續發展的環境倫理〉，《應用倫理研究》。10。

交通部觀光局東部海岸國家風景區管理處（2011）。「東部海岸國家風景區各類型牌示系統規劃」。臺東：東部海岸國家風景區管理處。

任孟淵、許世璋（2007）。〈培力社區之農村環境教育：一個社區型自然教育中心的初步發展歷程〉，《環境教育研究》。4（2）：23-58。

吳玉成譯（1996）。〈建築之藝術觀〉（Stanley Abercrombie著），載於《建築情報季刊》。臺北：胡氏圖書。

吳兆田（2006）。《探索學習的第一本書》。臺北：五南。

吳忠宏譯（2000）。《21世紀的解說趨勢──解說自然與文化的15項指導原則》（Larry Beck及Ted Cable著）。臺北：品度。

吳鈴筑（2010）。《國內外環境教育法比較之研究》。臺北：國立臺灣師範大學環境教育研究所碩士論文。

吳謹嫣譯（2000）。《古希臘：古典建築的形成》（克里斯多福·泰德格著）。臺北：貓頭鷹。

李文昭譯（1997），瑞秋·卡森（Rachel Carson）著。《寂靜的春天》

（Silent Spring, 1962）。臺北：晨星。

李乾朗（1989）。《艋舺龍山寺》（一版五刷）。臺北：雄獅。

李乾朗（2019）。《直探匠心：李乾朗剖繪臺灣經典古建築》。臺北：遠流。

李乾朗、俞怡萍（2018）。《古蹟入門》（增訂版）。臺北：遠流。

李銘輝（2000）。《觀光地理》。新北市：揚智。

李銘輝（2015）。《觀光地理》（第三版）。新北市：揚智。

汪靜明（2009）。「陽明山國家公園形象識別意象創意圖紋徵選活動之概念分析及其在環境教育推廣應用之初步規劃成果報告」。

汪靜明（2011）。「深耕厚植國家公園──環境教育新作為期中報告」，頁26。

汪靜明（2011）。「陽明山國家公園環境教育課程方案發展」。臺北：陽明山國家公園管理處，頁26。

周儒（2011）。《實踐環境教育：環境學習中心》。臺北：五南。

林大利（2016）。〈愛知生物多樣性目標與生物多樣性指標〉，《自然保育季刊》。93：16-17。

林鴻忠（1988）。《森林育樂資源之解說研究》。臺中：國立中興大學森林研究所碩士論文。

施合鄭民俗文化基金會（1987）。《民俗曲藝──臺灣的傀儡戲》（第23、24合期）。臺北：財團法人施合鄭民俗文化基金會。

殷登國（1993）。《古典奇譚》。臺北：世界文物。

高翠霞、張子超（2016）。〈環境教育的發展脈絡與融入十二年國教的方法〉，《課程與教學季刊》。19（2），頁27-52。

國際自然保護聯盟（International Union for Conservation of Nature and Natural Resources, IUCN）。國際自然保護聯盟瀕危物種紅皮書。

張怡萱、林喻東、鄧書麟、劉癸君（2011）。〈新環境典範態度與負責任環境行為關係之探討──以嘉義樹木園的遊客為例〉，《林業研究季刊》。33（2）：13-28。

張明洵、林玥秀（2002）。《解說概論》。新北市：揚智，初版一刷。

張鏡湖（2002）。《世界的資源與環境》。臺北：中國文化大學出版部，頁66。

郭育任（2005）。「解說設施軟、硬體之設計與施工」。臺北：森林遊憩設施規劃設計與施工研習會。

郭實渝（1999）。〈以生態文化教育的觀點看環境教育〉，《環境教育季刊》。40：15-23。

陳亞南編著（1991）。《天上人間：中國民俗節日故事》。臺北：正中。

陳金田譯（1994）。《臺灣風俗誌》（片岡巖著）。臺北：眾文。

陳惠卿譯（1933）。《臺灣地學記事》（富田芳郎著），第4卷第2期，頁11-14；第4卷第3期，頁18-24。

曾永義（1996）。《臺灣傳統戲曲》（陳正之攝影）。臺北：東華。

黃文雄、黃芳銘、游森期、田育芬、吳忠宏（2009）。〈新環境典範量表之驗證與應用〉，《環境教育研究》。6（2）：49-76。

黃金財（1998）。《臺灣懷舊之旅——古早臺灣人的生活紀實》。臺北：時報。

楊明賢（2012）。《解說教育》（第三版）。新北市：揚智。

楊玫寧譯（1999）。《印度教的世界》（Cybelle Shattuck著）。臺北：貓頭鷹。

楊冠政（1998）。《環境教育》。臺北：明文。

楊冠政（2011）。《環境倫理學概論》（上冊）。臺北：大開資訊。

賈子慶（2009）。資料擷取並引用自賈子慶老師的景觀設計概論授課大綱。臺南：崑山科技大學空間設計系。

廣雅堂編輯部（1992）。《日本深度旅遊》。臺北：廣雅堂。

蔡惠民（1985）。《國家公園解說系統規劃與經營管理之研究》。臺北：內政部營建署。

蔡毓芬譯（2000）。《現代建築史：一部批評性的歷史》（Kenneth Frampton著）。臺北：地景。

鄭燿忠（2005）。《解說牌誌規劃設計之理論與應用——以嘉義縣奮瑞古道為例》。臺北：中國文化大學景觀學系碩士論文。

戴月芳主編（1991）。《國家與人民》（東南亞I）。臺北：錦繡。

聯合國（2019）。「跨政府生物多樣性與生態系服務平台」（Intergovernmental Science-Policy Platform on Biodiversity and Ecosystem Services, IPBES）2019年《全球生物多樣性和生態系統服務評估報告》。

釋慈惠（1998）。〈佛教建築的使用與管理〉，《佛教建築設計與發展國際研討會會議實錄暨論文集》。臺北：財團法人覺風佛教藝術文化基金會，頁149-159。

二、外文部分

Hines, J. M., Hungerford, H. R., & Tomera, A. N. (1986). Analysis and synthesis of research on responsible environmental behavior: A Meta-Analysis. *Journal of Environmental Education, 18(2)*: 1-8.

Hungerford, H. R., Peyton, R. B., & Wilke, R. J. (1980). Goals for curriculum development for environmental education. *The Journal of Environmental Education. 11(3)*, 42-47.

May, T. S. (2000). Elements of success in environmental education: Through practitioner eyes. *The Journal of Environmental Education, 31(3)*, 4-11.

Sharpe, G. W. (1982). *Interpreting the Environment*. New York: John Wiley & Sons.

三、網站資料

Elizabeth Kolbert撰文，轉引自《國家地理》雜誌（2020/05）。〈昆蟲都去哪兒了？他們正以驚人的速度消失中〉，聯合新聞網，https://udn.com/news/story/6881/4545894。

Rockström & Sukhdev (2016). "How food connects all the SDGs." https://www.researchgate.net/figure/How-food-connects-all-the-United-Nations-Sustainable-Development-Goals-SDGs_fig3_330506721, by the Stockholm University and the Beijer Institute of Ecological Economics.

UNESCO（2012）。http://www.unesco.org/new/en/。

中央地質調查所（2017/06/22）。〈臺灣活動斷層分布圖與說明書〉，https://fault.moeacgs.gov.tw/MgFault/index.php/2017-06-16-09-18-50/2017-06-22-05-59-26。新北市：經濟部中央地質調查所。

中國科普博覽（2009）。http://www.kepu.net.cn/gb/index.html。

內政部營建署（2012）。國家公園｜分眾導覽｜營建署全球資訊網，http://www.cpami.gov.tw/chinese/index.php?option=com_content&view=frontpage

&Itemid=156。

行政院國情簡介（2020/08/10）。〈臺灣的民間信仰〉，轉引自內政部，https://www.ey.gov.tw/state/D00B53C98CD4F08F/ebdc93b1-e9df-4bf4-8bfe-c6374a0f811f。臺北：行政院。

行政院國情簡介（2021/03/12）。〈臺灣的民間信仰〉，轉引自文化部原住民族委員會，https://www.ey.gov.tw/state/181E881F469CCF98/f03f96de-350e-47ec-acf6-5cff9bc7cd65。臺北：行政院。

行政院環境保護署（2010），http://www.epa.gov.tw/。

希拉雅國家風景區管理處（2021）。〈深入西拉雅-西拉雅族的故事〉，https://www.siraya-nsa.gov.tw/zh-tw/about-siraya/origins。臺南：交通部觀光局希拉雅國家風景區管理處。

希拉雅國家風景區管理處（2021）。〈認識部落儀式〉，https://www.siraya-nsa.gov.tw/zh-tw/about-siraya/sacrificial-ceremonies。臺南：交通部觀光局希拉雅國家風景區管理處。

求真百科（2020）。〈肇興侗寨〉，https://www.factpedia.org/index.php?title=%E8%82%88%E5%85%B4%E4%BE%97%E5%AF%A8&variant=zh-hant。

佳里區農會（2015）。〈蕭壟平埔北頭情〉，http://www.jlfa.org.tw/main.asp?BodySel=main04-8。臺南：財團法人農漁會南區資訊中心。

林務局自然保育網（2016）。〈「2016護生與環境永續論壇」慈悲善念與生態保育相互理解共創雙贏〉，https://conservation.forest.gov.tw/latest/0060029。臺北：行政院農業委員會。

林務局自然保育網（2020）。〈自然保護區總表〉，https://conservation.forest.gov.tw/total。臺北：行政院農業委員會。

林務局自然保育網（2020）。〈推動臺灣里山倡議的策略架構〉，https://conservation.forest.gov.tw/0002057。臺北：行政院農業委員會。

林務局自然保育網（2021）。〈生物多樣性〉，https://conservation.forest.gov.tw/biodiversity。臺北：行政院農業委員會。

林務局自然保育網（2021）。〈臺灣十大地景〉，https://conservation.forest.gov.tw/twtop10。臺北：行政院農業委員會。

林務局自然保育網（2021）。動物保育，https://conservation.forest.gov.tw/animal。臺北：行政院農業委員會。

林務局自然保育網（2021）。植物保育，https://conservation.forest.gov.tw/plant。臺北：行政院農業委員會。

姜唯、黃鈺婷、鄒敏惠編譯（2019）。國際級報告：人類的生物多樣性安全網快要撐破，現在改變還來得及，https://nsdn.epa.gov.tw/archives/7432。臺北：社團法人臺灣環境資訊協會。

旅遊情報（2020/10/29）。傳統節慶，https://www.taiwan.net.tw/m1.aspx?sNo=0001020，臺北：內政部。

國定古蹟林本源園邸（2016）。林園之美，https://www.linfamily.ntpc.gov.tw/submenu?usein=2&psid=0G246341321511575794。

教育大市集。〈宗教的類別與臺灣民間信仰〉，http://163.28.10.78/content/local/changhwa/dachu/taiwan/s/s3/s32.html。臺北：教育部。

教育部國民中小學課程與教學資源整合平台（2008，2021）。國民中小學九年一貫課程綱要，https://cirn.moe.edu.tw/WebContent/index.aspx?sid=9&mid=141。

陽明山國家公園管理處（2011）。陽明山國家公園環境教育資源網頁，http://www.ymsnp.gov.tw/nweb/index.php?option=com_content&view=article&id=33&gp=0&Itemid=230。

新疆哲學社會科學網（2008）。新疆維吾爾族地區的清真寺，http://big5.xjass.com/mzwh/content/2008-10/21/content_35560.htm。

維基百科（2020/08/20）。〈昌昌〉，https://zh.wikipedia.org/wiki/%E6%98%8C%E6%98%8C。

維基百科（2021/06/24）。〈SpaceX〉，https://zh.wikipedia.org/wiki/SpaceX。

臺北市五常國小（2021）。〈划龍舟〉，http://web.wcps.tp.edu.tw/dragon/dragon/m1_1.html。

臺北市立成功高級中學。國樂社，http://203.64.138.6/index.html。

臺灣地質公園協會。〈臺灣的地質公園網絡〉，http://140.112.64.54:86/zh_tw/geoparks/tgnintro3，臺北：臺灣大學地理環境資源學系。

臺灣流行音樂維基館（2015）。〈臺灣流行音樂發展史〉，http://www.tpmw.org.tw/index.php/%E5%8F%B0%E7%81%A3%E6%B5%81%E8%A1%8C%E9%9F%B3%E6%A8%82%E7%99%BC%E5%B1%95%E5%8F%B2。臺中：財團法人臺灣時代文化藝術基金會。

艋舺龍山寺（2014）。認識奉祀神祇，https://www.lungshan.org.tw/tw/02_1_1_gods.php。

墾丁國家公園管理處（1994）。政府資訊公開—行政服務，http://www.ktnp.gov.tw/cht/govopen.aspx。

環境教育學會，http://www.csee.org.tw/。臺北：中華民國環境教育學會。

休閒遊憩叢書

解說教育與導覽技巧

著　　　者／楊明賢
出 版 者／揚智文化事業股份有限公司
發 行 人／葉忠賢
總 編 輯／閻富萍
特約企編／范湘渝
登 記 證／局版北市業字第 1117 號
地　　　址／222　新北市深坑區北深路三段 258 號 8 樓
電　　　話／(02)8662-6826
傳　　　真／(02)2664-7633
　E-mail ／service@ycrc.com.tw
　I S B N ／978-986-298-378-2
初版一刷／2021 年 9 月
定　　　價／新臺幣 400 元

國家圖書館出版品預行編目（CIP）資料

解說教育與導覽技巧／楊明賢著. -- 初版. --
新北市：揚智文化事業股份有限公司, 2021.
09
　面；　公分. --（休閒遊憩叢書）

ISBN　978-986-298-378-2（平裝）

1.解說　2.環境教育　3.文化觀光

541.84　　　　　　　　　　　　110014057